KB153371

일제강점기 민족지도자들의
역사관과 국가건설론 연구   11

총을 든 역사학자 김승학
- 그의 삶과 사상

김동환 지음

한가람역사문화연구소

총을 든 역사학자, 김승학
- 그의 삶과 사상

초판 1쇄 인쇄 2021년 1월 15일
초판 1쇄 발행 2021년 1월 20일

지은이 김동환
펴낸곳 한가람역사문화연구소

등록번호 제2019-000147호
주소 서울특별시 마포구 마포대로라길 8 2층
전화 02) 711-1379
팩스 02) 704-1390
이메일 hgr4012@naver.com

ISBN 979-11-90777-14-8

총을 든 역사학자 김승학
그의 삶과 사상

제1장. 머리말 — 7

제2장. 김승학의 생애

1. 저항의 시대 — 15

대한독립단에서의 활약 | 광복군사령부 창설 | 『독립신문』의 발간 | 대종교 입교 | 참의부 참의장으로 선임 | 3부 통합을 위한 노력 | 목숨보다 소중한 자료

2. 해방의 시대 — 52

미완의 독립 | 다시 선 독립군 | 『독립신문』의 속간(續刊) | 이념을 넘은 타협 | 대종교 중흥 운동 | 『한국독립사』의 편찬

제3장. 김승학의 역사·사상관

1. 역사인식 형성의 배경 — 101

역사와 인식 | 중화사관의 암흑 | 민족사관과의 만남 | 백암과의 교감 | 김승학의 역사관 | 『한국독립사』에 담긴 역사인식

2. 김승학의 배달사상 — 139

『배달족이상국건설방략』 | 배달에 대한 왈가왈부 | 배달의 유래 | 배달의 의미 | 배달의 고토(故土) | 배달과 다물(多勿) | 배달과 항일투쟁

3. 『배달족이상국건설방략』의 역사인식 — 187

역년과 판도 | 역사서의 수난 | 남북조사관

제4장. 맺음말 — 209

부록 Ⅰ - 망명객행적록 — 223

부록 Ⅱ - 김승학 연보 — 345

머리말

19세기 들어 세계는 낭만적 지구촌 시대를 꿈꾸게 되었다. 인류사와 지리학적인 관점에서 보면 세계가 그 어느 때보다도 좁아졌기 때문이다. 그러나 현실적으로는 침략과 피침략이 부딪친 제국과 식민의 바다였다. 제국주의자들은 탄압과 수탈로 군림하는 반면 식민지인들은 슬픔과 오욕으로 굴종해야만 했다.

구한말 우리의 상황 역시 녹녹치 않았다. 갑신정변의 주역이었던 김옥균이 상하이에서 살해되었고 전라도에서는 동학농민전쟁이 벌어졌다. 또한 일본은 경복궁을 공격해 점령한 후 개혁을 강요하여 갑오경장을 선포한다. 이어 아시아의 종주국 자리를 놓고 청일전쟁이 벌어졌다. 압도적인 승리를 거둔 일본은 한낱 극동의 변방에서 서구 열강과 어깨를 나란히 하는 제국주의 열강으로 발돋움하게 된다.

김승학이 태어난 1881년은 우리만이 아닌 동아시아 전체의 격동기였다. 내적으로는 부산항 개항(1876년)과 인천항의 개항(1883년)에 맞물린 시기였다. 또한 구식 군대의 군인들이 일본식 군대인 별기군(別技軍)과의 차별 대우와 밀린 급료에 대한 불만을 품고 일으킨 임오군란(1882년)이나, 개화당이 청나라에 의존하려는 척족 중심의 수구당을 몰아내고 개화정권을 수립하려 한 갑신정변(1884년)의 발발이 바로 이 시대다.

외적으로는, 근대라는 물살이 동아시아 전역을 강타했다. 동아시아의 근대는 서구의 침략과 끊을 수 없는 관계였다. 즉 서구의 침략과 동아시아 내부의 상호관계 속에 재편되면서 근대로 이행해 갔다. 그 과정에서 일본은 제국주의, 중국은 반식민지, 한국은 식민지가 되었다. 특히 중국과 일본의 근대화 과정은 한국의 근대화에 모델로써 수용되었을 뿐 아니라, 이들의 근대화 과정은 한국에 가해온 외압의 성격과도 직접 관련이 있다. 동아시아 근대 이행과정의 세계사적 규정성과 국제관계, 그리고 근대화 과정에 대한 비교를 통해 근대 한국사회의 변동을 이해하는 것은 여전히 한국역사학의 과제로 남아있다.[1]

19세기 서구문명의 충격은 전통사회 전반에 변화를 강요했고, 삼국은 근대로의 이행을 위한 새로운 사유체계가 필요했다. 그러나 전통을 근본적으로 단절하고 서구의 근대를 받아들인다는 것은 현실세계에서는 불가능했고, 전통의 연속선상에서 근대를 수용하는 새로운 인식론이 요구되었다. 아무리 세계자본주의 체제의 충격이 강력하고 서구의 근대문명이 보다 높은 사회적 생산력을 보장한다고 하더라도 그것을 수용하는 공간은 전통사회의 틀을 벗어날 수 없었기 때문이다.

전통의 단절과 연속의 위기에서 동아시아 삼국은 각기 자국의 역사적 조건에 따라 근대로의 이행을 위한 새로운 인식론을 제기하고, 이를 바탕으로 근대화의 과정을 거치게 되었다. 중국의 '중체서용(中體西用)', 조선의 '동도서기(東道西器)', 일본의 '화혼양재(和魂洋才)'가 바로 그것이다. 전통사회의 도덕이나 사회체제를 각기 체(體)·도(道)·혼(魂)으로 설정하고, 서구의

---

1 하원호, 『개항 이후 일제의 침략』(한국독립운동의 역사 제2권), 한국독립운동사연구소, 2009, 3-9쪽 참조.

근대문명을 용(用)·기(器)·재(才)로 하여 전통사회에 근대 서구 문명을 접목하는 논리였다. 그러나 이 근대화 사상은 삼국 상호간 유사성을 띠면서도 각기 고유한 역사적 조건과 관련해 내적 논리에서 차이가 있었고, 시기적으로 논리의 변화과정도 각기 다르게 진행되었다.

일본은 조선이 외국과 맺은 최초의 근대적 조약인 강화도조약을 통해 조선에서 영향력을 확대해 나갔다. 개항 이후 일본은 부산에 관리관(管理官)을 파견해 공관을 설치했으나 외교공관이라기보다 개항장인 부산의 일본의 거류민을 '관리'하는 기관이었고, 통상과 거류민을 보호하는 것에 불과했다. 따라서 근대적 의미의 공관 설치를 위해 일본은 끊임없이 조선정부에 외교적 협상을 해오다가 1880년 서울에 공사관을 설치하고 개항장에 영사관을 둠으로써 조선의 정치·경제·군사·문화 등 전 부문에서 직간접으로 영향을 미칠 수 있는 제도적 장치를 갖추게 되었다.

1875년 일본이 도발한 운양호사건은 개항의 직접적 계기가 되었지만, 이미 그 이전에도 일본은 여러 차례 조선에 개항을 요구하였다. 조선은 중국과 전통적 조공체제 아래에서 사대의 외교로, 일본과는 교린의 관계에 있었다. 그러나 명치유신 이후 일본은 조선에 대해 새로운 국제관계를 요구해 왔다. 이 과정에서 서계문제는 한일 양국간 격렬한 외교상의 마찰을 일으켰고, 일본에 대한 전통적 인식은 바뀌어 가고 있었다.

일본의 포함외교에 의해 체결된 1876년 2월의 강화도조약은 청국의 간섭을 배제하기 위하여 형식적으로 전문에 일본과 조선과의 관계를 평등하게 규정했다. 그러나 그 실질적 내용에서 이 조약은 이 해 8월 조인된 '조일수호조규부록'과 '통상장정'과 함께 전형적 불평등조약 체계를 이루고 있었다.

강화도조약 이후 조선은 세계정세에 눈을 뜨게 되면서 불평등조약의 개정을 꾀하려 했지만 일본 측의 거부로 조약의 전면적 개정은 불가능했다. 그 뒤 김홍집이 수신사로 일본에 다녀오면서 가져온 황준헌(黃遵憲)의 『조선책략(朝鮮策略)』의 충격은 구미열강에 대한 조선정부의 인식을 바꾸어 놓았다. 또 이때 청의 이홍장(李鴻章)은 조선에서의 일본세력 확대를 견제하기 위하여 타국과의 조약을 조선에 권고하고 있었고 1871년 신미양요에 개항을 시도한 적이 있던 미국은 마침 청을 통하여 조선과의 수호조약의 타결에 힘을 기울이고 있었다. 이러한 사정이 결합되어 1871년 '조미수호통상조약'이 체결되었다.

조미조약은 치외법권 등 전형적 불평등조약 내용을 담고 있었으나 조선 측으로서는 일본과의 조약에 비하면 다소 나아진 것이었다.[2] 먼저 이 조약은 열강이 조선의 관세자주권을 인정한 최초의, 그리고 유일한 조약이었다. 관세율은 수입 10%, 수출 5%로 규정되고 수입품에 대한 모든 형태의 개항장 밖에서 과세를 부정했다. 또 연안해운이 승인되고 조선의 곡물수출의 금지권은 인정했다. 그러나 강화도조약과는 달리 타국과의 조약에서 체결되는 조약상의 특혜를 균점할 수 있는 최혜국조관이 첨가되었다. 미국은 조선연안에서 조난되는 자국선박의 구제에 조약체결의 일차적 목적을 두고 있어 통상관계에서는 일정한 양보를 했으나 최혜국 대우를 확보함으로서 다른 나라가 통상에 있어서의 특권을 획득했을 때 자연스럽게 이를 균점할 수 있었다. 이 조약에 이어 조영조약·조독조약이 체결되었다.

1905년 미국의 육군성 장관인 태프트(William Haward Taft)가 필리핀을 시찰하기 위한 여행 도중 일본의 동경에 잠시 머물 때 일본 수상 카츠라 타로오(佳太郎)가 태프트와 함께 동아시아 정세 전반에 걸친 의견을 교

---

2 이병천, 『개항기 외국상인의 침입과 한국 상인의 대응』, 서울대박사학위논문, 1985, 제1장 참조.

환하였다. 이 자리에서 카츠라는 러일전쟁의 원인이 조선 문제이므로 조선 문제를 완전히 해결하기 위한 단호한 조치가 필요하다는 것을 설명하였고, 태프트는 이에 대해 조선이 일본의 동의 없이 타국과 어떠한 조약이나 약정을 체결하지 못하도록 하는 정도의 종주권을 일본이 갖는 것은 당연한 전과(戰果)이며 동아시아의 영원한 평화에도 공헌하는 것이라 동의하였다. 그리고 이를 정리하여 문서를 작성하였다. 이를 '카츠라-태프트밀약'이라고 하지만 실제는 이 밀약이 체결된 것이 아니라 하나의 메모 형식이었다.

을사늑약으로 조선은 외교권을 박탈당하는 한편 일제의 통감부가 설치되어 일제는 조선의 내정까지도 간섭하게 되었다. 물론 을사늑약에는 통감은 '오로지 외교에 관한 사항을 관리'한다고 하였으나 이는 허울에 불과한 것이었고 조선의 내정을 장악하여 식민지화의 기초를 확고히 한 후 대륙침략정책을 추진하는데 있었다고 할 수 있다. 통감의 권한을 이와 같이 확대·해석하는 근거는 재청(在淸) 특파대사로 베이징(北京)에 머물고 있던 전 외무대신 고무라 주타로(小村壽太郎)의 조약문 해석에서 찾아볼 수 있다. 그는 통감의 직무권한을 협약 규정만으로 한정지을 필요는 없고 종래 조선과 일본 사이에 체결된 조약 및 약속은 협약과 저촉되지 않는 한 모두 유효하다는 협약 4조의 정신에 근거하여 통감은 외교사무 외에 종래 조선과 일본 사이에 존재하는 일체의 조약 및 약속을 실행할 수 있다는 해석을 제시하였던 것이다.

일본은 투병 중이던 대한 온건론자 소네 아라스케(曾彌荒助) 대신 대한 강경론자 데라우치 마사타케(寺內正毅) 육군대신을 통감에 임명하였고, 그는 병합 준비를 마치고 6월 23일 인천에 상륙·입경하였다.[3] 이제 병탄을 위해 남은 마지막 단계는 한국과의 원활한 담판이었다. 일본은 한국 내 정치

---

3 葛生能久, 『日韓合邦秘史』下, 黑龍會, 1930, 679쪽.

세력간의 갈등관계를 최대한 활용하여 그들의 목적을 달성하려 하였다. 결과적으로 총리대신 이완용과 그의 오른팔이었던 농상공부대신 조중응(趙重應), 그리고 이들과 정적관계에 있던 일진회의 수령 송병준을 이용하는 것이 주효하였다.

8월 29일 한국 황제가 통치권을 양여하면 일본 황제가 이를 수락하고 병합한다는 '병합조약'이 관보 호외에 공시되었고 일본 천황은 조칙과 병합에 따른 칙령을 공포하는 한편, 이날 병합조약에 관한 순종황제의 칙유를 조작·날조하여 발표하였다. 일본은 한국 병탄의 마지막 수순으로 한국 국호, 조선총독부 설치, 조선에서 시행할 법령, 범죄자 사면, 재정운영방침, 특허법·상표법 등의 시행에 관한 방침을 칙령으로 공포하고, 아울러 조선총독이 공포한 제령과 칙령 및 제령을 마무리하는 통감부령을 공포하여 불법적인 병합을 마무리하였다. 이로써 대한제국은 역사 속에 사라지게 되었다.

1910년대의 조선총독은 일본 천황에 의해 칙임되어 그 위임의 범위 내에서 조선의 방비를 위한 군사권을 행사하면서 내각 총리대신을 경유하여 조선에서 행정권·입법권·사법권을 행사하는 절대적인 권력을 갖고 있었다. 1910년 한국을 강제 병합한 일본은 같은 해 10월 1일 조선총독부를 설치하고 식민지통치체제를 확립하기 시작하였다. 이미 1906년 통감부를 설치하면서 통감의 지위를 나름대로 바라고 있었던 일본 군부는 이토오 히로부미(伊藤博文)가 통감으로 임명되면서 문관직(文官職)인 통감에게 한국주둔일본군의 지휘권을 양도하지 않을 수 없었던 쓴 기억을 간직하고 있었다. 이에 대한 일본 군부의 집요한 노력이 결실을 맺은 것이 조선의 식민지화와 조선통치기구에서의 군부의 위상의 확보라고 볼 수 있다.

제2장

김승학의 생애

1. 저항의 시대
2. 해방의 시대

1. 저항의 시대

만주에 대한 동경

일제의 병탄 이후 수많은 독립운동가들이 조국 광복과 민족 독립 전선에 헌신하였지만 김승학만큼 이채로운 활동을 펼친 인물도 찾기 힘들다. 국내외를 넘나들며 벌인 광범위한 활동 측면에서도 그렇지만, 무장투쟁이나 언론활동 그리고 민족교육과 독립운동사료의 수집·정리에 이르기까지, 운동의 다양성 면에서도 그렇다.

김승학은 1881년 7월 12일 평안북도 의주군 비현면(枇峴面) 마산동(馬山洞) 동상곡(東上谷) 신보라(新保羅) 절골에서 태어났다. 본관은 배천(白川)으로, 호는 희산(希山) 자는 우경(愚卿)이다. 만주에서 활동할 때에는 김탁(金鐸)이라는 별명을 사용하기도 하였다. 임진왜란 당시 선조대왕의 의주파전을 도운 공신 가문이었지만, 김승학이 태어날 때는 가세가 몰락하여 소작농 생활을 할 정도였다. 그러므로 본인 스스로도 "어렸을 적에는 가세가 빈곤하여 아버지는 밭 갈고 어머니는 길쌈하여 근근히 입에 풀칠할 정

도여서, 자녀의 교육에는 돌아볼 힘이 없었다. 소작농 생활을 하였다"고 회고한 적이 있다.[4]

그러나 공신의 후예로 남다른 긍지를 가지고 있었으므로, 김승학은 10살 때인 1890년 10월부터 인근의 조산재(造山齋)라는 서당에 들어가 1897년까지 8년 동안 한학을 수학하였다. 물론 이때의 공부는 주로 제술학(製述學)으로, 과거시험과 관련한 공부였다. 그 후 김승학은 경학(經學), 즉 성리학을 본격적으로 수학한다. 1899년부터 조병준(趙秉準)이 주석하던 중곡재(曾谷齋)에 들어가면서부터였다.

조병준은 평안북도 태천(泰川)에서 강학하였던 대학자 운암(雲菴) 박문일(朴文一), 성암(誠菴) 박문오(朴文五) 형제의 제자였다. 이들 형제들은 위정척사론의 대가인 화서(華西) 이항로(李恒老)의 문인들로, 김평묵, 유중교, 최익현, 이근원(李根元), 유인석 등과 함께 화서학파의 대표적 화서문인에 속해 있었다.[5] 조병준 역시 이러한 배경 속에 강렬한 척사론을 견지했던 인물이다. 또한 당시 중곡재에 있던 서북 출신의 문도들은 경학을 수학할 뿐만 아니라 국사도 토의하던 때였다. 따라서 김승학은 스승인 조병준의 영향, 그리고 청일전쟁 이후 강화되고 있던 외세의 침탈 상황을 목격하면서 강렬한 척사위정의 가치를 수용하여 갔던 것이다.

특히 1900년 3월 중곡재에서 박문일의 제사를 마친 뒤, "우리는 섬오랑캐 왜노(倭奴)와 4백년 동안 원수인데 지난 을미년(1895)에 우리 국모 명성황후를 참시(慘弑)하였으니, 우리 국민은 왜노와 하늘을 같이할 수 없는 원수이며, 더욱 우리 선비로서는 거의하여 왜노를 토벌하는 것이 당연한 의무라. 그러므로 삼남 학자들은 여기저기에서 거의하여 혈전하는데, 우리

---

4 김승학, 『망명객행적록』(『한국독립운동사연구』제12집, 독립운동사연구소, 1998, 397쪽.)
5 김상기, 『한말 전기의병』(한국독립운동의 역사9), 한국독립운동사연구소, 2009, 47쪽.

고장 선비들은 묵묵부동하니 이런 수치가 어디 있는가"라는 조병준의 한탄에 김승학은 큰 감명을 받았다 한다.[6]

더욱이 같은 고장의 노유(老儒) 장원섭(張元燮)[7]의 영향 역시 김승학을 움직였다. 장원섭 역시 의병을 일으킨 인물로, 「요좌음(遼左吟, 요동 동쪽을 읊음)」[8]이라는 다음 한시로도 우국지정을 드러냈다.

秋來白髮日添多　가을이 오니 백발이 날로 많아지고
憂國憂民可奈何　나라 걱정 백성 근심 어이해야 하나
收績桑楡知不晩　늙어서 공적 쌓는 일 늦은 건 아니니
中原將帥憶廉頗　중원의 장수 염파를 생각하네.

노년에 의병을 일으킬 때의 감회를 읊은 칠언절구다. 상황은 급박해 지는데, 늙어버린 자신의 모습이 한탄스럽기만 하다. 그럼에도 나라와 백성에 대한 걱정으로 의병을 일으켜 공을 세워보고자 하는 장원섭의 의기가 드러난다. 그리고 중국 염파(廉頗)의 고사를 회억했다. 중국 춘추전국시대의 조나라의 장수 염파가 비록 늙었지만 인상여(藺相如)와 더불어 나라를 지탱하는 임무를 수행한 것처럼,[9] 장원섭 자신도 위태로운 나라를 위해 노구(老軀)를 바치겠다는 결심이다. 장원섭은 이러한 의기를 김승학에게도 다음과 같이 전달했다.

6　김승학, 『망명객행적록』, 앞의 책, 400쪽.

7　장원섭의 자는 중건(仲乾)이고 호는 절운(浙雲)이며 본관은 안동으로 의주 출신이다. 1905년 을사늑약이 체결되자 백삼룡(白三龍), 신우현(申禹鉉), 조병준(趙秉準) 등과 평북 창성(昌城) 개천(价川)에서 의병을 일으켜 활동했다.

8　『大東詩選』권10(장지연編, 新文館, 1918)

9　『사기』「열전」〈廉頗藺相如列傳〉.

"우리는 산중에서 성경현전(聖經賢傳)만 소리 높여 크게 읽거나 심성정리기론(心性情理氣論)을 연구만 하는 것보다, 빨리 군사를 양성하여 왜적과 혈전할 것을 준비하는 것이 급무(急務)인데, 국내에서는 군인을 양성할 곳이 없으니, 할 수 없이 서간도로 건너가서 지점을 물색하며 중국 군벌들과 악수하는 것이 필요한 일이라."

고 역설함으로써, 김승학을 비롯한 청년학생들의 거의(擧義)를 은연히 고무한 것이다.[10]

이것은 김승학이 항일 민족의식을 공고히 하게 된 직접적 계기가 된다. 또한 만주에 대해 동경을 갖게 된 중요한 전기가 된 듯하며, 독립운동에 뛰어들게 한 결정적 동기로도 작용했다. 1900년 10월부터 이듬해 3월까지 서간도 환인, 통화 지방 등을 탐방하면서 항일투쟁을 모색한 것도 이러한 정황과 무관치 않다. 그 당시 김승학이 읊조린 다음의 오언율시에도, 만주를 동경하고 독립의 의지를 다지던 그의 심경이 그대로 배어나고 있다.

聞道羅鮮國　듣건데 나선국(羅鮮國)은
新開別乾坤　새로 별천지를 열었다 한다.
妄想遊說計　부질없이 달래어 보려는 생각으로
今渡鴨綠江　지금 압록강을 건네노라.
王韓兩巨頭　왕·한 두 사람은
不識何許人　알지 못해라 어떤 인물인가.
外敵跋扈廷　외적이 집안에서 발호하니

---

10 김승학, 『망명객행적록』, 앞의 책, 400쪽.

士當投筆時　선비들이 붓을 던지고 병기(兵器)를 잡을 때로다.[11]

김승학은 1903년 서간도 방문을 마치고 귀국한다. 그리고 그 해 가을부터 인근 광제재(廣濟齋)에서 학동을 가르치는 훈장노릇을 하였다. 그러던 중, 1904년 봄 학부에서 전국적으로 실시한 한문학사 선발 시험에 합격하게 되었다. 같은 해 8월 상경하여 학문박사 시험에 응시하였으나, 시험 부정으로 낙방하고 말았다. 이에 김승학은 학무국장 장세기(張世基)를 찾아가 시험부정을 강력히 항의하였다. 그러자 그는 선생을 한성고등사범학교(漢城高等師範學校)에 입학하도록 주선하여 주었다. 김승학이 신학문에 접하게 된 것은 이렇게 다소 엉뚱한 일이 계기가 되었던 것이다.

대한독립단에서의 활약

1904년 8월 한성고등사범학교에 입학한 김승학은 1년여 동안 신학문을 수학하며, 척사위정의 토대 위에서 근대적 선진 학문을 접목시키는 기회를 갖는다. 그러므로 1920년 대종교를 경험하기 이전까지 김승학의 활동이, 투쟁의 면에서는 척사적 방식이 주류를 이루면서도 지향의 면에서 근대성을 띠게 된 것도 바로 여기에 이유가 있었다고 추측된다.

한성고등사범학교에서 수학한 뒤 1905년 9월 귀향하였던 김승학은, 1907년 여름 다시 상경하였다. 그것은 헤이그 특사 사건이 빌미가 되어 1907년 7월 광무황제가 강제 퇴위되고, 「정미 7조약」으로 군대까지 해산되는 등 국망의 상황이 심화되었기 때문이었다. 이 같은 위기상황이 도래하자 김승학 또한 가만히 있을 수 없었다. 김승학은 상경하여 종로 각 노상으

11　김승학, 『망명객행적록』, 앞의 책, 402쪽.

로 다니면서 배일 강연을 하였고, 그로 인해 체포되어 평리원 구치감에서 3개월 동안 옥고를 치렀다.[12]

김승학은 출감한 뒤 본격적으로 국권회복운동에 뛰어들었다. 당시의 국권회복을 위한 민족운동은 크게 실력양성에 입각한 애국계몽운동과 직접적인 무력에 의한 항일의병운동으로 전개되었다. 애국계몽운동은 대한제국 후반기에 전개된 실력양성에 의한 국권회복운동을 지칭하는 용어로, 계몽운동·구국계몽운동·애국문화운동·자강운동·개화자강운동 등 다양한 개념으로도 이해된다.[13] 이 시기 김승학의 국권회복운동도 두 갈래로 진행되었다. 하나는 당시 최대의 전국적 국권회복운동단체인 신민회에 가입하여 활동하는 것이었고, 다른 하나는 교육계몽운동으로 민족의식을 고취하는 것이었다. 1907년 8월 신민회에 가입하여 비현면 면감(面監)으로 활동하고, 같은 해 9월에는 의주 극명(克明)사범학교 학감, 1909년부터는 의주 명의(明義)학교 교사로 민족교육운동을 전개한 것이 그러한 사실을 잘 보여준다.[14]

한편 안중근 의거는 김승학이 해외 망명을 결심하게 된 계기가 되었다. 그것은 1909년 10월 26일 안중근 의사가 이등박문을 처단한 직후부터 일제가 김승학을 감시하고 탄압하였기 때문이다. 김승학은 당시 체육행사에서 일장기의 게양을 반대하고, 구의주(舊儀州)와 신의주(新義州)를 오가면서 일장기 든 사람들을 설득하여 파손시켰다. 이로 인해 신의주 왜병에게 잡혀 2일 동안 무수한 악형(惡刑)을 받았다. 극명학교(克明學校) 교사 이승근(李承根)과 체육교사 박형권(朴亨權)도 함께 고통을 받았다. 이어 매일같이 일경이 김승학이 봉직하던 학교에 와서 안중근과의 관계를 조사하면서

---

12 김승학, 『망명객행적록』, 앞의 책, 410쪽.

13 유영렬, 『애국계몽운동 I -정치사회운동』(한국독립운동의 역사12), 한국독립운동사연구소, 2007, 3쪽.

14 김승학, 『망명객행적록』, 앞의 책, 410-411쪽.

괴롭힐 뿐만 아니라, 심지어는 학부형들에게 "김승학과 같은 불온분자에게 교육을 받으면 순량한 자제들까지 불량자가 된다"고 이간질하면서 교육계에서 추방하려고 했다.[15]

김승학은 일제의 탄압을 피해 국외로 망명하여 독립운동을 전개할 결심을 굳혔다. 그는 유인석의 문도이며 조병준의 친구인 장세정(張世正)을 다시 찾아가 다음의 결심을 밝혔다. 당시 장세정은 눈물을 머금고

> "나라가 망하였으니 국권(國權)을 회복하기 위하여 헌신하는 것
> 은 사자(士子)의 당연한 의리어니와, 나는 연로(年老) 무능력하
> 여 외국으로 나갈 수도 없고, 설사 나간다 하더라도 활약할 자
> 신이 없으니, 군(君)은 만주로 가서 국동선생(菊東先生-조병준을
> 말함-필자 주)을 보좌하여 활동하라, 이 노물(老物)은 아무 힘
> 도 없거니와 국내에 있으면서 힘을 다하여 밀조(密助)하겠다."

고 격려했다 한다.[16] 마침내 김승학은 경술국치를 당하자 1910년 10월 단신으로 압록강을 건너 만주로 망명하였다. 이어 1912년에는 동삼성 관립 강무당에 입학하여 본격적으로 무장투쟁을 준비하여 갔다.

당시 중국 관내에는 3개의 강무당이 있었다. 1906년에 설립한 북양강무당과 1908년에 설립한 동북강무당, 그리고 1909년에 설립한 운남강무당이 그것이다. 김승학이 수학한 곳은 동북강무당으로 당시 봉천(지금의 심양)에 있었다. 이 학교는 중국에서 두 번 째로 만들어진 서구식 군관학교로, 1908년 동삼성 총독이며 위안스카이(袁世凱)의 죽마고우였던 쉬스창(徐世昌)에 의해 설립되었다. 그 후 장쭤린(張作霖)은 스스로 교장을 맡아

---

15 김승학, 『망명객행적록』, 앞의 책, 411쪽.
16 김승학, 『망명객행적록』, 앞의 책, 411쪽.

동북강무당의 옛 전경(百度圖片)

조직과 편제를 체계화하고 근대적인 군사 교육을 실시하는 등 봉천군의 핵심 간부 양성소로 바꾸었다. 동북강무당은 1931년 9월 만주사변이 일어나 폐교될 때까지 총 8,900명의 졸업생을 배출하였다.

　　김승학이 김탁(金鐸)이라는 필명을 사용한 것도 이 때였다. 김승학은 6개월 속성과(速成科)를 마치고, 만주 오지에 있는 한국 의병단에 참가하여 만몽 각지에서 활동을 실행해 갔다. 이어 국내에서 3.1운동이 발발한 직후 만주에 있던 의병단, 향약계, 농무계, 포수단 등이 통합하여 단군어천절(음 3월 15일)을 기해 대한독립단을 결성한다. 대한독립단은 김승학의 스승인 평북의병장 조병준과 전덕원을 비롯하여 황해도 평산의진의 이진룡(李鎭龍)과 조맹선(趙孟善)·우병렬(禹炳烈)·백삼규(白三圭), 그리고 강원도의 박장호(朴長浩) 등, 서간도로 망명한 대표적인 의병세력을 근간으로 조직된 단체였다.[17]

17　김승학, 『한국독립사』上, 독립문화사, 1970, 340-341쪽 참조.

만주에 본부를 둔 대한독립단은 국내 전국적으로 조직망을 갖추고 적극적으로 활동했다. 그 당시의 정황을 기록한 아래의 신문기사가 그것을 대변해 준다.

"경성에 중앙기관과 각도에 총지단, 각군과 면에 지단을 두고 조선 전도에 군대조직으로 기관을 설치, 의용대에서 암살단과 방화단을 꾸며서 관리와 친일파를 죽이고 각처에 불 질러 소방하는 틈에 경관의 무기를 약탈하여 만주에서 독립군이 건너올 때 호응하여 대병을 출동하여 중앙에서 전투를 개시, 석전일(釋奠日)에 진행할 계획이 평양에서 발각, 각처에서 계속 검거, 대한독립단원 다수히 피착. 근일 평안남북도와 황해도 각지에서 경찰과 또는 면장을 암살하는 사건이 끝을 이어 일어났는데 최근 평안남도 제삼부에서는 대한독립단 평남소집전권위원을 체포하고 증거품인 과격문서를 압수하는 동시에 중대사건의 단서를 발견하여 각 지방에 연루자를 계속 검거하여 엄중히 취조 중인데 그 단체의 규칙을 보건데 아래와 같더라.

대한독립단 통칙
一. 목적하는 바는 남북만주와 조선 내지에 기맥 상통하여 조선 독립의 완전한 성취를 도모할 일.
一. 조직 대한독립단의 본부를 중국 유하현 삼원포에 두어서 이를 총재소(總裁所)라 하고 도총재로 박장호·백삼규, 총단장으로 조맹선을 임명하고 경성에 전국 중앙기관을 두고 각도에는 총지단(總支團), 각군 각면에는 군면 지단을 설치할 일.

一. 방법 각도에 소집전권위원을 특파하여 일동의 전권을 급속히 위임할 일.

一. 전권위원의 사무는 아래와 같다.

가) 독립운동 의무금을 징수할 일.

나) 만주에 있는 본단에서 동병하여 압록강을 건널 때에는 일제히 내응할 일.

다) 독립단이 개전할 때에는 군인 군속과 군수품을 징발하여 운수해 보낼 일.

라) 기타 적병(敵兵) 일본군과 적국의 경찰관 배치한 상황과 전국의 간첩과 친일하는 관리의 조사표를 꾸밀 일.

마) 행정관리에 대한 경고를 본부의 명령으로 선포할 일.

바) 지방청년으로 의용단을 조직하여 군(郡)에는 200명으로 조직한 중대를 두고 도에는 400명으로 조직한 대대를 두고 중앙에는 800명으로 조직한 연대를 설치할 일.

사) 의용단 중에서 용감한 사람을 선발하여 암살단과 방화대(防火隊)를 조직하여, 암살대는 중앙기관의 명령을 받아서 관리와 친일하는 사람들을 암살하고 방화대는 일이 일어날 때에 경관이 소방하러 나간 틈을 타서 무기를 탈취하고 경관과 싸움하는 동시에 중앙으로부터 대병을 출동시키어 전투를 개시하고, 또 각소에 있는 감옥을 파괴하여 각처에 있는 죄수를 행방일일 군용품은 물론 철도와 전신을 파괴 절단할 기구를 준비하여 줄 일 등이요, 그들은 넓은 만주와 조선 각지에 연락을 통하여 숙천·영유·순안(順安) 등지에 사단을 설치하기로 준비 중인데 지난 16일 석전제에 각도 유생이 도 대회로 모이는 것을 기회로

하여 연락을 하려 함인데, 목하 조선 각도 제삼부에서는 일제히
동단의 연루자를 체포하는 중이더라."[18]

즉 대한독립단은 국내에 전국적인 연결망을 갖춘 의용단을 조직하고
이들을 중심으로 암살단과 방화대를 결성하여 일시에 전국적 규모의 항일
투쟁을 전개한 하였다. 또한 이들은 이를 위해 군자금을 모집하고 전국적
봉기에 필요한 정보를 수집하는 한편, 만주에서 독립군이 압록강을 건널
때를 대비하게 함으로써, 궁극적으로 국내와 연결하는 체계적인 조직을 갖
추고 적극적인 항일투쟁을 전개하고자 했음을 보여주고 있다.

당시 김승학은 이 대한독립단의 재무부장으로 피선되었다. 김승학은
국내에 잠입하여 독립운동 자금을 모집하고, 대한독립단 지부를 조직하여
국내외 독립운동을 연계시킬 계획을 추진하였다. 그는 우선 1919년 8월초
동창생인 백의범(白義範), 백기준(白基俊)을 유하현 삼원포 대화사에 있던
대한독립단 도총재부로 초청하였다. 국내에 들어가 활동할 것을 상의하기
위한 것이었다. 그리고 국내 지단의 설치에 대해 도총재 박장호의 결재를
얻고, 평안남북도 특파원의 임무를 띠고 길을 떠났다. 국내로 진출하려는
도중에 관전현(寬甸縣) 향로구(香爐溝)에 있는 임시정부의 평안북도 독판부
독판 조병준을 방문하였다.

당시 임시정부는 연통제를 실시하고 있었다. 연통제는 임시정부의 내
무부가 만든 조직으로, 국내와 국외지역 두 가지로 나뉘었다. 국내에 대해
서는 국내 행정을 장악하려는 의도에서 추진하였다. 이것은 일제의 통치
를 무력화시키고 국내를 직접 통치하려는 데 목적을 둔 것이었다. 이를 추
진한 인물은 안창호였다. 1919년 7월 10일 대통령 이승만과 내무총장 안창

---

18 『동아일보』 1920년 9월 19일 「大規模의 大韓獨立團」.

호의 이름으로 대한민국임시정부 국무원령 제1호 임시연통제가 공포되고,[19] 9월에 통합정부가 성립함에 따라 안창호가 노동국총판으로 옮겨졌지만, 연통제는 그가 계속 주도해 나갔던 것으로 보이며, 그가 국내에서 신민회 활동 시절에 경험한 조직체계를 응용한 것으로 판단된다.

국내에 만드러진 연통부는 도·군·면의 행정조직에 따라 전국 각 도에는 감독부(監督府)를 두고, 그 아래 군에는 총감부(總監府), 면에는 사감부(司監府)를 각각 두도록 하였다.[20] 그러나 그것이 전국적으로 바로 실시될 수는 없었다. 일제의 감시를 피하여 몰래 추진하던 일이므로 속도도 늦고 성과도 쉽게 드러나지 않았다. 더구나 어느 지역에서 성공하더라도 드러내 놓고 알릴 수 있는 사정도 아니므로, 작업은 특파원을 중심으로 철저하게 비밀리에 진행되었다. 하지만 끝내 곳곳에서 일제 정보망에 드러나는 바람에 연통제 조직은 부서지고 고통 받는 인사들이 속속 나타났다.

그러자 임시정부는 연통제를 급하게 개정한다. 바로 1919년 12월 1일에 채택한 '임시지방연통제'가 그것이다. 이는 흐트러진 연통제 조직을 되살리고 확산시키기 위해 만들어진 것이었다.[21] 이를 바탕으로 세부 규정도 갖추었다. 12월 5일 공포된 내무부 제209호 통첩 '도급부군면(道及府郡面)의 청사명칭(廳舍名稱)에 관한 건', 내무부령 제1호 '도(道)의 위치 관할구역 부군(府郡)명칭 위치 관할구역 및 면(面)의 명칭 구역의 건', 그리고 내무부령 제2호 '도사무분장규정(道事務分掌規程)'과 제3호 '부군처무규정(府郡處務規

---

19 우남이승만문서편찬위원회, 『우남이승만문서』 동문편 8, 3~9쪽 ; 한시준 편, 『대한민국임시정부법령집』, 국가보훈처, 1999, 95~98쪽 ; 국사편찬위원회, 『한국독립운동사』 자료 2, 47~48쪽 ; 독립운동사편찬위원회, 『독립운동사자료집』 9, 77~81쪽.

20 박민영, 「대한민국임시정부의 연통제 시행과 운영」, 같은 글, 343쪽

21 우남이승만문서편찬위원회, 『우남이승만문서』 동문편 7, 57~63쪽 ; 한시준 편, 『대한민국임시정부법령집』, 120~122쪽.

程)' 등이 그것이다.[22] 제도와 규정만으로 본다면, 지방 행정단위를 도·부·군·면으로 정하고, 그 청사를 각각 독판부(督辦府)·부서(府署)·군청(郡廳)·면소(面所)로 정리하였다.[23]

김승학의 스승 조병준은, 이렇게 구축된 평안북도 독판부의 책임을 맡은 것이다. 마침 평안북도 독판부도 국내 특파원을 파견할 예정이었기에 조병준은 김승학에게 그 임무를 부여했다. 김승학은 마침내 그 특파원의 사명까지 띠고 압록강을 건넜다.

이후 김승학은 이듬해 1월경까지 대한독립단 및 임시정부 평안북도 독판부 특파원으로 활약하면서, 구성, 태천, 영변, 운산, 영유, 숙천, 순안, 강서, 용강 등 평안남북도 일대 52개소에 연통제 기관과 독립단 지단을 조직하였다.[24] 당시 김승학이 조직한 52곳과 함께, 신우현(申禹鉉), 홍문산(洪文山), 배준호(裵俊浩), 최지관(崔志寬), 백의범(白義範), 박이열(朴利烈) 등이 조직한 기관을 모두 합하면 다음 표와 같이 89곳이나 되었다.

뿐만 아니라 각지로 다니며 임시정부와 독립단을 선전한 결과, 국내 각 기관에서 청년들이 많이 찾아 왔고 독립운동 자금도 수 만원이 모금되었다. 이것이 바로 대한독립단의 무기 구입 및 활동 자금으로, 또 임시정부 평안북도 독판부 활동자금으로 사용되었다.

---

22 우남이승만문서편찬위원회, 『우남이승만문서』 동문편 7, 63~95쪽 ; 한시준 편, 『대한민국임시정부법령집』, 123~171쪽.

23 우남이승만문서편찬위원회, 『우남이승만문서』 동문편 7, 95쪽 ; 한시준 편, 『대한민국임시정부법령집』, 123쪽.☞

24 김승학, 『망명객행적록』, 앞의 책, 416쪽 참조.

郡名	機關總數	聯通制機關	獨立團機關	郡名	機關總數	聯通制機關	獨立團機關
三和	1	1		定州	2	1	1
永柔	1	1		泰川	1		1
順安	2	1	1	博川	2		2
肅川	1	1		龜城	5	1	4
安州	3	2	1	寧邊	5	1	4
熙川	2	1	1	雲山	5	1	4
江界	3	1	2	价川	3	1	2
楚山	2		2	德川	3		3
碧潼	2		2	孟山	3		3
渭原	1		1	江東	1		1
昌城	2		2	成川	2	1	1
朔州	3	1	2	江西	1		1
寧遠	1		1	平壤	2	2	
義州	16	6	10	黃州	1		1
龍川	3	1	2	載寧	1	1	
鐵山	3	1	2	龍岡	1	1	
宣川	5	3	2				

〈표 1〉

광복군사령부 창설

서간도로 귀환한 김승학은 곧 이 지역에서 활동하던 대한독립단, 한족회(韓族會), 청년단연합회(靑年團聯合會) 등 독립운동단체를 통합하여 항일투쟁 역량을 강화하기 위해 심혈을 기울였다. 마침내 통일기관의 간부로는 한족회 대표 이탁(李鐸), 독립단 대표 김승학, 청년단연합회 대표 안병찬(安秉瓚) 등의 세 사람이 피선(被選)되어, 아래 5개항을 결의하였다.

　一. 각 단체의 통일기관을 설치하고, 국내 왜적(倭敵)의 행정기
　　　관 파괴사업을 실행하되 각 단체의 개별적 명의(名義)로 하지 말
　　　고, 반드시 상해 임시정부가 지정하는 명의로 할 것
　一. 연호(年號)는 대한민국 연호를 사용할 것
　一. 임시정부에 대표를 파견하여 이상의 사실을 보고하고, 통일
　　　법명(法名)을 요청할 것
　一. 통일기관은 국내와 접근한 압록강 연안 적당한 지점에 둘
　　　것
　一. 통일기관의 경비는 원칙적으로 각 단체가 평균 부담하되 국
　　　내로부터의 특별 수입금은 통일기관 군사비에 보용할 것[25]

마침내 1920년 2월 관전현 향로구에 통일기관을 설치하였다. 그리고 임시정부에 대표를 파견하여 그간의 정황을 보고하게 하고 그 기관의 명칭을 받아 오도록 하였다. 김승학은 이 사명을 띠고 상해로 출발했다. 또한 무기를 구입하여 오는 일을 동시에 떠맡았다. 대한독립단을 비롯한 통일기

---

25 김승학, 『망명객행적록』, 앞의 책, 417-418쪽.

관에서 국내 진공작전을 전개할 때 이용할 무기였다. 대한독립단은 물론 서간도 지역 독립군 활동의 성쇠가 달린 막중한 임무를 부여받은 것이었다.

김승학은 1920년 2월 보름 김창의(金昌義)와 함께 안동현에 도착하였다. 여기서 당시 한국독립운동을 후원하던 아일랜드인 조지 쇼(J. Show, 邵志悅)가 운영하는 이륭양행(怡隆洋行)의 배편으로 상해로 갔다. 당시 조지 쇼는 자신의 회사 내에 상해 대한민국임시정부의 교통국(交通局)을 설치하도록 허용하고 독립운동가들에게 상해와 안동(安東)사이의 선편을 제공하는 등 한국독립운동을 지원하였다. 상해 신한청년당에서 만든 『신한청년』·『신한민력(新韓民曆)』 등의 인쇄물도 이륭양행을 통해 을 국내로 들어와 항일독립운동의 기운을 북돋웠으며,[26] 3·1운동 직후 김구도 일행 15명과 이륭양행의 배를 타고 상해로 망명하였다.[27]

상해에 도착한 김승학은 도산 안창호를 방문하여 서간도의 사정을 보고하고, 무기 구입의 알선을 부탁하였다. 도산은 이를 당시 경무국장이던 김구에게 맡긴 것으로 추측된다. 이런 사정은 안창호의 일기에 나오는 다음 내용으로도 유추되기 때문이다.

"김구 군이 내방하여 말하기를 안동 독립단 대표 김승학 군의 요구에 따라 단포(短砲)를 구입할 때, 말과 일의 차이가 생겨 김 군(김승학)이 크게 의혹하고 불평하여 곤란한 일이 있다 하다"[28]

김승학은 한족회 대표 이탁(李鐸)과 함께 임시정부 내무부로 가서 남만의 운동단체를 통합한 사실을 보고하고, 통일기관의 이름을 요청하는 신

---

26 『동아일보』 1921년 6월 11일자.

27 박은식, 『한국독립운동지혈사』, 서문당, 1992, 245-246쪽 ; 김구, 『백범일지』, 집문당, 1995, 222쪽.

28 『안창호일기』 1920년 6월 28일자.

청서를 제출하였다. 그리고 1920년 8월 미 의원단이 상해를 경유할 때 독립단 대표로 환영하고, 독립운동 지원을 요구하는 진정서를 건네기도 하였다. 임시정부에서는 김승학을 비롯한 김승만, 안병찬, 이탁 등을 대동여사(大東旅社)에 초대하여 만찬회를 개최하였으며, 안창호 등도 참석하였다.[29] 이에 대한 답례로 김승학도 임정 요인들을 초청하여 만찬을 베풀었다.[30] 이 만찬에는 임시정부의 일반 직원과 각단의 대표자 합하여 약 70여명이 참석하였다. 당시 안병찬이 안동(安東) 2단체를 대표하여 예사(禮辭)를 하였고 안창호가 답사로서 화답하였다. 이뿐만이 아니라 김승학은, 정부 기관을 비롯한 무관학교, 독립신문사 등에도 약간의 경비를 지원하였다.

　김승학은 상해에 온 임무도 수행하여 갔다. 우선 통일기관의 이름으로 광복군사령부(光復軍司令部)와 광복군참리부(光復軍參理部)라는 명칭을 받았다. 광복군사령부는 임시정부 군무부 직할로 남만의 독립군 군정 일체를 관할 지휘하고, 광복군참리부는 임시정부 내무부 직할로 남만 교민동포를 통치하는 사무 일체를 관할 지도하는 것이었다. 1920년 6월 임시정부내의 안창호를 중심으로 군무차장 김희선, 외무차장 정인과와 함께, 안병찬·김승만·이유필의 협력을 얻어 서·북간도·상해·평안도·황해도·전라도 출신 세력을 규합하였다. 그리고 광복군사령부 조직안과 광복군주비원 설치안을 국무원에 제출하였다. 그러나 광복군사령부안은 통과되었으나, 광복군주비안은 대통령이 총재가 되고 각 총장 이하 직원들이 간부가 됨으로써 정부를 '광복군주비원의 부속기관'으로 만들어 '정부를 안동으로 옮기는 것'과 마찬가지라는 반대론에 밀려 부결되었다. 광복군주비원은 참리부로 개칭하여 군

29 『안창호일기』 1920년 7월 6일자.

30 『안창호일기』 1920년 7월 8일자.

무부 산하에 두는 것으로 최종 결정되었다.[31] 당시 김승학은 광복군사령부 군정국장 겸 군기(軍機)국장에 선임되었다.[32]

김승학은 무기 구입의 임무에도 총력을 기울였다. 마침내 그는 권총 등 2백 40정의 무기와 수 만발의 탄약을 구입하였다. 같은 해 음력 8월 보름 다시 이륭양행의 기선을 타고 서간도로 귀환하는데 성공했다. 그러나 김승학이 그 과정에서 겪은 우여곡절은 목숨을 몇 번이나 담보했던 모험이었다. 당시 왜경(倭警)에 쫓겨 다니며 읊은 다음의 한시가 그 심경의 일부를 말해 주는 듯하다.

不怕偵犬入 사냥개가 오는 것은 두려울 것 없지마는
最畏蚊群侵 모기떼가 덤벼드니 이건 가장 무섭고야
渴含自己水 목마를 때에는 오줌으로 목을 추기고
飢餐玉蜀黍 배가 고프면 옥수수를 그냥 씹더라.[33]

최종적으로 도착한 무기를 확인한 김승학의 감회는 이루 말할 수 없었다. 스승 조병준 등과 더불어 무기 2백 40정과 탄환 수만 발을 확인하는 순간, 모두 경탄하고 청년들의 사기 역시 최고조에 달했다. 특히 무기 운반에 일등 공신인 이륭양행 주인 조지 쇼에게 임시정부에서는 2등 훈장을 주고, 광복군에서도 1등 훈장을 수여하였다. 그리고 이틀 동안 독립단원 수십 명을 동원하여 밤을 타고 백여 리 되는 길을 걸어, 관전현(寬甸縣) 수혈립자(水穴砬子)의 사령부로 운반하였다. 이 무기를 광복군사령부의 독립군 병사

---

31 반병률, 『성재 이동휘 일대기』, 범우사, 1998, 260쪽.

32 김정명, 『조선독립운동』 2, 原書房, 1967, 247-248쪽.

33 김승학, 『망명객행적록』, 앞의 책, 422쪽.

들에게 분배할 때, 김승학은 이루 말할 수 없는 감회에 젖었다. 무기수여식에서 토로한 다음의 연설에서 김승학의 당시 심경이 그대로 드러난다.

"우리 광복군사령부는 대한민국임시정부 군무부에 직속한 군단이며, 임시정부 군무부(軍務部)를 대표하여 우리의 원수 왜노(倭奴)와 혈전하는 기관이요, 제군에게 주는 무기는 국내의 동포들이 피와 땀을 모아서 마련한 것이며, 내가 몇 번이나 위험한 경우를 무릅쓰고 다니면서 모집하였고, 사천 리되는 상해를 왕반(往返)하면서 수륙 양로로 가진 고난을 겪으면서 구입한 것이다. 내가 지난해 7월에 독립단 도총재부 소재지인 유하 삼원보 서구(西構) 대화사(大花斜)에 갔을 때에, 청년들의 집단훈련하는 것을 보았는데 무기라고는 구 러시아식 장총(長銃) 2정과 화승(火繩) 통포대 총(銃) 2정이 있을 뿐이요, 그 외는 전부가 목총(木銃)을 메었기로, 나는 그 때에 청년들에게 이런 말을 하였다. 금번에 국내에 출장하였다가 무사히 돌아오게 된다면, 제군의 휴대할만한 무기를 마련하려는 결심이니, 제군은 무기 없는 것을 낙심하지 말고 훈련만 잘 받으라고 근면(勤勉)한 일이 있었다. 그랬더니 그 길에 다행하게도 무기 자금이 마련되어서 지난 봄에 황해도에 출장하는 군인에게도 다소의 무기를 주었고, 이번에 제군에게 무기를 수여하게 된 것이다. 이 무기는 국내 동포들이 주는 것이며, 임시정부 군무부에서 주는 것이니, 제군은 그렇게 알고 무기를 생명과 같이 사랑하여 1발의 탄환이라도 헛되게 쓰지 말고, 1발에 왜적 1명 씩 잡기로 결심하여야 한다."[34]

---

34 김승학, 『망명객행적록』, 앞의 책, 425쪽.

김승학의 외침처럼 이 무기는 국내에서 핍박받는 동포들의 헌혈과도 같았다. 그러므로 이 무기를 기반으로, 대한독립단을 비롯한 광복군사령부 휘하 독립군들이 거둔 성과 또한 적지 않았다. 즉 광복군사령부 휘하의 독립군 부대들은 국내 진공작전으로 일제의 식민통치 기관을 파괴하는 일에 전력하였다. 그러므로 이들 부대는 3~4개월 동안 일본군과 78회 교전하면서, 56개소의 주재소를 공격하였고, 20개소의 면사무소와 영림창을 불태우거나 파괴하였다. 그리고 일본 군경 95명을 사살하는 전과를 올렸다.[35]

『독립신문』의 발간

한편 만주 지역의 정세 역시 녹녹치 않았다. 특히 1920년 10월 '훈춘사건' 이후 일본군의 대대적인 이른바 '간도출병'이 감행되었기 때문이었다. 이에 따라 북간도에서 봉오동, 청산리대첩을 거두었던 독립군 부대들은 밀산을 거쳐 노령으로 이동하여 갔고, 서간도 독립군 부대들 또한 북상하여 노령으로 이동하거나 역량을 보존하기 위해 밀림 속으로 숨어 들어갈 수밖에 없었다.

김승학은 만주에서의 활동이 불가능하게 되자, 1921년 3월 중순 재차 상해로 옮긴다. 새로운 독립운동 방략을 모색하기 위함이었다. 그 대표적인 활동이 바로 『독립신문』의 복간이었다. 당시 임시정부는 나라 안팎으로 정부의 존재를 널리 알리고 국민들에게 자신감을 불어넣기 위해 신문을 발행하였다. 그것이 바로 『독립신문』이다. 1919년 8월 21일 '독립'이라는 이름으로 출발한 이 신문은 2개월 만에 이름을 바꾸었고, 당초 한 주에 3회 꼴로 발간되었으며, 1925년 11월까지 발간되다가 중단되었다. 인쇄시설과 자금은

---

35 김승학, 『망명객행적록』, 앞의 책, 426쪽.

안창호를 비롯한 여러 사람들의 찬조금과 미주의 대한인국민회, 상해 거주 한인교포들의 성금, 국내의 모금 등으로 이루어졌으나, 안창호 등 흥사단 계열의 후원이 가장 컸다. 창간 무렵의 주역들은 사장 겸 주필에 이광수, 영업부장에 이영렬, 출판부장에 주요한, 기자에 조동호 등이었다.[36]

『독립신문』은 창간 이후 자금난 등으로 어려운 상황에서도 1920년 6월까지는 대체로 주 3회 발행원칙을 지켰다. 그러나 일제의 방해공작 때문에 『독립신문』은 한동안 강제로 폐간되는 일이 발생하기도 했다. 또한 상해지역 독립운동가들 사이에 나타난 의견 차이도 『독립신문』의 입지를 약하게 만드는 원인으로 작용하였다. 즉, 이승만이 윌슨에게 제기한 '한국 신탁통치 위임'에 대해 격렬하게 비난하던 신채호는 마침내 이승만이 임시정부 대통령으로 선출되자 강렬하게 비난하였고, 『독립신문』이 이승만을 지지하는 내용을 보도하게 되자, 『독립신문』과 논조를 달리하는 다른 신문을 발간하고 나섰던 것이다. 1919년 10월 28일자로 창간된 『신대한(新大韓)』이라는 신문이 그것이다. 이 신문은 이승만을 비롯한 임시정부의 활동을 비난하는 글을 실었다. 여기에 자금난과 일제의 방해공작이 지속되자, 『독립신문』은 간행 횟수를 줄이게 되었다.[37]

『독립신문』은 중문판(中文版)으로도 발간되었다. 1922년 7월 22일자로 창간한 중문판은 중국인을 상대로 한국 독립운동의 당위성을 알리면서, 일본이라는 공동의 적에 대적하자는 뜻을 담은 선전 신문이었다. 또한 한 걸음 더 나아가 러시아어·영어·프랑스어로 제작되는 신문도 간행해야 한다는 방향을 제시하기도 했다. 김승학이 『독립신문』 운영을 맡던 시절에 박은식을 주필로 삼고 중국인 기자들을 채용하여 제작하였는데, 모두 무료로 중국의 전국 관공서와 사회단체, 그리고 교육기관에 배부하였다. 여기에 들어

36 김희곤, 『대한민국임시정부 I』(한국독립운동의 역사23), 한국독립운동사편찬위원회, 2008, 135쪽.
37 같은 책, 137-138쪽 참조.

간 재정적인 부담은 당시 남만주 독립군계, 곧 통의부의 지원으로 해결한 듯하다. 중문판『독립신문』의 구성은 논설·한국정보·중국통신·일본소식·각국통신·잡보 등이었다. 일제의 침략과 만행·학정 등을 소개하는 내용이 많은 부분을 차지했다. 중문판은 대개 40여 호 정도 간행된 것으로 보인다.

당시『독립신문』은 상해를 중심으로 중국관내와 만주지방, 미주지역 등 해외에 거주하는 한인동포들 뿐만 아니라, 국내로도 상당량이 비밀리에 배포되었다. 해외에 거주하는 한인들에게는 우편으로 발송하였으나 국내로의 반입은 임시정부의 국내외 연락망인 교통국과 연통제의 조직망을 이용하였다. 교통국은 임시정부 교통부 산하의 통신기관으로서 각종정보의 수집·검토·교환·연락·기밀문서의 교환 등 통신업무에 치중하는 한편 독립운동 자금의 모금운동을 전개하였으며 연통제는 임시정부 내무부 소속으로 국내외를 연결하는 지방행정기관으로써 임시정부 군자금의 모금 및 통신업무를 관장하던 비밀조직이었다.『독립신문』은 이러한 임시정부의 비밀조직을 이용하여 국내로 배포되었는데, 이 과정에서 많은 독립운동가들이 일제에 검거되거나 희생당했다.[38]

그러나『독립신문』은 이광수의 변절로 새로운 국면을 맞았다. 독립신문 사 책임자였던 이광수는 그의 애인 허영숙의 유인으로 상해 일조계(공동조계)에 은거하여 국내로 투항할 생각을 하고 있었고,『독립신문』주간 이영렬 역시 이광수와 함께 투항할 생각을 가지고 있었다. 당시 김승학은 이들의 내막을 모른 채 신문 찍을 종이값 500원을 빌려줬다. 그러나 이영렬은 그 돈을 차비 삼아 투항해 버렸고, 신문사 위치와 비밀 인쇄소까지 일본 영사관에 알려줘 버렸다. 같은 시기 이광수도 애인 허영숙과 함께 귀국해 버

---

38 같은 책, 138-139쪽.

렸다. 그리고 일제의 집요한 교섭으로 프랑스 조계 당국에 의해 신문사는 봉쇄되고 인쇄 도구는 압수되어 있는 형편이었다.[39]

김승학은 이런 절박한 상황에서 『독립신문』의 복간을 구상했다. 그것은 상해가 동양 제일의 국제도시이므로 독립운동을 선전하기에 가장 적당한 곳이었고, 그 수단으로서의 선전 기관이 꼭 필요하다고 보았기 때문이었다. 그러므로 김승학은 프랑스 조계 당국과 교섭하여 독립신문 복간을 허가 받고, 또 가지고 있던 독립운동 자금을 이용하여 신문사와 인쇄소를 복구하였다. 이러한 노력의 결과 1921년 4월 중순 『독립신문』은 복간되었고, 김승학은 독립신문사 사장을 맡아 그 발행을 총괄하였다.[40]

또한 김승학은 독립신문사의 부대사업으로 교과서편찬위원회를 부설하고, 박은식, 조완구, 윤기섭, 김두봉, 정신, 차리석, 백기준 등과 함께 교과서 편찬사업도 벌였다. 그 대표적 출판물이 『배달족역사(倍達族歷史)』다. 1923년 발간된 『배달족역사』는, 당시 대종교 교주였던 김교헌(金敎獻)이 교열하고 대한민국임시정부가 발간한 것이다. 대한민국임시정부의 국사교과서로, 인성학교 등의 교재로도 쓰였다. 또한 이 책을 교열한 김교헌은, 백순이 이승만에게 보낸 편지에 언급했듯이 대한민국 역사가의 진정한 우두머리[宗匠]로 존경받았다.[41]

김승학의 이러한 활동은 한말 교육계몽운동을 전개하면서부터 가져왔던 근대적이고 민족주의적인 교과서의 필요성을 절감한 데서 연유한 것으로 생각된다. 김승학이 항일투쟁의 어려운 가운데서도 독립운동 사료를 수

---

39 김승학, 『망명객행적록』, 앞의 책, 428쪽.

40 당시 『독립신문』의 주요 자리와 인물은, 사장 김승학, 주필 박은식, 편집국장 차이석, 기자 조동호·김문세·박영·이윤세, 인쇄소책임자 고준택 등이었다.

41 대한민국임시정부자료집편찬위원회편, 『대한민국임시정부자료집』42, 「서한집」I, 〈白純이 李承晩에게 보낸 서한〉(1921년 12월 29일)

집하고, 또 그것을 보관하는데 심혈을 기울였던 데는 바로 이 같은 이유가 있었던 것이다.

대종교 입교

일제강점기 대종교의 교구(教區)는 1911년 5월 13일, 홍암 나철에 의해 처음 획정되었다. 백두산 북쪽 기슭(만주 화룡현 청파호)에 총본사를 설치하고, 백두산을 중심으로 동도교구(동만주 일대와 노령·연해주 지방 관할), 서도교구(남만주로부터 중국 산해관까지 관할), 남도교구(한반도 전체 관할), 북도교구(북만주 일대 관할), 외도교구(중국·일본 및 구미 지방 관할)로 나누었다. 그 후 1917년 김교헌이 교주를 승계한 후, 대종교 제1회 교의회에서 새로이 홍범규제(弘範規制)를 발포할 당시, 도본사통제(道本司規制)를 통하여, 동1·2도본사, 서1·2도본사, 남1도본사, 북1도본사로 나누었다.

김승학은 상해 시절 대종교 입교했다. 김승학은 1922년 9월 대종교의 영계(靈戒) 및 참교(參敎)의 교질(敎秩)을 받았다. 대종교에서의 영계가 입교한 후 6개월 후에 주어지는 종교적 의식임을 볼 때, 김승학이 그 이전에 이미 대종교에 입교했다는 근거가 된다. 당시 대종교의 상해 지역 책임자는 백암 박은식이었다. 박은식은 1922년 9월 3일 중국 상해(上海) 지역의 대종교 총책임자인 서이도본사(西二道本司) 전리(典理)에 임명되었다.[42] 전리란 도본사 내의 직무를 관리하고, 소속 직원들을 감독하며, 해당 도본사에 속하는 각 지사(支司) 및 시교당(施敎堂)의 책임자를 지휘하는 직책이다. 또한 박은식이 대종교 서이도본사 전리를 맡을 당시, 우천 조완구와 백연 김두봉이 박은식을 도와 대종교 간부로 종사했다.

---

42 종경종사편수회편, 『대종교중광육십년사』, 대종교총본사, 1971, 965-974쪽 참조. ; 김동환, 「박은식 민족사학의 정신적 배경」, 『국학연구』제4집, 국학연구소, 1998. 참조.

앞에서 언급한 교과서편찬위원 중, 박은식, 조완구, 김두봉, 정신, 김승학, 백기준 등이 모두 대종교도였다. 그러므로 김승학이 사장으로 있었던 삼일인서관(三一印書館 혹은 三一印刷所)을 통해, 대종교의 교리(教理) 4책을 합한 『종경(倧經)』이 처음으로 등장한 것도 특이한 것이 아니었다. 이 경전은 1923년 대종교의 경절 중의 하나인 중광절(重光節 : 음력 1월 15일, 대종교를 다시 일으킨 날)을 기해 출판되었다.

김승학이 편수 및 발행인으로 출판한 신단민사

그리고 같은 해, 『배달족역사』[43]와 함께 『신단민사(神檀民史)』[44] 그리고 『사지통속고(史誌通俗攷)』[45] 등 대종교 혹은 대종교인과 관련된 출판물이 잇달아 선을 보인다.

한편 김승학의 대종교 입교는, 그의 스승인 조병준과 연관되었을 가능성이 크다. 물론 그들의 입교 기록은 남아있지 않다. 그러나 조병준이 내몽고 포두진(包頭鎭) 지역의 청산의원을 거점으로 대종교 수광시교당((綏光施教堂)을 이끌었음이 주목된다. 1926년 당시 조병준은 수광시교당의 총책임(典務)를 맡았으며, 부책임자(贊務)가 조병준의 제자이자 김승학의 동료였던 최준(崔濬)과 백기준(白基俊)이었다. 최준은 1921년에 조직된 중한국민호조사총사(中韓國民互助社總社)에서 김규식, 김홍서(金弘敍), 신익희, 이유필, 이탁, 조상섭, 여운형 등과 함께 한국 측 서무과 이사(1922년 9월 현재)

---

43 『배달족역사』의 서지사항에는 출판사 이름이 없다. 그러나 당시 상해에서 출판·인쇄할 곳이 삼일인서관(三一印書館) 밖에 없었음을 보면, 이 역시 김승학의 삼일인서관에서 출판한 듯하다.

44 『신단민사』는 대종교의 2세 교주였던 김교헌이 1914년에 저술한 것인데, 1923년 9월 20일 삼일인서관에서 출판된 것에는 김승학(편수 겸 발행)과 고준택(인쇄인)이 주도하였다.

45 『사지통속고』는 대종교 계열의 독립운동가인 정윤(鄭潤 혹은 鄭信)이 지은 것으로, 이 역시 1923년 9월 20일 삼일인서관에서 출판되었다.

를 맡은 인물로,[46] 임시의정원(臨時議政院) 평안도 지역 의원을 지내기도 했다.[47] 또한 백기준은 김승학의 동창생으로 상해 교과서편찬위원회를 함께 이끈 인물이며, 그도 역시 중한국민호조사총사의 간사를 지냈으며[48] 임시의정원의 서간도 지역을 대표하는 의원으로 활동했다.[49] 이러한 정황으로 보면 1920년대 초, 조병준이 그의 많은 제자들을 이끌고 대종교에 입교하여 활동했을 가능성이 크다.

참의부 참의장으로 선임

이 시기 김승학 역시 한중 양국인의 항일 연대투쟁과 친선 도모를 위해 조직된 중한국민호조사총사 선전부장으로 활약하였다. 또한 1923년 국민대표회의 이후 임시정부가 위축되던 시기인 1924년 4월 임시의정원 평안도 지역 의원, 그리고 같은 해 5월 학무부 차장에 임명되어 학무총장을 대리하면서, 그 세력 회복과 확대에 노력하기도 하였다.

이어 임시정부는 1926년 10월 김승학을 육군주만참의부 제4대 참의장으로 임명하였다. 육군주만참의부는 1923년 말, 서간도의 통의부 군사조직을 중심으로 성립된 대한민국임시정부 직속부대로 출발한 부대였다.[50] 1924년 10월 당시 참의장 겸 제 1중대장인 백광운이 사망한 이후, 참의장 최석순 체제로 정비되었으나, 오래 지속되지 못하였다.[51] 즉 집안현의 고마령(古馬嶺) 참변으로 최석순을 비롯한 42명이 전사하는 불운을 당하한 것

---

46 『독립신문』1922년 9월 11일자. 「中韓互助社大會」 ; 『독립신문』1922년 9월 30일자. 「互助社任員配定」

47 『독립신문』1923년 4월 4일자. 「臨時議政院消息」

48 『독립신문』1922년 9월 30일자. 「互助社任員配定」

49 『독립신문』1923년 4월 4일자. 「臨時議政院消息」

50 국회도서관, 『한국민족운동사료』(중국편), 1976, 323-324쪽

51 「高警 第3267號, 大正 14年 9月 16日, 鮮匪團督辦府ノ改稱卜決議事項ニ關スル件」, 고려대학교 아세아문제연구소 소장 마이크로 필름 자료.

이다.[52] 1925년 4월 단체의 명칭을 독판부(督辦府) 또는 진동도독부(鎭東都督府)라 개칭하였다가 다시 원래의 참의부로 돌아오게 된다.[53] 명칭을 환원한 참의부는 1925년 6월 8월 8일에는 윤세용을 참의장으로 임명하여 새로운 도약을 모색했으나, 윤세용은 1927년 3월 하얼빈에서 소집되는 제 3공산당 연합대회에 참가하기 위해 참의장을 사임하였다. 이에 임시정부에서는 김승학을 신임 참의장으로 임명하여 서둘러 참의부로 보냈다.[54]

김승학은 참의장으로 취임한 후 중앙조직의 직제를 위원장제로 바꾸고 관할지역 내의 지방조직도 정비하였다. 동시에 중국관내의 사관학교를 졸업한 청년 장교들을 군사조직에 배치하여 군사력도 회복해 갔다. 김승학이 참의장이 되고난 뒤 새롭게 편성된 중앙조직의 간부는 다음과 같다.[55]

참의장 : 김승학
군사위원장 : 마득창(馬得昌, 일명 李鍾赫)
민사위원장 : 김소하
재무위원장 : 한의제(韓義濟, 일명 朴熙彬)
법무위원장 : 계추강(桂秋岡, 일명 桂聃)
교육위원장 : 양기하(梁基瑕)
중앙의회의장 : 백시관

그리고 김승학 취임 이후의 참의부는 부장제 또는 위원제 등으로 간부의 명칭을 약간씩 바꾸었으나, 민정과 군정을 균형있게 실시할 수 있는 체

---

52 「大正 15年 5月 在外不逞鮮人ノ槪況」, 고려대 마이크로 필름 자료 200-3-049, 86-88쪽.

53 김병기, 『참의부 연구』, 단국대박사학위논문, 2005, 46쪽.

54 「高警 第3267號 大正 14年 9月 16日, 鮮匪團督辦府ノ改稱ト決議事項ニ關スル件」, 1118~1132쪽.

55 김병기, 『참의부 연구』, 앞의 책, 52-53쪽.

제를 이어갔다. 어느 시기에는 오히려 민정에 더 충실할 수 있는 조직을 만들어 관할민의 생존권과 안위를 보호하는데 치중하기도 하였다.

참의부 군사조직의 경우는 설립 초기부터 고마령 참변 후 민정과 군정을 균등하게 실시하기 이전까지는 중앙조직 자체에 각 중대가 배치되어 있었기 때문에 중앙조직 자체가 군사조직이었다. 단지 이들 중대들이 중앙조직 내에 편제되어 있다고 하여 그 주둔지가 본부와 함께 있었던 것은 아니고 중대별로 국내진입에 유리한 지역에 분산 배치되었다. 1925년경 각 중대 및 그 산하 소속부대의 근거지를 다음과 같이 배치했다.[56]

제1중대 및 소속부대 : 집안현 유수림자(楡樹林子), 태상(台上), 두도구(頭道溝), 이도구(二道溝), 양자구(楊子溝)

제2중대 및 소속부대 : 집안현 뇌자구(磊子溝), 대경구(大鏡溝), 지황구(志荒溝), 고마령(古馬嶺)

제3중대 및 소속부대 : 환인현 성내(城內), 두도구(頭道溝), 이도구(二道溝), 상루하(上漏河), 하루하(下漏河)

제4중대 및 소속부대 : 집안현 화전자(花甸子), 관태구(菅台溝)

제5중대 및 소속부대 : 통화현 통남(通南), 대천안(大泉眼)

김승학의 참의장 임명을 통한 임시정부의 신속한 움직임에는, 이 시기 만주지역 독립운동계의 상황이 급변하고 있었기 때문이었다. 즉, 1925년 6월 11일 중국 동북 군벌과 조선총독부 경무국장 사이에 체결된 이른바 「삼시협정(三矢協定)」에 따라 독립운동의 환경이 악화되었다. 「삼시협정」이 봉천성과 조선총독부 간에 맺어진 조약이기는 하였지만, 그 대상은 만주 전

---

56 「鮮匪參議府之根據地」, 通化縣 檔案館 자료. (채영국, 『1920년대 후반 만주지역 항일무장투쟁』(한국독립운동의 역사50), 한국독립운동사연구소, 2007, 13쪽에서 재인용 함.)

역에 주둔하거나 거주하는 한국독립군과 배일한인을 대상으로 한 것이었기 때문이다. 한국독립군들이 이 같이 불리한 상황에 처해 있을 때, 친일한인들 중에는 독립군을 도와주기는커녕 이 기회를 이용하여 자신의 안위와 부귀영화를 꾀하는데 전념하였다. 즉 그들도 한국독립군을 탄압하는 중국 측과 마찬가지로 독립군의 소재지나 배일한인을 지목해 일제에 알려주고 상금을 받아가는 행위를 자행했던 것이다. 이러한 상황이었으므로 신민부의 독립군들은 이들을 척결하는 것을 우선적인 목표로 정하고 활동했던 것이다.[57] 참의부가 1920년대 후반기에는 국내진입 유격전 대신 만주 내에서의 대일항쟁 및 친일단체와 친일파 척결에 더욱 힘을 쏟게 되었던 것도 이러한 배경과 무관치 않다.

3부 통합을 위한 노력

만주지역에는 1925년 이래 참의부(參議府)·정의부(正義府)·신민부(新民府) 등 3부가 정립(鼎立)함으로써 이 같은 상황 변화에 능동적으로 대처하지 못하고, 독립운동의 역량을 분산시켰다. 3부 통합의 필요성이 대두된 이유다. 3부 통합 운동은 우리 독립군의 변천이나 독립전쟁의 전개 양상을 기준으로 할 때 두 번 째 시기로, 만주독립운동의 일대 전기를 맞는 시기였다.[58] 즉 1921~1933년까지는 러시아에서 흑하사변을 겪고 다시 만주로 돌아와 독립전선을 개편하는 가운데 참의부·정의부·신민부의 3부로 정비하여 민정(民政)과 군정(軍政) 이원체제로 동포사회를 관할하던 시기이다. 유일당 운동을 맞아서는 삼부를 통합, 국민부와 한족총회로 개편하였다. 괴뢰 만

---

57 채영국, 『1920년대 후반 만주지역 항일무장투쟁』(한국독립운동의 역사50), 한국독립운동사연구소, 2007, 99쪽.

58 조동걸, 『한국독립운동의 이념과 방략』(한국독립운동의 역사1), 한국독립운동사연구소, 161-162쪽 참조.

주국에 대해서는 민족진영의 조선혁명군국민부과 한국독립군한족총회이 공산진영의 유격대와 손잡고 중국구국군과 연합작전으로 반만항일전쟁을 폈는데, 1933년에 한국독립군은 관내로 이동하고 유격대는 동북인민혁명군으로 개편되기 시작한 시기였다.

이 같은 상황에서 3부 통합의 임무를 맡은 것도 바로 김승학이었다. 이는 임정이 김승학의 지도력과 1920년 2월 대한독립단을 비롯한 남만의 독립군 단체들을 통합하여 광복군사령부를 결성하였던 능력을 높이 평가한 결과라고 생각된다. 김승학은 1927년 3월 참의부 소재지인 서간도 환인현에 도착하여 3부 통합운동을 주도하여 갔다. 같은 해 8월 정의부도 제4회 중앙의회를 개최하여, "만주에서의 독립운동전선 통일을 위하여 신민부, 참의부와의 연합을 적극적으로 도모할 것과 전민족의 독립운동전선 통일을 위하여 유일당 촉성을 준비할 것" 등을 결의함으로써, 3부 통합에 호응하였다. 정의부는 촉성회파에 앞서서 유일당을 조직하려는 목적으로, 1928년 7월 중에 참의부와 신민부에 제1차 3부 통일회의 개최를 제안하였다. 이 제안은 먼저 기존의 유력단체인 3부만이라도 통일을 도모하여 유일당 조직을 위한 기반을 마련하기 위한 것으로서, 이 제안에는 정의부가 재만 독립운동 단체의 지도권을 장악하려는 의도도 포함되었다.[59] 정의부의 제안에 받아들여 참의부는 8월 중 김승학·김소하(장기초)·김강 등 3명을 대표로 파견하였으나, 신민부는 대표 파견문제로 군정파와 민정파가 대립하여 각기 자파의 대표권을 주장함으로써 파견대표를 결정하지 못하고 있었다.[60]

우여곡절 끝에 각 부에서 3명씩 대표를 선출하여 3부 통합운동을 전개하였다. 참의부 대표로는 김승학을 비롯하여 장기초·박희곤 등 3인, 정의

59 조범래, 「국민부의 결성과 활동」, 『한국독립운동사연구』 2, 한국독립운동사연구소, 1988, 411쪽.

60 정원옥, 「재만항일독립운동단체의 민족유일당 운동」, 『백산학보』 19, 백산학회, 1975, 203쪽.

부에서는 김동삼·이청천·이관일 등 3인, 신민부에서는 김좌진·정신·김동진 등 3인이 선출되어, 이들은 길림에 모여 3부 통합회의를 열었다.[61]

그러나 3부 통합회의가 진행되던 중, 참의부 내에서 김승학이 없는 틈을 타서 내분이 일어났다. 제3중대 심용준 일파가 중앙호위대장 차천리(車千里)를 살해하는 구데타를 일으킨 것이다.[62] 심용준은 참의부 내에서도 최재경(崔在京)·이영희(李永熙)·박대호(朴大浩) 등과 함께 촉성회파가 아닌 협의회파로 구분되는 인물이었다.[63] 3부의 합동에 의해 민족유일당 조직동맹을 강화한 협의회파는 1929년 3월 하순 길림에서 3부 대표자회의를 개최하였다. 이 회의에는 정의부 다수파의 대표로 이동림·현익철·고이허·고활신·최동욱·이탁, 참의부(심용준파)의 대표로는 심용준·임병무(林炳武)·유광흘(劉光屹), 그리고 신민부민정파의 대표로는 이교원(李敎元) 등이 참여하였다.[64] 이들은 며칠간에 걸친 회의의 결과 통일된 새로운 조직을 결성하자는데 합의하였다. 그리하여 4월 1일 3부 통일회의 명의로 선언문을 발표하고 국민부를 성립시켰다. 새로운 통합체인 국민부는 4월 1일자로 강령과 헌장을 제정하고 성립을 정식으로 선포하였지만 3부의 명칭은 계속 유지하다가 국민부 집행위원회가 성립될 때에 취소하기로 하였다. 이에 따라 국민부의 성립으로 3부 통일회의는 해체되고 이후부터 중앙집행위원회가 조직될 때까지 이동림·이교원·심용준·현익철·고이허 등 5인을 대표위원으로 선정하여 통일을 위한 잔무를 처리하게 했다.[65] 이와 같은 과정을 거쳐 1929년 12월에 민

61 김승학, 『망명객행적록』, 앞의 책, 433쪽. 당시 회의에는 이들 외에도, 동만(東滿) 교민대표 선성호, 북만(北滿) 교민대표 이응서(李應瑞), 주중청총대표(駐中靑總代表) 김상덕(金尙德)과 진공박(陳公博), 상해에서 홍진, 길림 교민대표 윤복영 등도 참석하여, 총 25명이 소집되었다.

62 김승학, 『망명객행적록』, 앞의 책, 433쪽.

63 독립운동사편찬위원회, 「昭和4年 9月21日, 한족동향회 내경에 대하여」, 『독립운동사자료집』 10, 415쪽.

64 조범래, 「국민부의 결성과 활동」, 앞의 책, 415쪽.

65 채영국, 『한민족의 만주독립운동과 정의부』, 국학자료원, 2000, 363-364쪽.

족유일당 조직동맹이 조선혁명당으로 개편되고 국민부와 조선혁명당 산하의 무장부대로 조선혁명군이 창설되었다. 이른바 당·정·군의 체제를 갖춘 것이다.

김승학을 비롯한 참의부 주류파 역시, 1928년 12월 하순 정의부의 인사들 중 촉성회를 지지하는 측과 신민부의 군정파들과 연합하여 혁신의회(革新議會)를 조직하였다.[66] 혁신의회는 정식의 통합기관이 설립되기 전까지 1년 이내로 운영될 과도적인 임시기관이었으나, 업무를 체계적으로 추진하기 위해 중앙의 집행기관을 구성하였다. 중앙집행위원장에 김원식을 선임하였고, 위원에는 김승학과 함께 지청천·정신 등을 선출하였다. 혁신의회의 주요 업무는 첫째, 대당(大黨) 촉성의 적극적 방조, 둘째, 군사후원 및 적세 침입 방지, 셋째, 합법적 중국 지방자치기관동향회 조직, 넷째, 잔무정리 등이었다. 당시 김승학은 민정정리위원을 맡았는데, 혁신의회의 임원 명단은 다음과 같다.

중앙집행위원장 : 김원식
군정정리위원 : 황몽호(황학수)
민정정리위원 : 김승학
재정정리위원 : 김동삼
제1분회 군정정리위원 : 박창식
제1분회 민정정리위원 : 이영희
제1분회 재정정리위원 : 박희빈
제2분회 군정정리위원 : 지청천
제2분회 민정정리위원 : 이광민

---

66 국사편찬위원회, 「소화4년 4월 22일, 재지조선인의 민족운동과 공산운동과의 관계」, 『한국독립운동사』 4, 878쪽.

제2분회 재정정리위원 : 이관일

　　제3분회 군정정리위원 : 종某

　　제3분회 민정정리위원 : 朴某

　　제3분회 재정정리위원 : 정윤[67]

　　나아가 '이당치국론'에 따라 한국독립당을 조직하고, 그 당군으로 한국독립군을 설치함으로써 이들 또한 당·정·군의 체제를 갖추었던 것이다.

　　본래 혁신의회는 1년을 기한으로 하는 과도적인 단체로서 그 후에는 이를 토대로 군정부를 설립한다는 구상을 가지고 있었다. 따라서 민족유일당 재만책진회가 결성되었으며 계획대로라면 1929년 5월 이전에 군정부가 출범해야 했다. 그런데 길림지역에서 국민부가 성립되어 세력을 확장하는 바람에 혁신의회는 행정구역을 중일구라고 했으나 사실상 길림지역에서는 국민부의 세력에 밀려 새로운 군정부의 성립이 불투명해지고 말았다. 이러한 상황에서 혁신의회는 1929년 5월 중앙집행위원회 결의에 의해 1년 만기가 되어 해체를 선언하고 책진회를 중심으로 군정부 수립을 위한 활동을 재개하기로 하였다. 그러나 만주 각지에서 모였던 책진회의 간부들은 오랜 기간 자신들의 근거지에서 벗어날 수가 없었다. 이 때문에 김좌진과 김종진 등은 북만주로, 지청천은 오상현으로, 박희곤과 이백파 등은 남만주로 돌아가고 나머지 일부는 일제 관헌에 체포되어 활동이 크게 위축되었다. 즉 혁신의회 의장 김동삼이 하얼빈에서 일제경찰에 체포되었고, 김승학과 박창식·김소하 등도 통화현에서 중·일 경찰에 체포되어 김동삼은 10년, 김소하는 15년, 김승학은 5년, 박창식은 3년형을 언도받았다.[68]

---

67 이현주, 『1920년대 재중항일세력의 통일운동』(한국독립운동의 역사47), 한국독립운동사연구소, 2009, 309-310쪽 및 주)150참조.

68 김준엽·김창순, 『한국공산주의운동사』 4, 청계연구소, 1986, 188쪽.

김승학이 체포된 곳은 통화현과 환인현의 경계인 와니전자(蛙泥甸子) 서구(西溝)였다. 이후 김승학은 통화현 일본영사관에서 2주일 동안 문초를 받았는데, 주로 상해에서 무기를 얼마나 구입하였는가, 또 독립운동사 자료를 수집한 것은 어디 두었는가 하는 것을 조사 받았다. 그리고 봉천의 일본 총영사관을 거쳐 신의주경찰서로 압송되었고, 이후 1935년 4월 12일 평양 형무소에서 출옥할 때까지 5년여의 옥고를 치렀다.[69]

목숨보다 소중한 자료

김승학은 봉천의 왜총영사관(倭總領事館)에서 신의주 왜경찰서로 압송되었다. 그 도중에 김승학은 압록강을 건너면서 다음의 시 한 수를 읊는다.

去國離家卄有年　나라를 등지고 집 떠난 지 이십여 년 만에
檻車回見故鄕天　수레에 실려 죄인으로 돌아오며 고향 하늘을 보노라.
愁雲應漠馬山下　수심 구름은 고향 아래 아득하게 덮였을 것이요
豪氣暫潛鴨水邊　호탕한 기상 압록강 감옥에 잠시 잠기리로다.
販鎗激動義軍勢　무기를 사 들여 독립군의 기세를 고무시켰고
史筆驚醒事大眠　사필(史筆)을 들어 사대주의의 잠꼬대를 일깨웠도다.
上林何日鳥頭白　금수강산 자유 찾는 날 어느 때 일까
回節韓廷國威宣　해방된 조국 땅에서 국위(國威)를 펼까보다.[70]

69　김승학, 『망명객행적록』, 앞의 책, 433쪽.

70　김승학, 『망명객행적록』, 앞의 책, 433-434쪽.

20년 만에 일제에 잡혀 돌아오며 느끼는 고향의 감회가 처연하다. 고향 마산동을 덮어 버린 구름 역시 수심에 찼다. 김승학에 있어 슬픔 가득한 고향은, 질곡에 에 헤어나지 못하는 조국의 대유(代喩)다. 그러므로 이 7언율시에서 주목되는 것은 3연이다. 죽음을 무릅쓰고 구입해 온 무기들이 독립군들의 항일투쟁에 소중한 도구로 쓰였음을 회고했다. 그리고 상해 시절, 『독립신문』 간행 및 삼일인서관을 통한 역사서의 출간을 통해, 사대주의의 미몽에서 깨어나게 한 자부심이 묻어나온다.

신의주 경찰서 시절의 고문과 형신은 이루 말할 수가 없었다. 김승학의 다음 회고를 보자.

> "위압과 모욕을 수없이 퍼붓다가 필경에는 온갖 악독한 형벌을 행한다. 나를 꿇어앉힌 후에 직경 삼촌(三寸)쯤 되는 통나무를 다리사이에 끼우고 양단(兩端)에 두 놈이 올라서서 통나무를 디디면 형문다리가 부러질 듯 기절(氣絶)하게 되는데, 나는 끝까지 아무 말도 않고 당하였다. 그 때의 상처가 지금은 백각(白脚)이 되고 만다. 이것은 나의 기념품(紀念品)이다."[71]

김승학에 대한 일제 악랄한 고문의 이유는 두 가지로 압축된다. 하나는 언제 상해로부터 무기(武器)를 얼마나 사왔느냐는 것이다. 그리고 하나는 각지로 다니면서 수집한 독립운동사 자료들을 어느 곳에 감춰두었는가 하는 것이었다. 그들은 김승학이 구입한 무기가 만주 불령배(不逞輩)들에게 공급되어 국경을 교란시켰다고 협박했다. 또한 상해에서는 불량(不良) 신문지를 통하여 대일본국체에 대해 수많은 모욕을 주었다는 것이다. 그런데

---

71 김승학, 『망명객행적록』, 앞의 책, 433-434쪽.

또 허위사실을 담은 독립운동사 자료를 얼마나 모아가지고 다니며, 그것을 어디에 감추었느냐 하는 것이 그들의 반복된 심문이었다.

일제의 이러한 반응의 의도는 조선총독부 조선사편수회의 「조선반도사 편찬요지(朝鮮半島史編纂要旨)」를 보면 분명하게 드러나고 있다.

"조선인은 여타의 식민지의 야만 미개한 민족과는 달라서, 독서 와 문장에 있어 조금도 문명인에 뒤떨어지는 바 없는 민족이다. 고래로 서서(史書)가 많고 또 새로이 저작에 착수한 것도 적지 않다. 그리하여 전자는 독립시대(합방이전)의 저술로서, 현대 와의 관계를 결하고 있어 헛되이 독립국 시절의 옛 꿈에 연연케 하는 폐단이 있다. 후자는 근대 조선에 있어서의 일로·일청 간 의 세력 경쟁을 서술하여 조선의 나아갈 바를 설파하고, 혹은 『한국통사』라고 일컫는, 한 재외조선인의 저서 같은 것의 진상을 구명하지 않고 함부로 妄說을 드러내 보이고 있는 것이다. 이러 한 사적(史籍)들이 인심을 현혹시키는 해독, 또한 참으로 큰 것 임은 말로 다 할 수 없는 것이다. … (중략) … 그러나 이를 절멸 시킬 방책만을 강구한다는 것은 도로(徒勞)에 그치는 일이 될 뿐 아니라, 오히려 전파를 장려하는 일이 될지도 모른다는 점 을 헤아리지 않으면 안 되는 것이다. 오히려 옛 역사를 강제로 금하는 대신 공명 적확한 사서로써 대처하는 것이 보다 첩경이 고 또한 효과가 더욱 클 것이다. 이 점을 조선반도사 편찬의 주 된 이유로 삼으려 하는 것이다. 만약 이러한 서적의 편찬이 없 다면 조선인은 무심코 병합과 관련 없는 고사(古史), 또한 병합 을 저주하는 서적만을 읽는 일에 그칠 것이다. … (중략) … 이

와 같이 된다면 어떻게 조선인동화의 목적을 달성할 수 있을 것
인가?"[72]

　라는 내용이 명확하게 나타난다. 이것은 일제가 '일제에 노예가 되는
조선사', '일제에 굴복하는 조선사', '일제에 순종하는 조선사'가 필요하다는
것이다. 따라서 자율성이 아닌 타율성론을 부각시키고, 발전성이 아닌 정
체성론을 강조하며, 단일민족으로서의 자부심이 아닌 복속된 열등민족으
로서의 시혜의식을 심어주겠다는 것이 일제의 식민주의사관이다. 박은식의
『한국통사』가 그러한 의도에 걸림이 되고 있음도 언급하고 있다.
　박은식은 김승학의 학문적 선배로서, 상해 시절에는 대종교적 가치를
공유하며 필봉을 휘둘던 동지였다. 김승학이 해방 이후 엮은『한국독립사』
의 다음 서문이 주목된다.

　　　　"내가 일찍이 조국 광복을 위한 운동 대열에 참여하여 상해에서
　　　『독립신문』을 발행할 때, 백암 박은식 동지가 편저한『한국통사』
　　　라는 나라를 잃은 눈물의 기록과『독립운동지혈사』라는 나라
　　　를 찾으려는 피의 기록을 간행할 때, 그 사료 수집에 미력이나
　　　마 협조하면서, 다음번에는『한국독립사』라는 나라를 찾은 웃음
　　　의 역사를 편찬하고자 굳은 맹약을 하였다."[73]

　고 밝히고 있다. 당시 김승학은 21년부터 24년까지 상해 독립신문의 사
장을 지냈다. 이때 주필 박은식의『한국통사』집필을 도우면서 해방 후『한
국독립사』를 편찬하겠다는 구상을 세웠던 것이다. 일제가 김승학이 독립운

72　朝鮮史編修會編,『朝鮮史編修會事業槪要』, 朝鮮總督府朝鮮史編修會, 1938, 6-7쪽.
73　김승학,「自序」,『한국독립사』上, 앞의 책.

동사 자료에 목숨을 건 이유나, 일제가 숨겨둔 독립운동사 자료를 악착같이 찾고자한 이유도 이러한 배경에 있다.

그러므로 김승학은 출옥 후에 일제의 감시를 피해 다시 만주로 망명하였다. 그것은 물론 독립운동을 재개하기 위한 것이었지만, 또 한 가지 이유는 만주 무순(撫順) 지방의 천금채(千金寨)에 맡겨두었던 독립운동 자료를 찾기 위한 것이었다. 이후 김승학은 북경에 주재하면서 천진의 안경근과 협조하여 임시정부의 만주 연락책으로 활동하였고, 또 청년들을 선발하여 김구에게 보내는 역할을 하였다. 그러다가 남만주 사평성 예문촌(禮文村)에 돌아와 은거한다. 그리고 동지들과 연락하며 독립운동을 모색하던 중, 8.15 광복을 맞이하였다.

2. 해방의 시대

미완의 독립

김승학에 있어 조국광복은 희열이자 아픔이었다. 일제의 질곡으로부터 자유를 찾음과 동시에 분단이라는 멍에를 동시에 몰고 왔기 때문이다. 더욱이 일제에 의한 억압으로 국내의 발판을 모두 잃어버린 독립운동 세력은 아픔을 넘어 절망적 현실과 부딪히게 된다. 또한 타의에 의해 씌워진 이념의 굴레와 청소하지 못한 일제의 앙금은 또 다른 시련으로 역사를 정지시켰다. 이러한 복잡한 심회를 보여주는 것이 다음의 글이다.

새야 새야 백두산 파랑새야 너 어이 나왔드냐
팔일오(八一五) 광복종(光復鐘)이 울리기로 새벽인가 하였드니

미소(美蘇) 양군(兩軍) 등에 지고 형제상잔(兄弟相殘) 일삼으니

아마도 카이로 뽀스탐이 날 속인가 하노라

두어라 아마도 이 강산의 완전 자주는 우리 것일가 하노라[74]

　김승학 스스로가 1947년에 읊은 「새타령」이란 시다. 사설시조의 형식을 취해 해방 직후의 분위기를 노래했다. '백두산 파랑새'는 민족의 의기와 독립의 뜻을 품은 김승학 자신이다. 8·15 광복을 맞은 기쁨으로 조국의 활기찬 미래를 꿈꾼 듯하다. 그러나 미소 양군의 진주로 좌절되었다. 더욱이 이념의 굴레는 민족의 불신과 갈등을 증폭시켜 형제상잔의 지경까지 몰고 왔다. 또 다른 외세가 약속한 카이로·포츠담 회담에 속았음을 자탄도 한다. 카이로 회담이란, 1943년 11월 카이로에서 미·영·중 3국의 합의로, 한국에 대한 특별조항을 넣어 "한국민이 노예상태에 놓여 있음을 유의하여 앞으로 한국을 자유독립국가로 할 것을 결의한다"고 명시한 회담이다. 포츠담 회담은 1945년 7월 26일 미국·영국 및 중국(그 후 소련도 이에 가입)이 이러한 카이로 회담 결과의 이행을 약속한 회담이다.

　그러나 그러한 약속이 한낱 강대국들의 입발림임을 확인하며 허탈해한다. 김승학이 그러한 분위기 속에서도 버리지 않은 게 있다. 이념과 분단을 넘어선 완전한 자주독립 꿈이 그것이다. "이 강산의 완전 자주는 우리 것일가 하노라"는 다짐에서 확인된다. 김승학이 임시정부의 광복군총사령관 이청천과 해방 공간에서도 '광복군 국내 지대' 활동을 이어가려 한 것이나, 『독립신문』 복간 활동을 펼친 것 역시, 이러한 의지 실현을 위한 과정이었다. 김승학의 또 다른 다음의 시에서도 살필 수 있다.

74　『石庵隨筆』「새타령」, 親筆手稿本, 1947년 무렵.(희산 김승학의 증손 김병기 所藏)

오천년 조국일코 사오십년 일평생을

남북만주 것츤 산중 눈 속에 잠을 자며

원슈의 총검 아래 수천 동지 희생되고

구사일생 호로 남은 이내 몸이

이리저리 단니다가 해방 조국 차자오니

주출망량(晝出魍魎) 뛰노으며 골육상잔 일삼으니

이것도 해방의 공덕(功德)일가

가련타 칠십평생 피땀 밋태 남은 공로 저기 저 모양일가

두어라 북빙양(北氷洋) 서반구(西半球) 모던 바람 머즌 후

너도 가고 나도 가면

금수강산 자유종을 울릴 대에 우리 동지 모야

독립한 채 놋혼집 축하 술잔 놉히 들고

자유 만세 고함 소래 정말 해방이 이 안일가

어헐너루 상사로다.[75]

이 시에 나오는 "북빙양(北氷洋) 서반구(西半球) 모던 바람"이란, 당시 소련과 미국을 축으로 하는 이념의 갈등임은 쉽게 알 수 있다. 그리고 김 승학은 그 이념의 갈등이 정리되고 또 하나 사라져야 할 대상을 주목한다. "너도 가고 나도 가면"에 나오는 '너와 나'다. 이 시의 앞부분을 보자. 김승학은 생사의 현장에서 풍찬노숙을 하며 살아남은 독립운동가다. 그리고 구사일생으로 해방된 조국을 찾았다. 그러나 자칭 애국지사가 넘쳐나고 이념의 이해 관계 속에 벌어지는 골육상잔을 목격한다. 김승학은 이것이 해방이 가져다 준 결과라는 것에 탄식했다. 나아가 독립운동을 했다는 자신마저도

---

75 『石庵隨筆』「自嘆歌」.

부끄러워했다. 사라져야 할 '너와 나'는 바로 그러한 부류들이다. 자화자찬의 애국지사, 이념에만 함몰된 애국지사, 나아가 사이비 애국지사들이 그들이다.

다시 선 독립군

김승학이 찾아온 해방된 조국은 이렇듯 혼돈의 시대였다. 먼저 김승학은 광복과 동시에 청년 수십 명 및 친척들과 더불어 고향을 찾았다. 그 때가 1945년 9월 상순이었다. 그리고 가장 먼저 시도한 사업이 독립운동사 편찬이었다. 마침내 동지 십여 명과 더불어 평북인민위원회 간부들의 양해 아래, 정식으로 독립운동사편찬회를 조직(組織)하고 신의주의 노송정(老松町)에 사무소를 두고 자료 수집에 나섰다.[76]

그러나 해방 정국의 소용돌이는 김승학을 고향에 머물러 있지 못하게 했다. 9월 하순 경에, 서울에서 동지 5명이 찾아왔다. 조상항(趙尙沆)과 전성호부자(全盛鎬父子), 그리고 전시화(田時禾) 외에 1명이었다. 그들은 김승학에게 서울로 올라가자 청했다. 즉 서울에 모인 동지들이 이 의논하여, 김승학으로 하여금 그 모임을 주도해 달라는 이유였다. 김승학은 2가지 이유로 선뜻 승낙하지 못했다. 하나는 독립운동사편찬회를 조직한 상태로 편찬사업에 착수 중이었기 때문이다. 또 하나는 그 해 개천절(음 10월 3일)을 기해 순국선열추도회(殉國先烈追悼會)를 갖기로 이미 각처에 통지(通知)한 상태였다.[77]

김승학은 며칠만이라도 올라왔다 가라는 동지들의 요청에 부득이 상경하였다. 만나는 친우(親友)마다 그들의 정당(政黨)에 가입해 달라고 부탁에도, 얼마동안 관망하고 있었다. 그런 즈음 옛 동지들인 오광선·전성호·김

---

76 김승학, 『망명객행적록』, 앞의 책, 442쪽.

77 김승학, 『망명객행적록』, 앞의 책, 442쪽.

해강 등이 찾아와 정당에는 가입에 눈 돌리지 말고 군사단체를 조직하자고 권유한 것이다. 김승학은 이에 찬동하여 한국혁명군이라는 명칭 아래 동지를 모집하였다. 한국혁명군이라는 말은 이미 광복군 시절에 나타난다. 즉 광복군 전지공작대의 대장이었던 나월환이 기관지 『한국청년』 제1기에, 「우리의 임무」라는 글 속에서 다음 한 구절을 외쳤다.

> 一, 적후에 깊이 침투하여 한교들을 끌어들이고 한국무장대오를 조직하여 전선 혹은 적후에서 적들과 군사전투를 진행하고, 이런 전투과정을 통해 한국혁명군의 기초를 건립해야 할 것이다.[78]

아무튼 당시 일제 패잔 세력의 행패를 저지하고 치안 확보를 하는 일이 급선무였다. 이미 정이형(鄭伊衡)은 호국대편성준비회를 결성하여, 귀환 장병 및 국내 청년 100여 명을 규합하여 신흥사, 욱중교회. 구(舊)박문사지 등에서 2개월여에 걸친 집체 훈련을 실시하고 있었다. 김승학은 때마침 임정에 앞서 조기 입국한 광복군 소장 오광선 등과 같은 무장독립운동의 동지들을 모아 협의를 거듭한 끝에, 대한국군준비위원회와 대한국군총사령부를 정식으로 조직하였다.[79] 즉 중국에서 독립운동을 전개하다가 해방과 함께 귀국한 오광선이 광복군 국내지대를 편성하기 위해 1945년 10월 29일 종로도서관 회의실에서 회의를 열고 출옥동지회, 국군준비대, 사관학교기성회, 국민회, 3·1동지회, 건국청년단 대한의용대 등 7개 단체를 통합하기로 결정한 것이다. 중경의 광복군 총사령부와는 연락을 취할 수 없어 광복군 국내지대라는 명칭을 사용할 수 없었기 때문에 임시로 대한국군준비위원회라는 명칭을 사용하였다. 대한민국임시정부 절대지지의 기치 아래 조직

---

78 『한국청년』제1기, 1940년 7월.(국사편찬위원회, 『대한민국임시정부자료집』 15, 9쪽.)
79 이문창, 『해방 공간의 아나키스트』, 이학사, 2008, 99쪽.

된 이 단체는 본부를 서소문정(前 중추원)에 두고 다음과 같은 조직을 구성했다.[80]

대한국군준비위원회(大韓國軍準備委員會)

위원장 : 유동열

부위원장 : 전성호 조각산

비서장 : 김의연

대한국군준비총사령부(大韓國軍準備總司令部)

총사령 : 오광선

참모부장 : 김승학

차장 : 김상겸

부원 : 박두항

부관부장 : 정이형

차장 : 윤익헌

헌무부장 : 장두관

차장 : 추홍교

부원 : 박학근

군수부장 : 최관용

차장 : 조상항

군기부장 : 김기동

차장 : 박명진

군의부장 : 조리섭

---

80 『매일신보』1945년 11월 1일「대한국군준비위원회와 동 총사령부 조직」

차장 : 조리섭

부원 : 이서산

교통부장 : 김해강

부원 : 김경환

경비부장 : 이기환

차장 : 김지강

부원 : 김현수 조룡

김승학 역시 오광선·전성호 등의 동지들과 함께 적극 앞장섰다. 대한국군준비총사령부에서 참모부장을 맡은 것도 그러한 의지와 연관된다.

한편 오광선은 임시정부와 광복군의 귀국이 지연되자 직접 중국으로 건너가 이청천으로부터 국내지대로 개칭하라는 허가를 받고, 대한국군준비위원회를 광복군 국내지대로 개칭하였다. 때마침 임시정부의 광복군총사령관 이청천으로부터 김승학에게 전갈이 왔다. 그것은 한국혁명군을 '광복군 국내 1지대'로 고치고, 김승학에게 참모장의 임무를 맡아 달라는 것이었다. 당시 광복군 국내지대는 광복군 총사령 이청천의 명령에 의해 조직되었다. 임시정부의 환국이 결정되자 1945년 10월 말 상해에서 임시정부와 미군정 대표가 환국 문제를 상의하기 위해 모였다.[81] 임시정부와 미군정이 직접 대면한 최초의 교섭이었다. 임시정부는 이청천과 엄항섭, 미군정에서는 하지의 비서관 로건(Logan) 대령이 대표로 참석하였다. 남경에 체제하고 있던 이청천은 미군정과 협상을 위해 1945년 10월 18일 상해 지역으로 이동한 뒤 이곳에서 오광선을 만났고, 오광선 역시 이 자리에 참여한 것으로

---

81 김형민, 『눌정 김형민 회고록』, 범우사, 1987, 213-218쪽 참조.

보인다. 이 자리에서 오광선은 이청천으로부터 국내 지대 조직에 관한 임무를 부여 받았다.[82]

1945년 11월 16일 광복군 국내 지대가 정식으로 조직되었다. 국내지대는 모두 7개 부서로 이루어졌고 조직원은 지대장을 포함하여 28명이며, 지대장은 오광선이었다. 김승학은 이승만과 함께 고문에 선출되었고, 참모부장에는 전성호, 부관부장에는 정이형은 선임되었다. 산하 부서는 참모부, 부관부, 군수부, 교통부, 군의부, 헌무부, 선전부의 7개로 구성되었다.[83] 그리고 조직을 완비한 국내지대는 국내 청년들을 모집하여 광복군을 편성하게 된다. 대상은 국내 청년 등과 광복군, 대한독립군, 기타 군적(軍籍)이 있는 인물들이었다. 국내 지대는 11월 말 조직 개편을 계획하고 다수의 군사단체의 편입으로 규모가 확장되었다. 당시 확장된 한국광복군 국내 지대의 상황은 다음표와 같다.[84]

조 직	책임자	위 치
한국광복군 국내 지대 총사령부	오광선	서울
한국광복군 국내 제1지대	전성호	서울 춘천
한국광복군 국내 제1지대	김승학	개성

〈표 2〉

김승학은 임시정부 주석이었던 김구의 명의로 광복군 국내 제2지대 설치 권한을 위임 받았다.[85]

---

82 오대록, 『해방 후 대한민국임시정부 연구』, 단국대박사학위논문, 2015, 169쪽.

83 오대록, 『해방 후 대한민국임시정부 연구』, 단국대박사학위논문, 2015, 169-170쪽 참조.

84 오대록, 『해방 후 대한민국임시정부 연구』, 단국대박사학위논문, 2015, 171쪽.

85 「委任狀(韓國光復軍 國內第二支隊)」(1945년 12월 30일), 희산 김승학의 증손 김병기 所藏

해방 직후 대한민국임시정부 주석 김구가 국내 한국광복군 제2지대
설치에 대한 모든 권한을 김승학에게 위임하겠다는 위임장

　　그 때가 1945년 12월 30일이다. 국내 제2지대는 대한민국 국군의 모체
가 될 것이라는 자부심으로 38선 접경인 개성에 자리잡았다.[86] 그리고 김
승학은 다음과 같은 「한국광복군 국내 제2지대 군정위원회 조직규례」도 만
들었다.

　　한국광복군 국내 제2지대 군정위원회 조직규례

　　1. 명칭(名稱) : 본회는 한국광복군 국내 제2지대 군정위원회라
　　칭함.
　　2. 직별(職別) : 주임 1인, 부주임 2인, 위원 약간인, 고문 1인 또
　　는 2인

86　조동진, 『나는 사형수의 아들이었다–평양으로 간 목사』2, 도서출판 별, 1996, 99-100쪽 참조.

3. 직제(職制) : 주임은 당연히 지대장이 되며, 부주임은 부지대
장이 되며, 위원은 지대 최고간부 및 외계(外界) 유지(有志)를 초
빙하고, 고문은 상부 간부급 및 혹은 외계 전문 유지를 초빙함.

4. 부서(部署) : 본회 내에는 군사부, 정치부, 외교부, 재정부, 위
생부, 조통부(調統部) 6부를 치(置)함.

5. 성질(性質) : 본회는 본지대 편제적(編制的) 외의 독립성이 유
(有)하며, 임원도 또한 독립적 편제에 의하여 하등의 군제적(軍
制的) 구속이 없는 동시에, 인내(靭耐)와 임기 등한제(限制)가
없고, 순연히 본지대의 발전상 지도와 방조적(幫助的) 성질에 의
한의무적 봉사에 한함.

6. 권한(權限) : 광복 총사령부의 명령 계통에 의한 지대적(支隊
的) 역경(域境) 범위에 월권(越權)치 못하며 임시정부 정책에 시
종 불투(不渝)함.

7. 본 규례의 미흡한 점은 수시 보수(補修)함을 ○함.[87]

당시 광복군 국내 지대에서는 창군을 위한 기반을 마련하는 동시에 국
군의 임무를 맡는 다양한 활동을 전개하였다. 지대원 모집과 임시정부 용
인의 경호 및 경교장 경비, 국내 치안유지, 군합단체 통합운동 등이 그것이
다. 그 중에서도 대표적인 것이 확군(擴軍) 사업이었다. 확군은 두 가지 방
법을 통해 추진되었다. 하나는 초등학교 졸업 이상의 국내 청년을 모집하
는 것이었고,[88] 또 다른 하나는 광복군과 대한독립군을 비롯한 기타 군적
(群籍)을 가졌던 인물들을 국내 지대에 등록시키는 방법이었다.[89]

---

87 「韓國光復軍 國內 第二支隊 軍政委員會 組織規例」(희산 김승학의 증손 김병기 所藏)

88 『동아일보』1945년 12월 13일「光復軍 募兵」.

89 오대록, 『해방 후 대한민국임시정부 연구』, 단국대박사학위논문, 2015, 173-174쪽 참조.

광복군 국내 지대는 해방 정국의 정치 현안에도 민감하게 반응했다. 신탁통치 방대운동이 그것이다. 모스크바 삼상회의 결의안이 보도되자, 국내 지대는 즉각 신탁통치 반대 성명을 발표했다.[90] "신탁통치 반대! 결사보국! 期成 獨立에 이 몸을 바치고 용감히 나갈 뿐이다. 3천만 동포 여러분 우리의 뒤를 이어 주시기 바랄 뿐이다."라는 외침으로 끝나는 이 성명은, 국제연합이 국제적 신의를 지키지 않았다고 주장하고, 혈투로서 신탁통치 반대운동을 전개할 것이라고 공언했다.

그러나 미군정의 개입으로 광복 국내 지대는 끝내 좌초되고 만다. 미군정의 당시 정책기조를 보면 이상한 일이 아니었다. 즉 미군은 준비 없이 한반도에 진주하여 군정을 실시하면서, 한국을 해방국이 아닌 피점령국으로 간주하고, 한반도의 일본군국주의를 무너뜨리는 동시에, 남한 내의 어떠한 정치 세력도 인정하지 않았다. 더욱이 미군정의 정치체제가 완비되어 정상적인 단계에 오르기까지 일본총독부 관리들을 그대로 이용하였다.[91]

즉 존 하지(John R. Hodge) 중장은 진주에 앞서 9월 4일에 미군의 선견대장(先遣隊長)으로서 서울에 파견할 해리스(Charles Harris) 준장에게 한국에 대한 그의 첫 정책 또는 지침을 지시·하달한 바 있다. 그 주요내용은, 첫째로 한국은 일본제국주의의 일부분으로 적국 점령지역이므로 일제의 항복조건을 철저히 이행하기 위하여 연합국을 대표하여 미국이 점령 통치하되, 적어도 처음에는 기존의 조선총독부 행정기구와 그 관리를 편리한 대로 이용하겠으니 그 합법성을 인정하여야 할 것이며, 둘째로 한국민은 하루 속히 자유독립국이 되고자 하는 소망이 간절한 것 같지만 연합국은 아직 이 문제에 대한 정책을 준비한 것이 없다는 사실과, 그리고 셋째로 한국의 장래는 한국국민이 직접 결정하는 것이 아니고 한국 국민이 민주정

90 『민중일보』1945년 12월 29일「血鬪로서 打破覺悟」.
91 김운태, 『미군정의 한국통치』, 박영사, 1992, 85-95쪽 참조.

부를 운영할 수 있는 자치능력을 실제로 증명할 때 비로소 연합국 측에 의하여 결정되는 것이라는 등이다.[92] 그러므로 하지 중장의 지시에 따라 서울에 먼저 도착한 부사령관 해리스 준장은, 한국은 여전히 총독·총감의 총괄 아래에 두고 미군사령관은 행정의 관리 감독을 행할 의향이라고 주장하고, 관리 감독의 구체적 방법으로는 미군사령관은 행정의 대강을 총독에게 지령하고, 구체적 안건에 대해서는 총독에게 결재권을 부여한다고 하였다.[93]

이어 하지가 들어와 미군정을 출범시킬 당시 각 국장 임명이 발표되는 등, 일련의 인사충원이 있어 109명의 장교가 군정시행과 동시에 각기 직무에 임명되었다. 그 대부분은 일본의 오키나와나 필리핀의 마닐라를 출발하기 전 한국의 지리·정치에 관한 간단한 청강(聽講) 외에는 각자의 임무에 대하여 아무런 훈령이나 지시도 받지 아니하였다. 이 군정 장교단 중에는 단 한사람의 조선어연구가도 없었으며 유능한 번역인도 없었다.[94] 그저 오게 돼서 온 것뿐이다. 스포츠를 좋아하는 사람들은 스포츠 정신으로, 글쓰기를 좋아하는 사람들은 문학적 현장을 방문하는 기분으로 왔을 듯하다.

김승학은 개성의 광복군 국내 제2지대 역시 해외에서 입국하는 청년 100여 명과 국내 청년을 모아 만월대에 임시군영을 두고 군사훈련도 실시하였다. 그러나 미주둔군(美駐屯軍) 군정령(軍政令)으로 강제 해산을 당하고, 더욱이 훈련책임자였던 김(金)아무개는 미군재판 하에서 5년이라는 구형(求刑)까지 받았다.[95]

92　김운태, 『미군정의 한국통치』, 박영사, 1992, 178-179쪽.

93　森田芳夫, 『朝鮮終戰の記錄-米ソ兩軍の進駐と日本人の引揚-』, 巖南堂書店(日本·東京), 1979, 272-273쪽 참조.

94　리처드 E 라우터백(국제신문사출판부 역), 『韓國美軍政史』, 국제신문사, 1948, 38쪽.

95　김승학, 『망명객행적록』, 앞의 책, 443쪽.

『독립신문』의 속간(續刊)

독립과 식민의 회색지대가 시작되는 이유도 위와 같은 배경에서 기인한다. 김승학 역시 이러한 분위기에 고민했다. 김승학이 해방된 공간에서 독립을 쉬지 않고 외친 이유이기도 하다. 그 또 하나가 독립촉성에 대한 외침이다. 김승학은 독립촉성을 위하여 활동하여 온 삼일동지회의 명의로 독립촉성을 위한 선서식을 거행한다. 당시 김승학은 이 단체의 우두머리(領首)로서[96] 그 선서내용은 다음과 같다.

> "우리는 과거 27년 전부터 조국광복을 위하여 악전고투하여 오던 동지가 집합한 단체이다. 우리 임시정부는 거금 27년 전에 국내 3천만동포의 총의로 한성에서 조직한 정부이다. 그 간 해외에서 장구한 역사로 혈전한 결과로 세계열국의 공인 하에 최근 다시 국도 한성에 개선한 것이니 우리 3천만 동포는 초지를 관철하기 위하여 대한민국임시정부를 절대 지지하고 독립완성과 민족완성과 민족발전을 위하여 필사적 노력을 결의하자. 국내외에 있던 동지들은 시급히 본회를 통하여 독립완성의 전위대가 되자."[97]

『독립신문』의 속간 역시 광복 후 김승학의 활동에서 주목되는 부분이다. 이것은 그의 독립촉성 활동에서도 볼 수 있듯이, 해방의 공간이 곧 독립의 완성으로 보지 않았음을 의미하는 것이다. 속간에 대한 논의는 임시정부 환국 환영회를 조직하는 자리에서 시작되었다. 1945년 10월 3일 임시정부에서 활동하였던 인사들이 중경에 있는 임시정부 환국 환영회를 조직

---

96 1945년 12월 당시, 삼일동지회의 영수(領首)는 김승학과 정인권, 이종태. 정인과, 김홍량 등 5명이었다.
97 『중앙신문』1945년 12월 8일.「삼일동지회, 독립촉성선서식 거행」

하기 위한 모임을 가졌다.[98] 이 자리에서 김승학 등은, 독립신문에 관하여 피와 눈물로써 쓰고, 피와 눈물로써 배달하고, 피와 눈물로써 돌려 읽던 회구담(懷舊談)을 하였다. 그리고 이제는 우리에게도 언론·출판의 자유가 부여되었고, 우리 정부의 주석 김구 일행의 환국도 멀지 않을 것이니, 우리는 유서 깊은 독립신문을 속간하기로 준비할 책임이 있다며, 『독립신문』의 속간 문제를 논의하였다.[99]

1946년 12월 27일 속간 1호를 시작으로 다시 발간된 독립신문

김승학은 환국한 김붕준 등과 함께 속간 준비에 들어갔다. 바로 '독립신문'이라는 제호로 미군정에 등록안을 제출하였다. 그러나 등록이 거절된다. 오준영(吳俊泳)이라는 인물이 1945년 10월 11일부터 『독립신문』이라는 제호의 주간보(週刊報)를 간행하고 있었기 때문이었다. 김승학 등은 부득이 하게 오준영으로부터 제호를 1만원에 인수하였다. 『(환국속간)독립신문』의 등록일이 1945년 10월 11일로 된 이유도 여기에 있다.[100]

마침내 1946년 2월 속간 신문의 속간을 실질적으로 추진하기 위해 발기인을 모집하였다. 그리고 엄항섭·조소앙·조완구 등 발기인 191명을 선발했다.[101] 이어 1946년 4월 5일 모임을 갖고 김승학을 필두로 속간 준비위원

---

98 김승학, 『망명객행적록』, 앞의 책, 443쪽.

99 『(환국속간)독립신문』1947년 1월 13일 「國內續刊準備狀況」.

100 오대록, 『해방 후 대한민국임시정부 연구』, 단국대박사학위논문, 2015, 181쪽 참조.

101 오대록, 『해방 후 대한민국임시정부 연구』, 단국대박사학위논문, 2015, 181쪽 참조.

으로 선출했고, 사무실은 서울 종로 1정목(현 종로 1가) 34번지에 두었다.[102] 준비위원들은 신문사를 주식회사로 설립하고자 했다. 6월 29일 독립신문 사를 이끌어나갈 주요 구성원도 선임하였다. 처음 선임된 임원은 아래와 같 았다.

> 사장 : 김승학
> 편집국장 : 백기준
> 통신국장 : 조상항
> 영업국장 : 이종영[103]

이어 7월 24일에 사장 조성환, 부사장 김승학·최동오·김봉준·명제세, 주필 정석해(鄭錫海) 등을 선임하고, 편집국장·총무국장·업무국장·공무국 장은 사장과 부사장이 임명하는 것으로 결정하였다.[104] 마침내 1946년 12 월 27일 『(환국속간)독립신문』 창간호가 발간되었다. 속간 1호에는 김구를 비롯해 이시영(국무위원)·조소앙(외무부장) 등 임시정부 요인들의 속간 축 하 휘호를 실었다. 당시 김구가 쓴 휘호는 '발양정기(發揚正氣, 바른 기운을 발양하다)'였다.[105]

김승학은 상해에서 『독립신문』을 운영했던 경험을 토대로, 상해 『독립 신문』의 재간(再刊)을 주도했던 백기준·김석황 등과 『(환국속간)독립신문』의 창간을 주도하였다. 김승학과 백기준은 내몽고 포구(包頭) 지역에서 임시정

---

102 『(환국속간)독립신문』1947년 1월 13일 「國內續刊準備狀況」.

103 김승학, 「新聞及其他定期刊行物許可申請書(1946년)」,(회산 김승학의 증손 김병기 소장)

104 『宣傳部日誌』(회산 김승학의 증손 김병기 소장).

105 백범학술원편, 『(환국속간)독립신문』(백범학술원자료총서 제1집), 백범학술원, 2012, 참조.

조직시기	사장	주간(편집겸발행)	주필	경리부장	서무부장	정치부장	사회부장	경제부장	교정부장	정리부장	광고부장	사무부장	판매부장	인쇄
1946 6.29	김승학			이종영(영업국장)		백기준(편집국장)					조상항(선전부장)			김승학
1946 7.24	조성환	부사장106	鄭錫海											
1946 12.27		김승학		이종영(총무국장)	백기준	최재웅(편집국장) 李明孝	李民輝		조동만		安益洙 朴商局			朴宗相 이종영
1947 5.15	이시영	김승학	조중환	이종영(총무국장) 백기준	이종영	최재웅(편집국장) 이명효	이민휘	朴尙昌			최재웅(업무국장) 안익수	吳明東	崔潤榮	이종영
1947 8.9	이시영	김승학	조중환	이종영(총무국장) 金東尙	백기준	최재웅(편집국장)					洪鍾煥			이종영
1947 8.26	조소앙	김승학	조중환	이종영(총무국장) 金東尙	백기준	최재웅(편집국장)					홍종환(업무국장)		金潤植	이종영
1948 4.10	조소앙 사장 崔性章 부사장	김승학				최재웅(편집국장)								이종영
1948 11.9	崔闡燁	김승학				최재웅(편집국장)					安定洙(업무국장)			

〈표 3〉 해방 이후 독립신문사 조직변화표

부와 일정한 연계를 맺으며 활동하였던 조병준의 제자들이었다.[107] 이들을 주축으로 속간된 『(한국속간)독립신문』은, 경영이나 발간, 판매 등도 이들이 주도하여 움직였다. 특히 당시 대종교의 중심들이 운영에 깊숙이 관여하고 있다는 점도 주목된다. 위 표[108]에 나타나는 독립신문사의 조직 변화를 보더라도 확인할 수 있다.

사장을 역임한 인물 중 김승학 뿐만 아니라, 조성환·이시영·조소앙 등 모두 대종교 계열의 핵심 인물들이다. 김승학과 독립신문사를 주도한 백기준 역시 대종교의 핵심인물이었다. 1920년대, 스승 조병준이 이끌던 내몽고 포두의 대종교 수광시교당(綏光施敎堂)의 부책임자로서도 활동한 인물이었다.

한편 표에도 나타나듯이, 이시영이 사장으로 취임한 1947년 5월을 기점으로 독립신문사는 비약적인 발전을 꾀하게 된다. 이 때에 와서는 편집국의 교정부장과 정리부장의 결원(缺員)만 보일 뿐, 모든 부서가 정상화되었다. 또한 주간보였던 신문이 일간지로 전환된 시기도 이시기였다. 한 마디로 신문사로서의 면모가 비로소 갖추어지게 된 것이다. 업무국 산하의 광고부·사무부·판매부의 업무도 정상화되면서 독립신문사의 총직원 수가 23명까지 이르게 되었다.[109] 이렇게 변모한 독립신문사는 사세(社勢)의 확장 역시 일취월장했다. 1948년 초 구내에 120여 개의 지국(支局)을 설치했고, 신문 3만부를 발행하는 전국적인 일간지로 발돋움한다.[110] 『(한국속간)독립신문』의 초기 발행 부수는 1만부였으나, 이후 8천부, 4천 9백 60부, 1천 3백

---

106 당시 부사장은 김승학, 최봉준, 최동오, 명제세였다.

107 조동만(김병기 해제), 「나의 회고」, 『한국독립운동사연구』14, 한국독립운동사연구소, 2000, 380-382쪽 참조.

108 오대록, 『해방 후 대한민국임시정부 연구』, 단국대박사학위논문, 2015, 185쪽.

109 『독립신문』1947년 5월 15일 「社告」.

110 오대록, 『해방 후 대한민국임시정부 연구』, 단국대박사학위논문, 2015, 187쪽.

부 등 일정치가 않았다.[111] 그러나 신문사의 조직이 안정되고 사세가 확장되면서 1948년 전후에 3만부 발행까지 끌어 올린 것이다. 3만부라는 부수는 1948년 1월 당시 해방 공간의 유력지였던『서울신문』(7만 6천부),『경향신문』(7만 1천부),『동아일보』(6만부),『조선일보』(5만 8천부),『자유신문』(5만부),『중앙신문』(3만 2천부) 다음으로 발행부수가 많은 수치였다.[112]

당시 속간을 주도했던 김승학은『(환국속간)독립신문』을 1896년 4월 7일 서재필에 의해 간행된『독립신문』을 계승한 것으로 보았다. 그리고 이후 총 4차례에 걸쳐 속간되었다고 의견을 보였다.『독립신문』의 전통성과 상징성, 그리고 역사성을 강조한 것이다. 1차 속간은 1919년 8월 21일 임시정부에 의해, 2차 속간은 1921년 8월 신문사의 진영을 새롭게 정비했을 때, 3차 속간 혹은 '귀국속간(歸國續刊)'은 해방 이후 1946년 12월 27일 국내에서 발간된『독립신문』을 마지막으로 1949년 7월 10일 이승만 정권에 외해 강제로 무기정간을 당한 이후 정권이 '타도'된 1960년에 다시 속간된『독립신문』을 4차 속간이라고 규정하였다.[113]

『(환국속간)독립신문』의 방향은 다음과 같은 그「창간사」에 여실히 드러난다.

"…(전략)…해방 이후 일 년 반 우리는 아직도 독립을 찾지 못하고 南政北經이 각각 그 이념을 달리하여 민족의 분열을 招致하고 思想의 決裂을 招來하여 민족적 비극을 造成하고 있는 이때 민생은 다시 도탄에 들어서 조국의 前途가 암담하도다.『독립신문』이 해외에서 싸워온 과거 28년의 고난의 투쟁사는 아직 그

---

111 「독립신문사 판매부」(회산 김승학의 증손 김병기 소장)

112 오대록,『해방 후 대한민국임시정부 연구』, 단국대박사학위논문, 2015, 187쪽.

113 김승학,「독립신문 第四次 續刊草案(1960년)」(회산 김승학의 증손 김병기 소장)

목적을 達하지 못하였고, 승리로서 장식할 최후의 그날까지 그 책무를 수행할 의로운 역할을 가졌도다.…(중략)…民心統一의 與論喚起는 本報使命의 第一課라. 우리는 뭉쳐서 우리의 힘으로 우리의 독립을 戰取할 것이다. 오직 독립을 위하여 싸워온 『독립신문』은 앞으로도 독립만을 위하여 싸울 것이다. 독립을 방해하는 일절의 반동과 싸울 것이다. 『독립신문』은 독립을 위하여서 싸우는 同志들의 입이 되며 귀가 될 것이다. 이날 『독립신문』은 옛날과 같은 가난한 모습으로 그러나 과감한 씩씩한 모습으로 조국의 가슴을 찾아 와서 第一聲을 한껏 외친다. 「독립을 찾자!」"[114]

먼저 시대 인식이 주목된다. 1946년 12월 27일 현재, 우리의 상황을 미독립(未獨立)의 시대, 민족 분열의 시대, 민생 도탄의 시대로 규정하고 있다. 그리고 그 해결의 방법은 민심의 통일과 여론의 환기를 통한 진정한 독립의 완성에 있음을 강조한 것이다. 바꾸어 말하면 완성된 독립이 없이는 민족의 통합이나 민족의 번영을 결코 기약할 수 없다는 논리와 통한다.

이러한 방향 설정과 맞물려 『(환국속간)독립신문』은 한국독립당과 임시정부 세력을 지지·지원하는 역할을 담당했다. 그 중에서도 임시정부 세력의 정치노선이었던 반탁과 임시정부를 앞세운 자주적인 과도정권 수립운동, 그리고 우파 합작 노선에 따른 우익 정체 세력과의 연대 및 갈등에 관한 보도가 주를 이루었다. 나아가 통일정부 수립 노선으로서의 변화 과정과 추진 활동, 이념과 사상도 『(환국속간)독립신문』에 나타난다.[115] 가령 『(환국속

---

114 『(환국속간)독립신문』1946년 12월 27일 「續刊辭」.

115 오대록, 「해방 후 대한민국임시정부 연구」, 단국대박사학위논문, 2015, 189쪽.

간)독립신문』에 실린 한 사설(社說)을 보자.[116] 1947년 미소 양측의 교섭과
정에서 신탁통치를 반대하는 정단 및 단체를 협의 대상에서 배제한다는 내
용이 공개되자 임시정부 세력은 신탁통치 반대 운동을 적극적으로 전개했
다.『(환국속간)독립신문』 역시 이러한 논조를 사설로서 게재했다. 즉 한국
이 해방과 동시에 완전한 독립 형태로 환원되지 못했음을 밝히고, 문제 해
결책은 미소군정이 한국에서 즉시 철수하고 38선을 해체시켜야 한다고 주
장한 것이다.

그러나 『(환국속간)독립신문』은 공교롭게도 김구와 그 운명을 같이했다.
즉 1949년 6월 26일 서거한 김구가 그해 7월 5일 효창원에 안장되자,『(환국
속간)독립신문』 역시 그 다음날 공보처로부터 무기정간(폐간)을 당했다. 폐
간의 이유는 대한민국임시정부의 기관지라는 것, 절대 독립을 지지했다는
것, 그리고 남한단독정부를 반대한다는 것이 그것이었다.[117]

이념을 넘은 타협

김승학은 1946년 1월 신탁통치반대국민총동원위원회 중앙위원으로 선
임되어 신탁통치 반대 입장을 천명하였고,[118] 1947년 6월에는 엄항섭 등과
함께 반탁시위책임자로 체포되기까지 했다.[119] 특히 이들은 임시정부추진회
를 동시에 했는데, 독촉국민회(獨促國民會)의 책임을 맡았던 김승학은 임정
추진회의 위원장까지 맡았다.[120] 이것은 김승학이, 해방 후 아나키스트들이

---

116 『(환국속간)독립신문』1946년 12월 27일 「독립을 주장한(사설)」.

117 김승학,『망명객행적록』, 앞의 책, 443쪽.

118 『서울신문』1946년 1월 1일「신탁통치반대국민총동원위원회 중앙위원 선임」

119 『경향신문』1947년 6월 27일「경무부장, 반탁시위책임자 9명 체포 발표」. 6월 22일에 일어난 반탁시위
　　운동의 책임자로 엄항섭과 김석황이 먼저 체포되었고, 26일 새벽 서울에서 김승학, 백홍균, 신일준, 유
　　기동, 이성주, 김윤근, 이종현, 정해준, 김호엽 등 9명이 체포되었다.

120 『동아일보』·『서울신문』1947년 5월 6일, 7일「독촉국민회 임정봉대파, 임정추진회 구성」

주축이 되어 추진했던 임정봉대운동(臨政奉戴運動)과 그 일환으로 전 민족적인 혁명 거사를 계획했던 한국혁명위원회 활동에도 관여한 이유이기도 했다.

타율적 정치를 배격하는 아나키스트들이 임정봉대운동에 앞장서서 급진적 혁명을 추진한 것은, 임정이야말로 3·1운동에서 탄생한 전 민족의 자율기관이라고 보았기 때문이다. 조선 민족을 대표할 만한 합법적 대표 기관이 절실하던 터에, 중경(重慶) 임시정부의 상징성을 앞세워 자유연합 방식의 전국적 자치 조직에 토대하여 자주·민주·통일의 과도정부를 수립한다는 것이 그들의 구상이었다.

당시 한국혁명위원회의 비밀장소는 조선무역 안채의 별실에 있었다. 조선무역은 내시(內侍)로 고종의 옆에서 헤이그 만국평화회의에 밀사 파견을 주선했던 것으로 유명한 안호형(安鎬瀅)이 경영하던 회사였다. 당시 70여 세의 안호형은 구한말 환관이 되어 입궁한 이래 강직하고 의협심이 강한 성품으로 인해 고종의 신임을 받았다고 한다. 우당 이회영과는 대한협회에서 만나 뜻이 통했고 나랏일을 서로 걱정하는 사이가 되었으며, 헤이그 밀사 파견을 성사시키는 과정에서 더없이 가까운 동지가 되었다. 안호형은 국권을 일제에게 찬탈당한 후부터 줄곧 현재의 자리에 은거하면서 제약회사를 경영하여 상당한 치부를 할 수 있었다. 그런 중에서도 그는 정인보 등 애국지사들과의 교분을 은밀히 유지하였고, 해방 후에는 특히 해외에서 환국하는 지사들을 물심양면으로 성심껏 도와주었던 것으로 유명하다.[121]

조선무역의 건물 구조는 제약실과 영업장소가 딸린 바깥채와는 별개로, 안채는 이중으로 된 출입문을 통과해 들어가도록 되어 있어 비밀아지트로서는 아주 안성맞춤이었다. 안채에 들어서면 주인이 기거하는 내실이

---

121 이문창, 『해방 공간의 아나키스트』, 이학사, 2008, 99쪽.

나 거실과 떨어져 특별한 일이 있을 때에만 개방하여 손님을 접대하는 별실이 따로 있었다. 집은 한옥과 비슷했지만 한옥과도 좀 달랐던 것 같다. 안채는 바깥채와 분리되어 있을 뿐만 아니라 바깥채에서 보면 안채가 있는지도 알 수 없을 정도였다. 물론 바깥채에서도 안채로 들어가고, 다른 통로를 통해서도 안채로 들어갔다. 그 안채의 별실이 바로 한국혁명위원회의 비밀 아지트로 쓰였다. 별실은 주 널찍했다. 위원들은 그곳에 모여 회의도 하고, 식사도 하고, 술도 마시고, 작업도 하였다. 나도 거기서 어른들 얘기하는 것도 듣고, 밥도 얻어먹고 회의도 참석하였다. 탁자는 없었고 큰 방에 죽 둘러앉아 얘기를 나누었다. 그리고 그 옆에서 문서를 작성하고 정리하는 작업도 하였다.[122]

한편 한국혁명위원회는 경교장을 중심으로 하는 임정 원로들(김구·조성환 등)을 주축으로 하여, 혁명적 독립운동 세력(정인보·유창준·안호형 등)과 자유사회건설자연맹계열의 아나키스트 지사들이 연합하여 중심을 이루고 있었다. 그 혁명위원회 구성은

위원장 : 조성환
부위원장 : 정인보
위원 : 유창준, 이을규, 이정규, 안호형, 황갑영, 유정렬(총간사)[123]

등이었으며, 또한 혁명위원회의 협동체로서는 『독립신문』의 김승학을 비롯하여, 무명회의 김명동·구연걸·성낙서, 언론인 김형윤, 의열단 출신 김지강, 중국 남의사 출신 엄재경(嚴在庚), 그리고 이시영·김창숙 등의 원로와 각 지방 향교 전교, 국민회의 신일준·조상항, 강원여관 여주인과 자유사

122 같은 책, 99쪽.
123 같은 책, 273쪽.

회건설자연맹의 양회석·양일동·이규창·조한웅 등과 학계의 변영만·김범부·손우성(孫宇聲)·한태수(韓太壽), 북로군정서 출신의 고평·김만와(金晚窩), 그리고 대동강동지회의 홍성준, 경교장 김석황, 독립신문 안병찬·신현상, 또한 남대문시장의 흑백회와 박제경·강전·강대복 씨 등이 동참하였고, 종로의 김두한(이을규의 설득으로 전향함)과 화원시장의 김성광(金盛光)도 유사시에 일역을 담당하기로 하였다.[124]

그러나 이러한 혁명위원회의 계획은 이승만의 비협조로 물거품이 되었다.[125] 더욱이 이 계획에서도 무기 조달을 책임졌던 김승학의 무기 확보가 성공하지 못하였다. 즉 제주도(일설로는 대만)로부터 어선 편으로 밀반입하여 마포나루에 도착한 신품 미제 권총 100정이, 수송 도중 바닷물의 침수로 녹이 슬어 무용지물이 되었던 것이다.[126]

대종교 중흥 운동

해방 이후 김승학의 대종교 활동 역시 빼놓을 수 없다. 김승학을 비롯한 일제강점기 대종교인들이 한국독립운동사에 미친 영향은 지대한 것이었다. 정치·경제·사회·문화 등 민족사회 전반에 커다란 반향을 몰고 왔기 때문이다. 그것도 길지 않은 시간 속에서 나타나는 변화의 양상임을 볼 때, 획기적 사건이라 하지 않을 수 없다. 물론 이와 같은 단기간의 혁명적 영향력의 배면에는, 대종교라는 에너지가 어느 날 갑자기 만들어진 것이 아니라, 우리 민족사의 바닥에 연면히 흘러온 단군신앙을 현대적으로 부활시켰다는 점과, 당시대의 많은 지식인들이 대종교를 국교적 정서로 인식했던 것과 관련이 있다. 또한 우리의 역사 속에서 민족적 위기 때마다 고개를 든 단

---

124 같은 책, 273-274쪽.

125 같은 책, 279쪽.

126 같은 책, 280쪽.

군구국론의 경험과도 무관치 않았다. 일제하 대종교의 독립운동 또한 우리 민족의 자존심을 대내외에 천명한 일대사건으로써, 항일운동 본산으로서의 역할과 더불어, 총체적 저항의 사표를 보여주었다는 점, 그리고 단군구국론을 재확인시켰다는 점에서 의의가 크다.[127]

우리의 정체성 그 자체였던 대종교는, 홍암 나철이 1914년 화룡현 청파호로 총본사를 옮기고, 화룡·영안·밀산·동경성 등지로 전전하면서 온갖 풍상을 겪다가, 광복이 되자 33년 만에 환국한다. 그러나 일제에 의한 억압으로 국내의 발판을 모두 잃어버린 대종교의 현실은 아픔을 넘어 절망적 현실과 부딪히게 되었다. 또한 타의에 의해 씌워진 이념의 굴레와 청소하지 못한 일제의 앙금은 또 다른 시련으로 역사를 정지시켰다. 따라서 일제하 대종교 말살 정책에 의해 국내에 기반을 잃었던 대종교 세력은 남북의 새로운 이념세력에 의해 동시에 구축되는 비운을 맞는다.

일제에 의해 국내적 기반이 완전히 무너진 대종교로서는, 해방 후 국내로 그 본거를 다시 옮긴 후에도 고난의 길을 계속해야 했다. 종교적 장을 펼칠 수 있는 교육기관이나 문화공간은커녕, 의지할 공간조차 얻기도 힘든 상황이었던 것이다. 대종교의 민족주의적 정서와는 거리를 멀리 한 남북의 이념적 분단은, 대종교지도자의 남북 분산과 더불어 남한 내의 정착을 더욱 어렵게 했다. 더욱이 일제치하에서 친일의 대가로 온전된 국내의 종교·문화적 기득권 속에서,[128] 해외항일운동으로 초지일관한 대종교의 정서가 자리 잡기에는 민족문화적 토양이 너무 척박했던 것이다.

그러한 어려움에서도 해방된 남녘땅에 대종교의 중흥을 위한 다양한 노력이 없었던 것은 아니다. 먼저 새 정부수립 이후 대종의 문화적 기반인

---

127 김동환, 「대종교의 민족운동」,『종교계의 민족운동』(한국독립운동의 역사38), 한국독립운동사연구소, 2008, 139쪽.

128 임종국, 「日帝末 親日群像의 실태」,『解放前後史의 認識』, 한길사, 1979, 202-240쪽 참조.

단기연호를 공식적으로 계승했으며,[129] 개천절을 국경일로 공식 제정함과 동시에,[130] 홍익인간을 대한민국의 교육이념으로 정식 채택한 것을 꼽을 수 있다.[131] 그리고 대종교를 종단 제1호로 등록시킨 점이 특기되는 부분이다. 또한 홍익대학와 국학대학 그리고 단국대학 등, 대종교 정신에 의한 대학의 설립의 노력도 간과할 수 없을 듯하다.

정치사상적인 면에서도 나타났다. 조소앙의 삼균주의와 안재홍의 신민족주의, 그리고 안호상의 한백성주의[一民主義] 등이 그것이다. 조소앙의 삼균주의는 1920년대에 이미 체계화된 것으로, 그 뿌리를 신교신앙에 두고 있다.[132] 특히 그는 삼균주의의 철학적 바탕을 홍익인간 이화세계에서 찾았고, 그 구현 원리로 신지비사(神誌秘詞)의 '수미균평위홍방보태평(首尾均平位興邦保泰平)'을 내세움으로써 우리 민족 고유의 단군사상을 통해 그 치도(治道)의 원리를 발견하려 했던 것이다.[133]

안재홍의 신민족주의 역시 1945년 9월 국민당의 지도이념으로 제시된 것이지만, 1924년에 이미 구상된 가치였다. 그는 우리 대종교 고유의 정치이념을 '다사리정신'으로 규정하고 이것을 신민족주의 정치이론의 연원으로 삼았던 것이다.[134] 특히 안재홍의 신민족주의의 배경에는 대종교 경전인 「삼일신고」의 가치가 강하게 투영된 듯하다.[135] 안호상의 한백성주의 역시 대종

---

129 「年號에 관한 法律」 法律 第4號로 公布.

130 「國慶日에 관한 法律」 法律 第53號로 公布.

131 「敎育의 目的」 敎育法(1949. 12. 31) 第1章 第1條.

132 강만길, 「民族運動, 三均主義, 趙素昻」 『韓國民族運動史論』, 한길사, 1985, 171-194쪽 참조.

133 조소앙, 「大韓民國建國綱領(第1章-綱領)」 『素昻先生文集』, 삼균학회, 1979, 148쪽.

134 정영훈, 「檀君民族主義와 그 政治思想的 性格에 관한 硏究」 단국대학교박사학위논문, 1993, 167-168쪽 참조.

135 안재홍, 「三一神誥註」 『民世安在鴻選集』 4, 지식산업사, 1992, 115-119쪽 참조.

교의 홍익인간과 화랑도에 토대를 둔 것으로,[136] 대한민국 제1공화국의 지도이념으로까지 주창되기도 했다.[137]

그러나 6.25의 발발로, 정인보·조소앙·조완구·안재홍·명재세와 같은 대종교지도자들의 납북과 분단의 고착은 대종교를 더욱 위축시켜 갔다. 사회경제주의사학에 입각한 북쪽의 유물사관은 대종교의 역사적 경험을 신비주의적 환상으로 매도하는가 하면, 외세와 친일에 의해 주도된 대한민국에서도 구시대의 유물인 양 대종교를 외면했다.

5.16 군사정권 이후 단기연호를 포기하면서, 대종교의 정서적 위상은 더욱 가라앉는다. 개천절은 형식적 국경일로 외면되어 갔고 홍익인간의 가치 또한 교육적 장식구호로 전락하고 말았다. 또한 경제성장제일주의와 새마을운동 등과 같은 물질중심의 성장가치와 서구의 배타적 종교관에 밀려, 대종교의 잔영이라 할 수 있는 마을공동제와 사당(祠堂), 그리고 수많은 민속유산 등은 반근대적 유산 혹은 미신이라는 허울을 쓰고 무너져갔다. 또한 대종교 문화는, 전통문화에 대한 형식적 구호나 정책에 의해 박제된 문화로 잔명을 이었거나, 민족문화를 앞세운 군사정권의 들러리로 포장되어 부정적 이미지만을 더욱 각인시켰을 뿐이었다.

당시 광복을 맞아 환국한 대종교는, 서울 영락정(永樂町) 2정목 7번지(현 중구 저동 2가 7번지)의 구(舊) 천대사(千代寺, 敵産寺刹) 건물을 총본사 사옥으로 삼고,[138] 제7회 총본사 확대 직원회의에서 총본사 및 남도본사 직원을 개편하고 예산을 편성하며, 제8회 총본사 직원회의에서는 경의원(經議院) 직원을 공선했다. 또한 제10회 총본사 직원회의에서는 종경(倧經) 번역기관으로 종학연구회(倧學研究會)의 설치를 결의하는 등, 새로운 포교

---

136 안호상, 『일민주의의 본바탕』, 일민주의연구원, 1950, 22쪽.

137 이승만, 「一民主義를 提唱하노라」, 『民族公論』(1948年 1月號), 3쪽.

138 『대종교중광육십년사』, 앞의 책, 575-576쪽.

사업의 큰 발을 내디뎠다.[139] 김승학 역시 이시영·이동하(李東夏)·고평(高平)·윤복영(尹復榮)·황학수·신백우·우덕순 등과 함께 대종교 재건의 한 축인 경의원(經議院) 의원으로 참여하였다.[140]

김승학은 국학의 보급과 대종교 교리 연찬에도 신경을 기울였다. 국학 강좌와 교리강수회(教理講修會) 등이 그것이다. 국학은 대종교와 표리 관계를 이룬다. 근대 국학이 곧 대종교요 대종교가 곧 국학이라 해도 과언이 아니다. 대종교를 일으킨 나철의 대종교 사상 속에는 국학적 요소인 국어·국사·국교·철학·민속·수행 등이 두루 나타난다. 나철의 사상은 사상적 정체성과 시간적 연속성, 그리고 공간적 차별성과 보편적 개방성의 속성을 두루 갖춘 국학으로, 문·사·철이 회통되어 나타나는 국학이라는 점에서 순수 국학의 특징을 가장 잘 드러내 준다고 할 수 있다.[141] 20세기 대종교인들에 의해 우리의 언어와 역사 그리고 철학이 개척되고 정리됨만 보아도 헤아릴 수 있을 듯하다.

1946년 8월 24일부터 2개월 간, 서울 광희동 이원태(李源台)의 집에서 교리강수를 한 것이다. 교단 내의 중견 청년들(太興先·金明吉·金一洙·林承鎬·楊文翰·柳鍾禹·李元甲·趙東奎·權相東)을 중심으로, 종학원(倧學院)을 조직하여 매일 밤 강의를 행했다. 또한 1948년 12월 2일부터 1개월 간 총본사 직원 및 중견 교우 50여명을 대상으로 갑종강습회(甲種講習會)를 개최하였는데, 김승학은 총무를 맡아 모든 진행을 주관했다.[142] 당시 강수회(講修會) 임원은 다음과 같았다.

---

139 『대종교중광육십년사』, 앞의 책, 577-579쪽 참조.

140 『대종교중광육십년사』, 앞의 책, 577-579쪽 참조.

141 김동환, 『국학이란 무엇인가』, 흔뿌리, 2011, 74쪽.

142 『대종교중광육십년사』, 앞의 책, 610-611쪽 참조.

회장 : 춘파 정관

총무 : 희산 김승학

재무 : 보본 엄주천

학무 : 만취 성하식

서무 : 새밝 신철호

강사 : 우천 조완구, 백수 정열모, 백주 김영숙, 단애 윤세복[143]

김승학의 대종교중흥회 참여 또한 주목되는 부분이다. 전술한 제 1차
교리강수회 수료생들을 중심으로, '대종교 발전을 위한 새로운 방안을 모색'
한다는 기치 아래 출범시켰다. 김승학 등의 발기로 조직된 대종교중흥회의
목적은 다음의 취지문에 잘 드러난다.

"우리 배달민족은 오묘심원한 倧理가 있으며 전통적 정신인 고
유신앙이 있어서 반만년의 찬란한 역사를 가지고 우리의 사상
과 생활을 지도하여 왔으며, 그리하여 동서 諸國은 우리를 흠모
하야 예의지방이라 군자지국이라 불렀으며, 또 고구려의 皂依와
신라의 화랑이 神敎의 연원을 이어서 도의를 講磨하고 충효를
장려하야 시폐를 匡求하는 동시에 儒, 佛, 仙 삼교가 차제로 들
어와서 우리의 도덕 문화를 찬조함이 많았다.

그러나 世遠俗解하야 倧道가 日衰러니, 마침내 고려 원종때로부
터 內政은 淆亂하고 外交가 실패되야 당시 위정자의 비열한 사
대주의로 말미암아 우리의 고유문화는 폐색되고 전통적 정신을

---

143 『대종교중광육십년사』, 앞의 책, 610-611쪽 참조. 이 강습회를 수료한 인물들은, 申哲鎬, 李容兌, 金容
均, 成周煥, 太興先, 金明吉, 朴天, 金昇灝, 李榮載, 梁世煥, 李奎恒, 金乙洙, 金昌活, 柳大熙, 嚴杜天, 鄭
吉龍, 成世永, 林承鎬, 金顯翼, 金鎭晧, 趙昇鎬, 玄始東, 趙東泌, 李東錫, 崔春影, 李鎭求, 金中和, 朴孝
達, 韓聖澤, 金熙均, 朴性完, 金承學, 成樂勛, 金秉周, 李在英, 楊文澣, 朴重武, 鄭正雲 등 38명이었다.

잃게 된 배달족이 비참한 노예 지옥에 떨어져서 거의 멸망하게 된지가 이미 7백 년을 지내었다.

아! 거룩할사! 우리 단군한배님의 묵계를 받으신 홍암대종사 나철께서 거령 41년 전 기유 정월 15일에 大敎를 중광케 하시니 우리의 族粹와 국혼이 이에서 부활되었다. 그러자 익년 경술년 7월에 소위 합병이 실행되고 잔폭 무도한 倭虜의 억압을 不堪하야 대종교총본사가 만주로 이전되었던 바, 기미운동 끝에 청산리전쟁을 차리고 임오교변을 겪다가 단애도형 이하 중요 간부 6인이 목단강 감옥으로서 해방을 당하야 환국한지도 또한 3년을 지내었다. 이제 도사교 이하 諸位 元老의 盡誠竭力으로서 총본사 직원 40여 인이 대종교리강수회를 조직하야 1개월 간 강수한 결과, 우수한 성적으로 발포되었는바, 이것이 한갓 교세확장으로만 목적한 것이 아니오, 大敎의 근본리념인 홍제인세를 주관으로 하여야 할 것이다.

그렇다면 우리 講修會員의 책임은 중대하다. 新興 국민의 기분을 가져야할 금일, 吾儕의 처세와 환경이 너무나 곤난하다. 남북통일을 高調하면서 自相殘害의 內亂이 目前에 전개되고 外兵撤退를 절규하는데 국제 간섭은 여전히 진척되며 民生은 극도로 피폐하고 경제는 전부가 파멸되었거늘, 아직 자급 경생할 방안을 수립하지 못하였도다. 이것을 匡救함에는 반드시 우리 민족의 전통적 정신을 환기하야 자력갱생의 도를 確立하여야 할 것이다.

그러면 우리는 大倧敎理를 선전하는 동시에 민족정기를 扶植하지 않으면 아니 될 것이다. 이것이 곧 대종교중흥회를 발기하는

취지이오니, 여기에 찬동하시는 만천하 형제자매시어! 心物 양
면을 불구하시고 궐기 來會하실 줄 믿고 바래나이다.

개천 4406년 기축 정월 5일

발기인: 정관, 조완구, 김영숙, 정열모, 김승학, 엄주천, 성세영,
이원태, 신철호"[144]

즉 대종교의 교리(敎理) 선전과 민족정기를 고취하기 위하여 발족한 것
이다. 당시 대종교중흥회의 임원을 보면 다음 표와 같다.[145]
1·2차로 조직된 대종교중흥회에 김승학은 모두 중앙상무위원으로 참
여했다. 1차에서는 총무부장을, 2차에서는 위원장을 맡아 앞장섰다.[146]
김승학은 1920년대 초에 대종교에 입교한 이후, 그의 스승 조병준(사
망하기 직전까지 내몽고 포두에 있던 대종교 수광시교당의 책임자였다)과
함께 사제동행(師弟同行)의 길을 걸었다. 해방 직후(1946년) 대종교의 상교
(尙敎)까지 오른 김승학은 대종교 경의원 참의(參議)에 피선되고, 1949년에
는 정교(政敎)로 승질되어 대형(大兄)의 칭호를 얻었다. 또한 1950년 5월에
는 대종교 원로원(元老院)의 참의가 되었으며, 동년 11월에는 서일도순교원
(西一道巡敎員)으로 임명되어 활동했다. 김승학이 부산으로 옮긴 이후인
1955년부터는 대종교 부산지사(釜山支司)의 총책임자인 전무(典務)를 맡아
9년 동안 시무(視務)하였다.[147] 김승학은 대종교 부산책임을 맡았을 당시에

144 『대종교중광육십년사』, 앞의 책,

145 『대종교중광육십년사』, 앞의 책, 622-625쪽 참조.

146 『대종교중광육십년사』, 앞의 책, 622-625쪽 참조.

147 종경종사편수회편, 『대종교중광육십년사』, 대종교총본사, 1971, 859-861쪽 참조.

직 책	제1회	제2회
중앙 상무위원	위원장: 정 관 총무부장 : 김승학 총무부원: 김희균, 조동 필 경리부장: 엄주천 경리부원: 이현익, 양세 환 교화부장: 정열모 교화부원: 성세영, 조승 호	총재: 윤세복 부총재: 조완구 위원장: 김승학 총무부장: 김두종 총무부원: 김희균, 나종권 경리부장: 이한기 경리부원: 이재영, 성주환 교화부장: 이진구 교화부원: 김일수, 김병곤
중앙 감찰위원	위원장: 이진구 위원: 김을수, 현시동, 김중화, 박천	위원장: 이현익 위원: 김사학, 안두성, 이동선, 조동필
고 문		이시영, 정인보, 이범석, 신성모, 안호상, 명제세, 안재홍, 장유순, 김 준, 정 관
參 與		엄주천, 정열모, 정원택, 이원태, 성세영, 백남규, 맹주천, 이세정, 서상일, 이영선, 신 환, 민필호, 박종오, 박정식, 홍성초, 윤용선, 장형, 안석원, 이용태, 신대식, 양세환, 김진호, 정길용, 박시준, 이종모, 홍기만, 신철호, 조승호, 박성완, 이원갑
중앙 집행위원		정 관, 김희균, 이진구, 박종무, 박성완, 김일화, 하정환, 엄주천, 양세환, 이영재, 이동석, 이세정, 이재영, 이원태, 정열모, 조승호, 김병주, 성주환, 김일수, 김승호, 이원익, 박효달, 정길용, 김명길, 이진구, 안두성, 신철호, 조동필, 박시준, 박종오, 김두종, 이한기, 서상일, 신 환, 맹주천, 박정식, 이유식, 유충우, 정원택, 차능현, 윤용선, 장 형, 안석원, 홍성초, 권공회, 이영선, 신대식, 이원갑, 나종권, 안상훈, 홍기만, 이종모, 김정인, 김병곤, 김사학, 이동선, 민홍선, 성원경, 백남규, 장동순, 윤병호, 정봉화, 황정환, 김희종, 김영진, 정 일, 진성준, 강정숙, 태홍선, 김용균, 임승호, 김원화, 김우진, 김을수, 박 천, 이용태, 김승학, 최춘채, 정정운, 한성택, 조병애, 이규항, 김중화, 안옥승, 유대희, 양문한, 성락훈, 유일우, 현시동, 김창활, 강신문

〈표 4〉

도 늘 대종교 경전[倧經]을 읽으며 마음을 다스렸다. 그가 남긴 「석암주옹자음(石庵主翁自吟)」이라는

> 부산으로 피난 옴이 몇 해이던가
> 처음 찾은 석암에서 머물고자 하였네
> 특별히 사필로 충의를 높이고
> 倧經을 늘 읽으며 늦게나마 용서하네
> 세 칸 누추한 집도 응당 누각이요
> 여섯 척 溫床도 발 뻗기 불편 없네
> 時種하고 時藝함이 내 業이러니
> 그 속에 삶의 맛이 절로 흘러라.[148]

『한국독립사』의 편찬

김승학이 광복 이후 가장 심혈을 쏟은 부분은 독립운동사를 편찬이었다. 그것은 상해 시절 백암 박은식과 "다음 번에는『한국독립사』라는 나라를 찾은 웃음의 역사를 편찬하고자 굳은 맹약을 하였다."라는 약속 때문이었다.[149] 그러므로 광복을 맞아 고향으로 내려가 가장 먼저 착수한 사업도 이 일이었다. 그러나 서울로 올라온 이후 진행시키지 못했다. 김승학이 6.25 직후인 1953년 한국독립운동사편찬위원회를 정식으로 조직하여 독립운농사 편찬사업에 주력한 이유다. 그의 끈질긴 노력으로 1964년『한국독

---

148 『石庵隨筆』「石庵主翁自吟」, 避難南下問幾春 始尋石庵圖棲身 特提史筆尊忠義 常讀倧經季恕仁 三間斗屋當高閣 六尺溫床足屈伸 時種時藝是吾業 然中自有味年年

149 주)64 참조.

分 編	分 章	分 節	쪽분량	備 考
제1편 국내운동	제1장 청·일의 알력과 국내정세 제2장 러·일전쟁 제3장 의병의 항쟁과 俠士의 壯擧 제4장 한·일합병과 민족의 수난 제5장 한말 독립운동단체 제6장 3·1운동 제7장 己未 이후 독립운동	6절 5절 7절 9절 8절 10절 3절	10쪽 7쪽 9쪽 11쪽 9쪽 83쪽 20쪽	
제2편 임시정부	제1장 임시정부의 수립 제2장 임시정부의 기구 제3장 內閣 改造와 정책 제4장 제2차 세계대전과 정책	5절 5절 3절 5절	6쪽 27쪽 5쪽 12쪽	
제3편 해외운동	제1장 남만주 운동 제2장 동만주 운동 제3장 북만주 운동 제4장 關內 운동 제5장 노령 운동 제6장 美洲의 운동 제7장 일본에서의 운동	6절 2절 3절 5절 6절 6절 3절	54쪽 19쪽 10쪽 10쪽 12쪽 24쪽 12쪽	제3편의 마지막 부분은 따로 章을 나누지 않고 '國內의 獨立' 부분을 부록 형식으로 실음
의열사 및 독립운동자 약전	독립운동자 2만 5백 명의 개인별 약전을 가나다순으로 실음			編을 따로 나누지 않고 부록 형식으로 실음

〈표 5〉

립사』가 탈고되었다. 그러나 김승학은 그것이 출간되기 직전인 1964년 12월 17일 사망하고 만다.

마침내 1965년『한국독립사』가 출판되었다. 그토록 각고하고 기대하던 『한국독립사』가 유고집으로 출간된 것이다. 무려 2만 5백 명의 독립운동가 활동 약력이 기재된 명실공히『한국독립사』였다. 김승학 역시 이러한 공훈을 기리어 1962년 건국훈장 독립장을 수여하였다. 더욱이 김승학이 모으고 지켜온 자료를 토대로, 1963년 대거 포상이 이뤄졌다는 점도 의미가 크다.

김승학의 역작인 『한국독립사』는 1965년에 처음 출간(서울, 독립문화사, 국배판)되었다. 전체 3편(마지막 '의열사 및 독립운동자 약전'은 부록 형식으로 수록함), 18장, 97절로 엮어졌으며, 순수 본문만 635쪽에 달한다.(표 5 참조) 그러나 1쪽 2단의 조밀한 편집임을 감안한다면 실제로는 1천 2백 쪽이 넘는 분량이다.

특이한 것은 제1편 제1장 '청·일의 알력과 국내정세'에서, 김승학은 '우리 민족의 유래'라는 내용으로 제1절을 시작하고 있다는 점이다. 이러한 접근은 여타 독립운동사에서는 볼 수 없는 것으로, 올바른 역사인식이 바로 독립운동의 동력이라는 점을 염두해 둔 것이다. 또한 이것은 김승학의 대종교 선배이자 독립운동의 동지였던 박은식의 영향과도 무관치 않았다.

또 하나 주목되는 것은 제6장 '3·1운동' 부분이다. 이 부분이 제1편 전체 분량의 56%를 차지하고 있다. 이것은 3·1운동이 민족사적으로 세계의 이목을 집중시켜 한국민에 대한 인식을 새롭게 하였고, 이로 인해 중국 상해에 대한민국임시정부가 수립되었다는 점을 평가한 듯하다. 또한, 이민족에 대한 끈질기고 강렬한 독립투쟁정신을 고취하였을 뿐 아니라, 일제의 무단통치방법을 이른바 문화통치로 바꾸게 한 사건임에 주목한 것이다.

한편 3·1운동은 경제사적으로도 중요한 의의를 갖는다. 3·1운동 이전부터의 노동자파업운동·납세거부운동·물산장려운동·국산품애용운동 등 경제적 자립을 꾀하는 운동은 3.1운동 이후에도 계속되어 민족기업을 건설하려는 운동으로까지 확대되었다. 이와 같은 민족기업의 붐은 전국적으로 확대되어 한국경제사의 내재적 발전의 원동력이 되었다. 김승학은 제1편 '국내운동'에서 이러한 거족적 움직임을 폭넓게 다룬 것이다.

또한 김승학은 편(編)을 나눔에 있어 전체 분류의 기준(공간적 기준)에 맞지 않게 '임시정부'을 따로 떼어 제2편으로 구성하였다. 제2편 '임시정부'를 다루면서·'임시정부의 수립', '임시정부의 기구', '내각 개조와 정책', '제2차 세계대전과 정책' 등 4장으로 나누어 서술하고 그 아래 절을 두어 설명하였다. 제2편 '임시정부'의 목차는 아래와 같다.

第二編 임시정부
 第一章 임시정부의 수립
  第一節 정부
  第二節 憲章
  第三節 政綱
  第四節 헌법
  第五節 議政院
 第二章 임시정부의 기구
  第一節 연통제
  第二節 재정
  第三節 군사
  第四節 언론
  第五節 외교
 第三章 內閣 改造와 정책
  第一節 제도 개편
  第二節 정부의 動搖
  第三節 건국강령
 第四章 제2차 세계대전과 정책

第一節 한국광부군

第二節 대외정책

第三節 議政院 議員改選과 국무위원 선출

第四節 各黨의 활동 상황

第五節 史料

그러면서도 상해지역 독립운동 단체는 '임시정부'와 분리하여 제3편에서 별도로 다루고 있다. 즉 제3편 '해외운동' 가운데 제4장 '關內운동'을 보면, 제1절에 상해 지역 독립운동 단체를 마련하여 다음과 같이 열거·기술한 것이다.

第四章 關內 운동

 第一節 상해 독립운동 단체

  第一項 동제사와 신한청년당

  第二項 韓國勞兵會

  第三項 上海大韓人居留民團

  第四項 인성학교

  第五項 상해대한인청년단

  第六項 救國 險團

  第七項 대한적십자회

  第八項 태평양회의외교후원회

  第九項 대한교육회

  第一○項 애국부인회

  第一一項 흥사단遠東臨時委員部

第一二項 中·韓互助社

第一三項 在中國無政府主義者聯盟

第一四項 丙寅義勇隊

第一五項 上海韓人正衛團

第一六項 한국유일독립당촉성회대표연합회

第一七項 한국독립당

第一八項 중국본부한인청년동맹

第一九項 상해운동단체의 離合槪略

임시정부만을 따로 제2편에서 독립적으로 다루고, 19항에 달하는 상해 지역 독립운동 단체는 제3편 제4장 '관내운동'에서 다루고 있다. 이것은 임시정부가 한국독립운동사에 차지하는 상징성과 함께 그 비중이 적지 않음을 말하고자 하는 김승학의 가치를 보여주는 부분이다.

김승학이 편저자가 되어 애국동지원호회에서 발간한『한국독립운동사』(1956년)에는 다음과 같이 임시정부 부분이 제3편 '해외운동' 부분에 포함되어 있다.

第三篇 해외운동

甲, 상해의 운동(中領 각지포함)

第一章 己未 이후의 상해

第二章 임시정부

第一節 임시정부의 조직

第二節 임시헌장

第三節 선서문과 정강

第四節 임시헌법

第五節 各道議員一覽

第六節 파리강화회의에 제출한 독립청원서

第七節 內閣의 개조와 정책

　第一項 기구개조

　第二項 기구의 확립

　第三項 내각의 개조

　第四項 臨時史料編纂會

　第五項 獨立公債發行條例

　第六項 施政方法

第八節 외교의 활동

第九節 국민대표회

第一○節 時事策進會

第一一節 政府內의 動搖

第一二節 政府의 移轉

　建國綱領

　　第一章 總綱

　　第二章 復國

　　第三章 建國

第一三節 對日德宣戰布告

…(後略)…

　『한국독립운동사』는 『한국독립사』와 마찬가지로 1884년에서 1945년까지 우리나라 독립운동에 관한 사실을 수록한 것이다. 그러나 후일 김승학

은『한국독립사』를 따로 출간하고자 하였다.『한국독립운동사』를 편저한 김
승학이 그의 의도와는 상반된 결과물로『한국독립운동사』가 출간되었기
때문이다. 김승학의 장손이 쓴 다음의 기록을 보면 알게 된다.

> "졸생(拙生) 김계업(金啓業)은 선조고(先祖考)를 따라 정처 없이
> 유랑하기 임염(荏苒) 삼십 여 년 간 이제야 한국독립사 출판을
> 보게 되니 선조고의 계승자로서 감개무량하옵니다. 선조고께서
> 상해 독립신문사를 경영 시부터 수집한 사료와 초고를 편철(編
> 綴)하여 출판코저 하던 차, 애국동지원호회 문일민 선생을 시켜
> 한국독립운동사란 책을 단기 4289년 2월경에 간행하였으나, 편
> 저자인 선조고의 목적과는 상반된 점이 허다하였음으로, 선조
> 고께서 노령과 병약을 불구하시고 차(此)를 보강하시던 중 불행
> 히 별세하시매…"[150]

그 상반된 인식을 갖게 된 대표적 이유 중의 하나가 '임시정부'에 대한
비중 부분이었을 듯하다. 임시정부를 '해외운동' 부분의 하나로 처리하려
하였던『한국독립운동사』와는 달리, '임시정부'만을 따로 제2편에서 독립적
으로 다룬『한국독립사』의 체재만 보아도 알 수 있다.
물론 이러한 배경에는 김승학 자신이 주로 임시정부와 밀접하게 연관
된 삶을 살았다는 점을 꼽을 수 있다. 즉 광복군사령부 군정국장(軍政局長)
겸 군수국장을 역임한 것과 대한민국 임시정부 학무총장(代),『독립신문』
발행인, 임시정부 주만육군참의부 참의장 역임 등이 모두 임시정부와 연관

---

150 김계업, 「한국독립사를 안고서」,『한국독립사』, 독립문화사, 1965.

되었으며, 모스크바에서 열린 세계혁명대표자대회의 참석이나 한국독립당 최고위원 등을 역임한 것도 모두 임시정부와 연결된 활동이었다.

그러나 김승학이 『한국독립사』에서 '임시정부'의 위상을 강조하고자 한 보다 근본적인 이유는, 일제강점기 그 역할과 상징성이 남달랐기 때문이다. 대한민국 임시정부는 일제강점기라는 민족사의 시간적 단절을 메워주는 유일한 망명정부로서, 최초의 근대적 민주국가이며 민주정부 수립의 효시라는 점이 그것이었다. 대한민국 임시정부는 독립운동을 위한 비밀 연락망(조직망)을 결성하여 임시정부의 비밀 행정 체계를 작동시켰으며, 꾸준한 외교활동을 전개해 우리나라의 대표 구실을 하였다. 또한 기관지로 『독립신문』을 발행하는가 하면 사료편찬소를 두어 한일관계사료집을 간행하고, 대한민국의 자주성과 우월한 민족문화를 인식시켜 독립의식을 고취하였다.

그리고 광복군 창설 등 독립운동의 중심지 역할을 한 점도 간과할 수 없다. 일제강점기 만주와 연해주 지방에서 독자적인 무장항일운동을 하던 독립군들은 통합 조직을 만들기 위해 여러 가지 노력을 기울였으나 주변 국가들의 비협조와 일본의 방해로 결실을 보지 못하였다. 그러나 임시정부는 강한 군사력을 지닌 독립군을 양성하여 독립전쟁을 더욱 적극적으로 전개할 필요성에 따라 1940년에 광복군을 창설하였다. 광복군은 임시정부 산하의 정규군으로서, 만주와 시베리아 지역에서 활동하던 신흥무관학교 출신의 독립군과 중국 대륙에서 독립운동을 하던 애국 청년들이 중심이 되었다. 이어 광복군은 이미 1938년에 조직되어 독립전쟁을 벌이던 김원봉의 조선의용대를 흡수하여 3개 지대로 전력을 강화하였으며, 광복군의 총사령관은 지청천, 참모장은 이범석이었다.

한편 『한국독립사』 제3편 '해외운동'에서 주목되는 부분이 제1절 '남만주 운동' 부분이다. 제3편 전체 7장 140여 쪽 가운데 54쪽을 차지하고 있기 때문이다. 비율로 보면 39%에 해당하는 분량이다. 이 역시 김승학의 남다른 경험이 작용한 듯하다. 김승학이 1900년 초 처음 만주 등을 탐방하면서 항일투쟁을 모색한 곳이 서간도 환인·통화 지방이었다. 1910년 10월 단신으로 압록강을 건너 만주로 망명한 곳도 남만주 지역이었고, 의병단·향약계·농무계·포수단 등을 통합하여 대한독립단을 결성하여 재무부장이 된 곳도 이곳이었다. 그리고 1926년 10월 남만주 독립군 단체의 통합 사명을 띠고 육군주만참의부 제4대 참의장으로 취임한 지역도 역시 이곳이었으며, 1927년 3월 참의부 소재지인 서간도 환인현에 도착하여 3부 통합운동을 주도한 곳도 이 지역이다.

이렇듯 김승학 만주 시절의 활동이 주로 남만주를 중심으로 이루어졌다는 것은, 그의 직·간접적 경험의 상당 부분이 남만주와 연결되지 않을 수 없었다. 즉 독립운동 관련 인물들이나 단체 그리고 사건과 관련된 자료 수집에서도, 동만주·북만주·노령지역보다 훨씬 더 풍부했을 것이다. 이것이 제3편 '해외운동'에서 '남만주 운동'이 강조된 이유라 할 수 있다.

『한국독립사』 마지막 부분인 '의열사 및 독립운동자 약전'에서는 2만 5백 명에 달하는 독립운동자들의 약력을 부록 형식으로 싣고 있다. 2019년 11월 기준으로 독립운동가 포상자는 1만 5천 825명이다. 산술적으로 '의열사 및 독립운동자 약전'에 등장하는 약 5천명이 아직도 '공적 기록의 부족'이라는 이유로 포상 받지 못하고 있다는 말이 된다. 향후 김승학『한국독립사』의 내용을 보다 의미 있게 살펴야 할 부분이기도 하다.

일제강점기 우리의 독립운동사는 유구히 흘러오는 민족운동사 속에 나타나는 근대적 사건 중의 하나다. 민족사회학적 관점에서 민족형성의 과정을 좀더 살펴본다면, '원민족(선민족 proto-nation or pre-naton)'과 '전근대민족(pre-modern nation or traditional nation)' 그리고 '근대민족

(modern nation)' 나아가서는 '신민족(neo-nation)'으로 개념으로 규정지을 수 있다.

　원민족은 본질적으로 혈연공동체인 부족으로부터 본질적으로 문화공동체인 전근대민족(때로 지역에 따라서는 근대민족)으로 이행하는 과도기적 민족으로서, 기본적으로 정치·군사·언어·신앙·관습의 공통적 결합을 특징으로 하는 공동체며, 전근대민족은 시기적으로 전근대 시대에 일차적으로 언어·문화·혈연·정치의 공동과 부차적으로 경제·역사의 공동을 기초로 하여 형성된 즉자적 민족이다. 또한 근대민족은 시기적으로 근대에 일차적으로 언어·지역·문화·정치·경제·역사의 공동 및 민족의식과 부차적으로 혈연의 공동을 기초하여 형성된 대자적 민족이다. 우리 민족사의 유형은 원민족의 유형에 속한다. 즉 부족→원(선)민족→전근대민족→근대민족까지 연결되는 유구성과 연결성을 갖고 있다.

　독립운동사에서의 '운동'이란 'exercise'나 'workout' 혹은 'motion'이 아닌 'movement' 또는 'campaign'의 뜻과 상통한다. 즉 개인 혹은 집단의 주장이나 신념을 실현해 가는 적극적 행동이라는 의미다. 그러므로 독립운동이란 그 집단의 가치관을 중심으로 개인 혹은 집단의 주장이나 신념을 구현해가는 제반 활동이라고 규정할 수 있다.

　문제는 '독립정신이 무엇인가'라는 의미규정이 다시 문제가 될 수 있다. 우리는 우리 민족의 정체성을 줄기로 하여 우리 민족사에 연면히 이어온 가치관을 가진 집단이다. 이러한 정신을 민족정신 혹은 민족의식이라 해도 무방할 듯하다. 일제강점기는 유구한 우리의 민족사에서 완전식민지의 나락으로 떨어진 최초의 사태였다. 즉 우리 민족정신의 기반이 송두리째 뒤집힌 초유의 경험이라는 것이다.

독립(獨立, independent)이란 말도, 둘 중 하나의 사건이 일어날 확률이 다른 사건이 일어날 확률에 영향을 미치지 않는다는 것을 의미한다. 그러므로 국가적 독립이란 하나의 국가가 또 다른 국가에 의해 절대적 영향을 받지 않음을 말하는 것이다. 독립운동 역시 절대적 지배인 식민지상태에서 자주국가의 수립과 자립경제의 실현을 위하여 노력하는 민족운동을 정리할 수 있다. 그리고 독립운동사란 나라의 독립을 주창하고 쟁취하려는 제반 운동을 체계적으로 정리한 역사이다. 그러므로 한국독립운동사란, 일제강점기 조선의 독립을 위하여 행해졌던 여러 가지 민족 운동에 관한 역사를 체계적으로 정리한 역사라고 이해할 수 있다.

김승학의 『한국독립사』 서술은 이와 같은 민족사적 경험을 토대로 출발하고 있다. 그가 편저자로 나섰던 『한국독립운동사』(1956, 액국동지원호회)나 그의 유고로 출간된 『한국독립사』(1965, 독립문화사) 모두 남다른 역사의식이 담겨있다는 것이다. 즉 두 책 모두가 그 시작을 '조선민족의 유래'(『한국독립운동사』) 혹은 '우리민족의 유래'(『한국독립사』)로부터 서술하고 있다. 여타의 독립운동사에서는 찾아볼 수 없는 독특한 서술을 보여주는 부분이다. 이것은 아마도 김승학의 종교적·학문적 선배인 박은식이 『한국독립운동지혈사』에서 "우리 역사상의 정신에서 발생하는 동력"으로 독립운동을 규정한 다음의 주장을 계승한 듯하다.

"우리 대한은 아시아 동부의 옛 나라이다. 옛날 신인(神人)이 태백산에 내려와 나라를 세우고 땅을 연 때부터 드디어 대동(大東)을 소유하였다. 자손이 계통을 이으니 본손(本孫)과 지손(支孫)이 번영하여 조선이 되고 부여·숙신이 되고 진국(辰國)이 되어서는 진한·마한·변한이 되었으며, 가락(駕洛)이 서고 고구려가 섰으며, 백제·신라·고려가 되고, 발해·주리(朱里)·주신(朱申)의 제족(諸族)이 되었다. 전통과 유서는 멀리 이어지고 성문(聲聞)과 정신은 빛나고 깨끗한 채 4천 3백여 년의 역사를 가지고 있다. 그 동안 간혹 이민족의 침입을 말한다면 한인들이 북녘에 4군을 두었으나 곧 고구려에 쫓겨 나갔다.…(중략)…조선 말엽에 이르러 점차로 허약하게 되어 별안간 교활한 도둑을 만나, 드디어 나라를 멸망시킨 열등의 종족의 축에 들게 되었다. 이는 우리 겨레 유사 이래로 아직까지 없었던 매우 부끄럽고 크게 욕된 일임을 차마 말할 수 있겠는가. 그러나 우리의 독립정신은 일찍이 이로 말미암아 이지러지거나 파괴된 일은 없다. 저들의 압력은 도리어 우리의 반동(反動)을 격동시켜 뼛속에 사무치게 하였다. 어찌 그 대폭발과 대활동이 없는 날이 하루라도 있을 수 있겠는가. 또 우리 겨레의 독립운동은 최근 30년 간 중단된 일이 없었고, 또 우리 역사상의 정신에서 발생하는 동력이다."[151]

그러므로 김승학 역시 독립의 당위를 단군의 국가 건설에서 찾았다. 그는 『한국독립사』 모두(冒頭)에서, "우리 배달민족은 생활상 조건과 광명의 본원을 찾아 백두산을 중심으로 집단 번흥(繁興)한 대민족으로서, 송화강의 동서와 백두산의 남북을 발상지로 하여 일찍부터 문화가 크게 열리고 무용(武勇)이 남달리 뛰어나 아세아 대륙에 있어 오랫동안 동양문화의 창조자·육성자 내지 지배자로서, 웅비 활약하였던 것은 사전시대(史前時代)의 유적과 유물을 보아도 넉넉히 상상할 수 있는 일이다. 이러하기 누천년

151 박은식, 『한국독립운동지혈사』 제2권, 백암박은식선생전집편찬위원회, 2002, 427쪽.

단군 원년 무진(서기 2,333년 전)에 민족을 통솔하고 교화하던 신인(神人) 단군왕검의 황은(皇恩)이 전민족에 입히고 위덕(威德)이 사방에 떨치니, 이에 삼천 부락의 추대를 받아 대단군이 나아가니, 이때부터 우리민족이 각지에 산재하였던 부락제도가 비로소 대집단을 형성하여 국가 생활을 향유하게 된 것이다."라는 전제를 길게 서술하고 있다.

김승학이 '국가 생활의 향유'를 구태여 『한국독립사』 맨 앞부분 '우리 민족의 유래'라는 소제목으로 강조한 이유는 무엇일까. 독립의 준거인 동시에 독립운동의 당위이기 때문이다. 유구한 민족국가로서의 역사성을 통해서, 반드시 독립해야 한다는 당위와 의지를 드러낸 것이다. 박은식이 독립운동을 "우리 역사상의 정신에서 발생하는 동력"이라고 규정한 것과 그대로 일맥하는 인식이다. 또한 김승학은 이 책을 박은식의 2대 저술인 『한국통사』와 『한국독립운동지혈사』를 계승한 '나라를 찾은 웃음의 역사'로 기술하려 하였다. 까닭에 '독립사(獨立史)'라 이름하였다. 기술 시기 역시 1884년(고종21) 갑신정변으로부터 1945년 광복에 이르기까지 약 60년간이다.

김승학 『한국독립사』의 서술 특징은 민족의 자주독립을 쟁취하기 위하여 일제와 투쟁한 실기(實記)를 연대별·사건별로 구분하여 기술하고 있다는 점이다. 5만 여의 충혼과 일제의 학정(虐政)에 옥고를 겪은 수 십 만의 선열과 애국지사들의 항일투쟁의 피어린 역사를 수록한 역작이기도 하다. 또한 민족 수난과 국토 침략의 뼈저린 역사를 통하여 선열의 유지를 받들어 민족의식의 함양에 주력한 책이다. 특히 일제의 침략에 이어 합병 통치로부터 약 반세기 동안을 독립투쟁 기간으로 했다는 점도 특이하다. 당시의 신문·잡지·사직(司直) 기관의 비밀문서를 근거로, 범독립운동 지사들의 생생한 증언을 합하여 냉철한 비판과 엄격한 검토 아래 자료화 한 것이

이 책이고 보면, 한마디로 우리 독립운동사의 진정한 효시이며 결정판이 바로『한국독립사』다.[152]

152　김태오, 「祝辭」,『韓國獨立史』(增補板), 독립문화사, 1970.

제3장

김승학의 역사관

1. 역사인식 형성의 배경
2. 김승학의 배달사상
3. 『배달족이상국건설방략』의 역사인식

1. 역사인식 형성의 배경

역사와 인식

인식이란, 사물의 의의를 바르게 이해하고 판별하는 일련의 정신과정이다.[153] 이것은 사회적 또는 역사적으로 형성되는 감정·견해·사상·이론을 말하는 의식과는[154] 구별된다. 즉 의식이 대상을 대상으로만 아는 기능을 가지고 있다면, 인식은 대상에 대한 판단을 내리면서 아는 것이라 할 수 있다. 그러므로 의식이 주관에 머문다면, 인식에는 객관적인 잣대가 중요시된다.

이런 점에서 역사인식 역시, 개인적 역사의식을 어떠한 객관적 잣대에 의해 정리한 가치라고 이해해도 무리가 없을 듯하다. 따라서 김승학의 역사인식은, 김승학이란 인물이 가지고 있던 주관적 역사의식을 객관적 동기 혹

---

153 이기문 감수, 『동아새국어사전』, 두산동아(제4판), 2003, 1903쪽. 이러한 이해는 근대 한자개념어를 대부분 조자(造字)한 일본에서도 거의 동일하다. 즉 일본어 사전에는, "인식이란 사물을 알고 그 본질·의미 등을 이해하는 것. 또는 그런 마음의 작용"으로 정의하고 있다.(梅棹忠夫 外 監修, 『日本語大辭典』, 講談社(日本·東京), 1992, 1490쪽.)

154 이기문 감수, 『동아새국어사전』, 앞의 책, 1859쪽.

은 가치(이것을 史觀이라 해도 무방할 것이다)에 의해 정리한 김승학의 사안(史眼, a view of history)으로도 치환할 수 있을 듯하다.

우리 전통시대는, 사학사의 흐름으로 볼 때 유교사학·불교사학 그리고 도가사학(道家史學)의 흐름으로 이해가 된다.[155] 물론 여기서 말하는 도가는 중국의 노장사상과는 구별되는 가치다. 단군 이래 고유신앙이라 자처하는 신교(神敎)의 신봉자들을 말하는 것이다. 조선조 신교와 관련하여 주목되는 인물이 이종휘다. 그는 『동사(東史)』에서 「단군본기」를 첫머리에 넣고, 단군의 치적을 기록하고 있다.[156] 그리고 외사씨(外史氏: 이종휘 자신-필자 주)의 말을 인용하여 마니산의 제천단과 구월산 삼성사의 신앙을 소개하고 있으며, 단군을 '수출성인(首出聖人)'으로 추앙하고 있다.[157] 특히 이종휘는 『동사』에서 단군 조선의 신교(神敎)를 비교적 상세하게 언급하고 있다. 유가 사서(儒家史書)에서 신교가 소개된 것은 이것이 처음이다.

물론 신교라는 명칭의 근거가 되는 '이신설교론(以神設敎論)'이 처음으로 등장하는 곳은 숙종 때 북애자(北崖子)의 『규원사화(揆園史話)』다. 그러나 『규원사화』는 당시대를 거스르는 반존화적(反尊華的) 역사인식으로 활자화되지 못했다. 또한 이종휘가 『규원사화』를 보았는지는 불명확하다. 그러나 적어도 유사한 문류로부터 영향 받았을 가능성은 매우 높다. 이러한 유추는 조선조 세조·예종·성종대의 수서령에 포함된 『고조선비기』·『대변경(大辯說)』·『조대기(朝代記)』·『주남일사기(周南逸士記)』·『지공기(誌公記)』·『표

---

155 한영우, 「17세기 반존화적 도가사학의 성장」『한국의 역사인식』상, 창작과 비평사, 1976, 264쪽 참조.

156 한영우, 「18세기 중엽 소론학인 이종휘의 역사의식」『동양학』제17집, 단국대동양학연구소, 1987, 269~303쪽 참조.

157 『修山集』卷11, 「東史」〈檀君本紀〉. 外史氏曰 盖虞夏之際 天下之有君久矣 然東方之君 始於檀氏 幷堯而立 此其故何也 徐氏通鑑 獨載羅麗以下 而雜記言檀君 其文頗不經 縉紳先生難言之 金富軾所傳天神 神市 天符三印 檀君年歲 儒者多不信 余嘗聞摩尼山有檀君祭天壇 九月山有三聖祠 其東有古所謂唐莊京者 往往有佳氣其上云 總之不離 四佳所論者近是 余觀中國古史 其表見檀君王儉之名章矣 盖檀君首出聖人 在中國 其伏羲 神農之君乎 竊取古記文意頗雅者 爲本紀書首

훈삼성밀기(表訓三聖密記)』·『안함로원동중삼성기』·『도증기(道證記)』·『지리성모(智異聖母)』·『하사량훈(河沙良訓)』·『동천록(動天錄)』·『마슬록(磨虱錄)』·『통천록(通天錄)』·『호중록(壺中錄)』·『지화록(地華錄)』 등등의 제목만 보더라도 쉽게 유추할 수 있다.[158]

언급한 책 대부분이 도가사서류로 유교적 질서에 배치되는 가치를 담은 문헌들이다. 특히『세조실록』에 실린『조대기(朝代記)』는『규원사화』의 모본으로도 볼 수 있는 문헌이다. 즉『규원사화』의 저본이『진역유기(震域留記)』로, 고려말의 도가(道家) 이명(李茗:淸平山人)이 쓴 것이다. 그리고『진역유기』는 발해 유민의 비장(秘藏) 사서의 하나인『조대기(朝代記)』를 저본으로 만들어진 사서다.『진역유기』에는 선가(仙家)의 말이 많고 기개가 씩씩하여『삼국유사』보다도 탁월한 사서라고 북애자는 평가했다.[159]

이러한 서책들이 당대의 생각하는 선비나 민간의 기층에 적지 않게 유포되었음을 알 수 있다. 3대 임금에 거쳐 수서령이 내려진 것을 보아도 짐작이 간다. 19세기 초에 저술된 한치윤의『해동역사(海東繹史)』의 내용에서도 그 가능성을 볼 수 있다. 한치윤은 그 책 첫머리에「동이총기(東夷總記)」라 하여 중국 문헌에 보이는 동이 관계 기사를 싣고 있다. 이러한 시도도 이미『규원사화』에서 이루어진 것이다. 요컨대 유가들이 그 동안 천시되어 온 동이문화를 재평가하면서, 단군조선의 문화를 동이문화의 일부로 간주하였던 것이다.

중화사관의 암흑

---

158 『세조실록』7권 3년 5월 26일(무자). ;『예종실록』7권 1년 9월 18일(무술). ;『성종실록』1권 즉위년 12월 9일(무오).

159 『揆園史話』「檀君記」.

김승학이 태어나 성장하던 구한말 시기의 우리 역사 서술을 지배한 부류는 유교사학이다. 물론 조선후기 실학파가 한국사를 체계화·계통화시켜 과학적 역사인식의 가능성을 보여주었다는 평가도 하지만,[160] 그들의 역사 인식 역시 유교적 사고를 벗어나지 못했다. 김승학 역시, 한학(漢學)을 수학하던 시절의 서책이라는 것이 『십구사략(十九史略)』·『자치통감(資治通鑑)』·『사서삼경(四書三經)』 등 유교적 교과가 전부였다.[161] 또한 한성사범학교 재학 시절 접했을 『조선역대사략(朝鮮歷代史略)』 역시 민족적 역사서술과는 너무 거리가 멀었다. 『조선역대사략』(순한문)은 1895년 대한제국학부에서 역사교재로 편찬한 것으로, 그보다 몇 개월 전에 나온 『조선역사』(국한문혼용)를 증보한 형식의 역사책이다. 전체 3권으로, 권1은 단군기(檀君紀)·기자기(箕子紀)·삼한(三韓:마한·진한·변한)·위만조선(衛滿朝鮮)·4군2부(四郡二府)·삼국기(三國紀:신라·고구려·백제), 권2는 고려기(高麗紀), 권3은 본조기(本朝紀)로 구성되어 있다. 『조선역사』가 소학교용 교과서로 간행한 것임에 비하여, 이 책은 그 수준을 높여 당시 고등교육기관인 한성사범학교나 외국어학교의 교과서로 간행한 것으로 보인다. 그러나 과학적이면서 고증적인 태도와 접근에도 불구하고, 전체의 내용은 안정복(安鼎福)의 『동사강목』에서 발췌하였고, 단군-기자-삼한(마한)으로 체계화한 실학자의 한정통론(三韓正統論)을 계승한 수준을 벗어나지 못하고 있다.[162]

이러한 문헌 속에서는, 후일 김승학의 『배달족이상국건설방략』(1939년)·『오천년 민중의 유래사』(해방 후, 연대미상)·『망명객행적록』(1958-1962)·『한국독립운동사재료초안』(1950년대 부산시절)·『한국독립사』(1965년) 등에 실려 있는 그의 역사인식과 관련한 형성소(形成素)를 발견할 수가 없다. 열거

---

160 황원구, 「실학파의 사학이론」, 『한국의 역사인식』하, 창작과 비평사, 1976, 382-405쪽 참조.

161 김승학, 「망명객행적록」, 『한국독립운동사연구』제12집, 독립운동사연구소, 1998, 399쪽.

162 조동걸, 『현대한국사학사』, 나남출판, 1998, 76-79쪽 참조.

한 책들 속에 녹아있는 김승학의 역사인식이, 『십구사략』·『자치통감』·『사서삼경』·『조선역대사략』 등에 나타나는 유교적 관점과는 너무 거리가 때문이다. 그러므로 김승학의 이와 같은 역사인식을 형성하게 된 계기를 찾아내는 것도, 김승학의 정신적 변화를 이해하는데 중요한 관건이라 할 것이다.

일제강점기 대표적 민족주의 역사학자들의 궤적을 보면, 유교지식인에서 탈유교적 역사학자로 변화하는 양상이 대부분이다. 이것은 우리 역사학의 중화적 종속성을 벗어나는 논리와도 맞물린다. 1894년에 시작된 갑오개혁과 청일전쟁을 계기로 개화정책론 내지 동도를 본(本)으로 한 서기수용론으로서의 동도서기론은 현실적 의미를 잃게 된다. 갑오개혁은 이미 동도를 '본'으로 한 서기수용의 범주를 넘어섰으며, 청일전쟁에서 일찍부터 서구문명을 적극적으로 수용한 일본이 승리하였다는 현실은 서도의 일부 혹은 전부까지 수용하자는 문명개화론에 힘을 실어주었기 때문이다. 그러나 동양문명과 서구문명에 대한 인식, 그리고 양자 간의 관계 설정에 대한 인식이라는 면에서 동도서기론적 사유구조는 신학·구학 논쟁에서 보이듯이 그 이후에도 변용을 거치면서 지속되었다.[163]

그 동안 동도서기론에 대한 주요 연구들이 적지 않게 나왔지만, 서구중심주의의 극복에 대한 측면에서만 조명되었을 뿐, 동도의 탈유교적 정체성 부재에 대한 역사적 재구에 대해서는 극히 소홀했다. 당시 중국의 중체서용(中體西用)이나 화혼양재(和魂洋才)와 견주어, 우리의 동도서기를 등치시킬 수 없기 때문이다. 즉 중국과 일본의 중체·화혼정신에 숨어 있는 그들의 고유한 정체성과는[104] 달리, 우리가 내세운 동도는 우리의 정체성과는 상당한 거리가 있다는 것이다. 당시 우리의 동도는, 조선조의 사회적 모

---

163 배항섭, 「동도서기론의 구조와 전개 양상」, 『사림』제42호, 首善史學會, 2012, 2쪽.

164 가령 중국의 '中體'란 유교를 기본으로 한 중국의 정체성을 말하는 것이며, 일본의 '和魂'이란 神道와 國學을 중심으로 한 일본의 정체성을 말하는 것이다.

순으로 귀결되고 국가붕괴라는 초유의 사태를 몰고 온, 유교라는 소중화적 가치의 연장에 있었다. 역사인식 역시 소중화적 중화사관에서 헤어나지 못했다.

따라서 탈유교적 정체성에 대한 진정한 자각은, 20세기 실질적 단군 인식으로부터 출발한다 해도 과언이 아니다. 이 시기 단군에 대한 인식은 1896년에 설립된 독립협회의 기관지 역할을 한 『독립신문』과 『황성신문』의 역할 뿐만 아니라, 1906년에 결성된 서우학회(西友學會:후일 西北學會로 개편)의 활동과 더불어 『대한매일신보』라는 매체가 큰 기여를 하였다. 1905년 정교와 최경환이 편찬한 『대동역사(大東歷史)』에서는 단군조선을 서술함에 있어, 우리 민족이 단군시대부터 문물제도와 문화를 갖춘 민족이었음을 강조하기도 했다.[165]

이러한 단군에 대한 열기는 1909년 대종교가 성립되면서 최고조를 맞게 된다. 그 중심에 홍암 나철이라는 인물이 있었다. 전래의 고신교(古神敎)인 단군신앙의 중흥을 내걸고 출발한 나철의 명분이 '국수망이도가존(國雖亡而道可存:나라는 망했지만 정신은 존재한다)'이라는 것만 보아도 알 수 있다. 일제하 독립운동의 정신적 동력이 되었던 이 외침은, 정신의 망각으로 망한 나라를 정신의 지킴으로 되찾자는 구호였다. 그 정신이 바로 단군이요, 그 단군정신이 곧 대종교였으며, 그 대종교가 바로 독립운동의 선봉에 나선 것으로, 단군구국론의 재확인이었던 것이다.[166]

그러므로 박은식은 "국교(國敎)와 국사가 망하지 않으면 그 나라는 망하지 않는다"는 신념을 강하게 외쳤다.[167] 신규식은 선조들의 교화와 종법,

---

165 김동환 편역, 「《단조사고》에 대하여」, 『단조사고』, 훈뿌리, 2006, 249쪽.

166 김동환, 「대종교의 독립운동」, 『종교계의 독립운동』(한국독립운동의 역사38), 한국독립운동사편찬위원회, 2008, 145-146쪽.

167 박은식, 「한국통사(결론)」, 『白巖朴殷植全集』제1권, 백암박은식전집편찬위원회, 2002, 1080쪽.

그리고 역사를 잃어버림이 망국의 근본적 원인이라고 진단했다.[168] 그리고 신채호 역시 단군시대의 선인(仙人)을 국교(國敎)이며 민족사의 정화로 보고, 이것을 계승한 화랑을 종교의 혼이요 국수의 중심이라고 강조했다.[169] 이들 모두 단군정신의 영향 속에서 이와 같은 의지를 잉태시킨 것으로, 단군구국론과 밀접한 연관이 있다.

특히 그 정신의 역사적 구현이 바로 민족주의 역사학과 직결된다는 점이다. 탈중화적 인식 변화의 중심에 대종교라는 가치가 공통적으로 자리 잡고 있기 때문이다. 당시 대종교의 등장은 한국사학사에 큰 변화를 몰고 왔다. 그것은 대종교의 교리(敎理)나 교사(敎史)의 특성상, 정신사관적(精神史觀的)인 요소의 강조와 대륙사관적(大陸史觀的)인 측면의 부각, 그리고 문화사관적(文化史觀的)인 방향이 중시될 수밖에 없었다는 것이다.

정신사관적인 측면에서 본다면, 우리나라 사학사의 흐름을 유교사학·불교사학 그리고 도가사학(道家史學)의 흐름으로 이해해 볼 때,[170] 과거 유교와 불교중심으로 흘러 내려오는 역사인식을 도가(道家) 또는 신교(神敎), 즉 대종교적 역사인식으로 바꾸는 것을 의미하는 것이다. 또 대륙사관적인 방향에서 살펴볼 때, 그 동안 반도중심적, 즉 신라·고려·조선으로 이어지는 역사인식을 고조선·부여·고구려·발해·요·금·청 등의 대륙중심의 인식으로 확산시켜 가는 것을 말한다. 그리고 문화사관적인 입장에서 본다면, 외래사조에 침체되고 와해된 우리 고유문화, 즉 신교문화(神敎文化)를 복원하고 그것에 정체성(正體性)을 부여하는 작업과도 일치하는 작업이었다. 한편 이러한 요소들의 강조는 당연히 민족적 성향을 강하게 나타내며 타율성(他律性)·정체성(停滯性)·반도사관(半島史觀)으로 위장된 일제 식

---

168 신규식(김동환 편저), 『한국혼』, 범우사, 2009, 22쪽.

169 신채호, 「조선상고문화사」, 『단재신채호전집(개정판)』上, 단재신채호선생기념사업회, 1982, 383쪽.

170 한영우, 「17세기 반존화적 도가사학의 성장」, 『한국의 역사인식』上, 지식산업사, 1976, 264쪽 참조.

민지학에 대항하는 민족주의사학으로 자리잡았고, 나아가 민족적 역사의식의 고취를 통해 항일운동의 중요한 요소로 부각될 수밖에 없었다. 김교헌·박은식·신채호·정인보 등등의 행적에서 그 전형을 확인할 수 있다.

민족사관과의 만남

김승학의 대종교 입교는 그의 역사인식에 획기적 변화를 몰고 왔다. 특히 김승학 역사인식에 가장 큰 영향을 주었던 인물이 김교헌과 박은식이라는 점에서 주목된다. 김승학은 상해 시절 대종교에 입교했다. 당시 대종교의 교주가 김교헌이었으며, 대종교 상해 지역 책임자는 박은식이었다. 특히 1923년 상해 삼일인서관에서 발간한 『신단민사(神檀民史)』는, 김승학의 역사인식에 중요한 계기가 되었다. 이 책의 편수(編修) 겸 발행을 동시에 맡은 것을 보아도 짐작이 간다. 즉 김교헌의 저술인 『신단민사』를 통독하여 내재화시켰음을 짐작할 수 있다.

『신단민사』는 단군에서 갑오경장에 이르는 통사체계의 구성에 목적을 두고 교과용으로 편찬된 저술이다. 그러므로 평이하고 정리된 개설서의 면모를 갖춘 저술로, 20세기 최초의 통사라는데 그 사학사적 의미가 크다. 이 책은 상고(신시시대·배달시대·부여시대·종교·제도·문학기예·풍속), 중고(열국시대·남북조시대·종교·제도·문학기예·풍속), 근고(여요시대·여금시대·고려시대·종교·제도·문학기예), 근세(조선시대·종교·제도·문학기예·풍속) 등으로 시대를 나누어 통사체제로 서술된 역사서다. 『신단민사』의 시대구분에서의 목차 가운데, 근고에서 요·금도 한국사에 포함시켰다는 것은, 만주를 지난 날의 역사에서 우리의 영역으로 즉 구강(舊疆)으로 보았다는 것이라 할 수 있다. 그리고 『신단민사』는 전래 신교(神敎, 대종교)의 가치를 기반으로 우리 민족사의 정통을 강조하고 체계화하였다는 점에서 특기된다.[171]

『신단민사』는 역사의식에 있어서 근대적 민족주의를 바탕으로 하여 유교중심·중국중심의 국사체계를 부인하고, 배달족이라는 단일민족을 설정하여 민족사 체계를 통사로서 구성했다는 것은 의미가 크다. 따라서 민족주의사관에 입각한 통사는 『신단민사』를 효시로 꼽지 않을 수 없다. 더욱이 편사 방법으로 소위 개화사체를 도입하고, 기층 사회와 깊이 연결된 종교·신앙·풍습에 중점을 두어 문화사체계를 재구성하려고 한 것은, 근대역사학이 다루어야 될 기본적인 과제를 선구적으로 취급한 것이라고 할 수 있다.

『신단민사』가 1923년에 상해에서 인쇄·공간될 당시, 독립신문 사장이었던 희산 김승학의 노력이 남달랐다.[172] 그리고 출간 이후 중국 각지의 민족학교에 배포되면서, 한국인 자제들을 위한 역사교과서로 널리 사용되게 되었다.[173] 또한 일제 탄압을 피해 중국 땅에 망명한 독립운동가들에게 있어서 중국은 독립운동의 거점인 동시에 새로운 생활 장소이기도 하였다 그러므로 그들은 모국인 한국과 실제의 생활공간인 중국, 이 양쪽 지역을 통합한 새로운 역사인식을 필요로 하게 되었다. 이러한 의미에서 배달민족이라는 새로운 민족관념을 바탕으로, 한반도뿐만 아니라 중국 전역을 포함한 대조선주의 사관을 창도한 『신단민사』는 한국인 망명운동가들의 처지를 합리화해 주는 역사서로 급속히 보급되어 나갔다.[174] 그 중심에 김승학이 있

---

171 박영석, 「대종교의 민족의식과 독립운동—김교헌 교주 시기를 중심—」, 『한민족독립운동사연구』, 일조 각, 1982, 158쪽 참조.

172 정열모(김교헌 저), 「神檀民史重刊後記」, 『神檀民史』, 앞의 책, 참조.

173 『조선일보』1923년 7월 30일, 「신단민사출간」.

174 佐佐充昭, 「한말·일제시대 단군신앙운동의 전개-대종교·단군교의 활동을 중심으로」, 서울대박사학위 논문, 2003, 88-89쪽.

었다. 『신단민사』의 보급을 위해 김승학의 명의로 게재된 『독립신문』의 다음 광고가 그것을 반증한다.

"생·교·치(生敎治) 삼화(三化)로 구이(九夷)에 군(君)하시고 지·조·금(止調禁) 삼법(三法)으로 백교(百敎)에 종(宗)이 되신 한검의 후손으로, 북륙(北陸)을 전거(氈據)하고 동아(東亞)를 석권하던 여(餘), 신(愼), 진(眞), 진(震)과 서(徐), 요(遼), 금(金), 청(淸)을 포괄한 민족혈계사(民族血系史)가 지금까지 세상에 현출(顯出)되지 못하야, 신조(神祖)의 창고개천(創古開天)하신 위모(偉模)와 성손(聖孫)의 긍금락토(亘今樂土)하는 영전(榮典)을 발휘치 못한 것은 종성족수(宗性族粹)에 막대한 결흠(缺欠)이더니, 무원 김헌(金獻) 선생은 사학(史學)의 독보(獨步)이심을 전민족이 추허(推許)하는바, 자래(自來) 10여 성상을 우리 역사에 전정탄신(全精殫神)하야, 지금에 신단민사(神檀民史)라는 질거술비(秩巨述備)의 둘 없는 종사(宗史)가 벽완(璧完)되엿기, 본인이 면력(綿力)을 불고하고 해사(該史)를 중등교과용으로 편수 인행(印行)하야, 혈혈동포의 가가보첩(家家譜牒)을 작(作)코져 하오나 사불수의(事不隨意)로 우선 기천부(幾千部)만을 간출하엿사오니, 우리 애형자매(愛兄慈妹)는 진시구람(趁時購覽)하시와 상(上)으로 조종백대(祖宗百代)의 신신(神神)을 송(頌)하시며 하(下)으로 자손만세에 단단(檀檀)을 훈(訓)하시면 민사(民史)의 본의(本意)일가 하오며 약차특고(略此特告)하나이다. 구독하실 형제께서 상해나 영고탑 양처(兩處)로 청구하시되, 10원 미만의 대금은 보험우편(保險郵便)으로 송(送)하시고, 다수의 금액은

상해 조선은행 혹은 중국은행으로 환송(換送)하시며, 백질(百
秩) 이상을 도매(都賣)로 청구하시면 대금의 3할(三割)을 감(減)
하오나 필히 선금(先金)을 요하나이다.

全秩四編半洋裝代金每秩壹圓三十錢(內地에난 金貨로 中俄領에
난 大洋 美領美貨)

편수겸 발행인 金希山 告白"[175]

대종교의 기본교리인 생(生, 조화)·교(敎, 교화)·치(治, 치화)의 삼화
사상(三化思想)과 지(止, 止感)·조(調, 調息)·금(禁, 禁觸)의 삼법수행(三
法修行)을 토대로, 『신단민사』의 역사적 가치를 선전하고 있는 글이다. 특
히 부여와 숙신으로부터 산동지역의 서국(徐國), 그리고 중세 만주지역의
요·금·청까지 모두 우리 민족의 혈족사(血族史)임을 광고하고 있음이 주목
된다. 물론 김교헌의 역사인식이다. 김승학은, 김교헌이야말로 우리 사학계
의 독보적 존재로, 모든 국민이 받들어 칭찬하는 인물임을 강조하고 있다.

광고문에 등장하는 김승학의 『신단민사』 제목에 대한 풀이도 흥미롭다.
"위로는 조종백대(祖宗百代)의 신신(神神)을 기리며, 아래로는 자손만세에
단단(檀檀)을 경계하는 것이 민사(民史)의 본의(本意)일가 하오며"라는 부분
이 그것이다. 대종교에서 '신신을 기린다'는 것은 천자신손(天子神孫)으로서
의 보본(報本)을 말하는 것이다. 또한 '단단을 경계한다'는 것은, 단군에 의
지하면 나라가 단단해진다는 것을 드러내는 것이다. 대종교 중광(重光)의
중요한 계기가 『단군교포명서』에 보면, 이러한 의미가 분명히 나타난다.

---

175 『독립신문』1923년 7월 21일.「神檀民史刊行廣告」

"견고하고 완전한 물건을 가리켜 '단단(檀檀)'이라 칭하고 화패(禍
敗)하고 위태한 물건을 가리켜 '탈(脫)'이라 칭함은, 삼국시(三國
時) 불법(佛法)이 처음 들어 올 때에, 본교인(本敎人)이 불상(佛
像)을 탈탈(脫脫)이라 말하여 당시에 단단탈탈(檀檀脫脫)의 노
래가 본교중(本敎中)에 유(有)한 바요"[176]

삼국시대에, 전래 단군신앙의 정신 무장을 '단단'이라 하고, 들어온 불
교로 인한 정신적 불안함을 '탈탈'이라 하여 노래 불렀다는 것이다. 즉 '단
단'은 순수하고 고유한 우리의 가치요, '탈탈'은 그것을 불안하게 만드는 외
래적 가치임을 알 수 있다. 대종교를 일으킨 홍암 나철이 그의 유시(遺詩)에
서 "천축도(天竺道) 들어올 제 단단탈탈(檀檀脫脫) 부르며 / 송유학설(宋儒
學說) 오더니 망본경타(忘本敬他) 가소(可笑)라"[177]라는 인식 역시 이것과 동
일하다. 김승학이 『배달공론』이라는 잡지에 게재한 다음의 서적 광고도 눈
에 띈다.

新刊書籍
獨立運動史 上卷 大洋 八角
神檀民史 全 大洋 一元 三角
李舜臣傳 全 大洋 三角
史誌通俗攷 全 大洋 五角
高麗史歌 全 大洋 六角
　우리 民族的 자랑거리는 거듭 말할 것 업시 우리 檀君 한배 以
　來의 歷史에 잇다. 그 史的 精神을 알고자 하난 者, 다시 韓山韓

---

176 『단군교포명서』(開極立道4237年甲辰10월初, 古經閣發佈), 8쪽.

177 『대종교중광육십년사』, 앞의 책, 229쪽.

水에 태여난 者, 不得不 고 외이지 아니할 수 업다.   으면
을사록 우리 倍達族의 精華를 ⊠닷는다. 이난 더욱이 倭法網 밋
헤서 된 모든 讀物 그것에 比하야 自由精神 下에서 自由筆로 된
이를터이면 挽近에 어더 보기 듬은 貴重한 書物일다.

 獨立新聞社 白

 通信處 上海 務郵信箱 二八三號

 金希山[178]

　김승학이 광고한 서책들은 일제의 법망에 여과된 여타 책들과는 달리,
자유로운 정신 속에 잉태된 귀중한 서적이라 선전하고 있다. 더욱이 이 서
적들에 담긴 정신 역시, '우리 민족의 자랑 거리인 단군의 역사'와 '배달족의
정신'을 일깨우는 가치임이 강조되고 있다.

　김승학의 역사인식 형성에 박은식의 역할 역시 적지 않았다. 김승학이
대종교에 입교한 시기 대종교 상해 책임자는 박은식이었다. 박은식은 1922
년 9월 3일에는 중국 상해(上海) 지역의 대종교 총책임자인 서이도본사(西
二道本司) 전리(典理)에 임명되었음이 그것을 반증한다. 전리란 도본사 내
의 직무를 관리하고, 소속 직원들을 감독하며, 해당 도본사에 속하는 각
지사(支司) 및 시교당(施敎堂)의 책임자를 지휘하는 직책이다. 또한 박은식
이 대종교 서이도본사 전리를 맡을 당시, 우천 조완구와 백연 김두봉이 박
은식을 도와 대종교 간부로 종사했다.

　앞에서 언급한 대한민국 임시정부 교과서편찬위원 중, 김승학을 비롯
하여 박은식·조완구·김두봉·정신·백기준 등이 모두 대종교도였다. 그러므로
김승학이 사장으로 있었던 삼일인서관(三一印書館 혹은 三一印刷所)을 통

---

178 「新刊書籍」,『倍達公論』第四號(三一節記念號), 倍達公論社, 大韓民國六(紀元 四二五七)年四月十日.

해, 대종교의 교리(教理) 4책을 합한『종경(倧經)』이 처음으로 등장한 것도 특이한 것이 아니었다. 이 경전은 대종교의 핵심 교리인「삼일신고(三一神誥)」·「신리대전(神理大全)」·「신사기(神事記)」·「회삼경(會三經)」을 합하여 엮은 것으로, 1923년 대종교의 경절 중의 하나인 중광절(重光節 : 음력 1월 15일, 대종교를 다시 일으킨 날)을 기해 출판되었다. 그리고 같은 해,『배달족역사』와 함께『신단민사(神檀民史)』그리고『사지통속고(史誌通俗攷)』[179] 등 대종교 혹은 대종교인과 관련된 출판물이 잇달아 선을 보인다.

더욱이 김승학의 종교적·학문적 선배인 박은식은, 종교와 역사를 불가분의 관계로 보았다. 박은식이『대동고대사론(大東古代史論)』을 펴내는 이유를 밝힌 다음 글을 보면 확인된다.

"부국강병의 천하무적으로써 타 민족을 복종시키는 것은 '세력'으로 승리를 도모한다는 것이고, 신성한 종교와 역사로 타 민족을 복종시킨다는 것은 '정신'으로 승리를 도모한다는 것이다. 모용씨, 탁발씨, 완안씨, 칭기즈칸은 강대하고 용맹한 무력으로써 다른 민족을 유린하였고 한때는 천하무적이었는데 종교와 역사를 민심에 침투시키지 않았기에 그 세력이 일시에 무너져 다른 민족에 동화되고 말았다. 중원의 한족은 어떤 시기는 문약하여 다른 민족에게 굴욕을 받았으나 그 종교와 역사정신이 공고하고 변함없었기 때문에 종국적으로 일어나 다른 민족을 눌렀다. 유태민족이 조국을 상실하고 사방에 유리되었지만 다른 민족에 동화되지 않고 유태민족의 명칭을 계속하여 보존한 것은 그 종교적 정신을 지켰기 때문이다. 오늘날 우리 대동민족은

---

179 『사지통속고』는 대종교 계열의 독립운동가인 정윤(鄭潤 혹은 鄭信)이 지은 것으로, 이 역시 1923년 9월 20일 삼일인서관에서 출판되었다.

세력으로 승리를 도모할 수 없는 데다 종교와 역사정신도 민심에 침투되지 않았다면 시간이 오래지나 다른 민족에 반드시 동화될 것이며, 세계역사에서 우리 민족의 명칭이 사라지고 말 것이니 이 얼마나 두려운 일인가. 이것이 내가 근원을 미루어 헤아리고, 근본을 거슬러 찾아내며 '대동고대사론'을 펴내는 까닭이다."[180]

종교와 역사의 근본은 정신이라는 것이다. 그 정신을 잃으면 모든 것이 무너진다고 보았다. 그러므로 박은식의 생애에 있어 가장 강조되는 요소가 이 정신이었다. 조국 광복도 그 정신 속에서 가능하다고 믿었고 박은식 사학의 배아(胚芽) 역시 그 정신 위에서 영글었다. 그가 식민지의 질곡 속에서 신(神-정신)이 보존되어 무너지지 아니하면 형(形-국가)은 반드시 부활할 것으로 확신한 것이나,[181] 민족에 연면히 흐르는 역사 또한 '신성한 정신'임을 강조한 점이[182] 그것을 반증한다.

김승학의 역사인식 역시 이와 같은 정황과 불가분의 관계에 있다. 대종교의 경험이 그의 역사인식 형성의 중요한 배경이라는 것이다. 대종교의 입교와 독립신문사 운영, 삼일인서관과 임시정부 교과서편찬위원으로의 활동, 그리고 박은식·조완구·김두봉·정신·백기준 등과의 교감에서 모두 대종교를 배제할 수 없기 때문이다.

---

180 白巖 朴箕貞(檀崖 尹世福 校閱), 「大東(能稱滿韓)古代史論)」, 『白巖朴殷植全集』4(저술), 백암박은식선생전집편찬위원회편, 2002, 384-385쪽.

181 박은식, 「한국통사(서문)」, 『백암박은식전집』1, 백암박은식선생전집편찬위원회편, 위의 책, 725쪽.

182 박기정, 「大東(能稱滿韓)古代史論)」, 앞의 책, 393쪽.

백암과의 교감

전근대의 역사학은 경사일체(經史一體)로 불리는 것처럼, 독립적인 학문이라기보다 경학에 부속되어 있었다. 뿐만 아니라 화이론(華夷論)을 벗어나지 못해 중국사에 종속되어 서술되었다. 대한제국 학부에서는 1895년 소학교용 교과서로 『조선역사』(국한문혼용)를, 한성사범학교 등의 교과서로 『조선역대사략』(한문)을 간행하였다. 『조선약사』은 『조선역대사략』을 쉽게 정리한 것으로 보인다. 조선건국기원을 사용하였는데, 이는 중화사관을 극복하고자 하는 시도로 평가된다. 그러나 편년체 방식을 답습하였고, 왕실 중심의 명분론과 정통론 등 전통시대의 사학을 크게 벗어나지는 못하였다. 다만 『조선약사』는 그 체제가 편년체가 아니라 내용으로 분류한 것 등이 주목된다. 이어 학부에서는 1899년에 『동국역대사략』과 『대한역대사략』, 그리고 『동국역사』 등을 출간하였다. 학부 편집국의 김택영(金澤榮)과 현채(玄采)가 편찬한 이 교과서용 사서들은 그 이전에 비하여 내용은 잘 정리되었지만, 여전히 편년체로 편찬된 것이었다.[183]

언급한 바와 같이, 한학(漢學)을 수학하던 시절의 김승학이 접한 서책이라는 것은 『십구사략』·『자치통감』·『사서삼경』 등 유교적 교과가 전부였다. 『십구사략』은 말 그대로 중국 18사에 원사(元史)를 더한 19사를 요약한 역사서이다. 그러므로 후일 김승학의 『배달족이상국건설방략』·『오천년 민중의 유래사』·『망명객행적록』·『한국독립운동사재료초안』·『한국독립사』 등에 실려 있는 그의 역사인식과 관련한 변곡점을, 대종교의 경험으로부터 찾아본 것도 결코 무리가 아님을 알 수 있다. 김승학의 유교적 조선에 대한 다음과 같은 인식을 보더라도 파악할 수 있다.

---

183 최기영, 『애국계몽운동Ⅱ-문화운동』(한국독립운동의 역사13), 한국독립운동사편찬위원회, 2009, 197-198쪽.

"근세조선은 나라를 세우던 때부터 유교사상에 젖은 사대주의
에 포로 되어, 인간을 홍익하려던 건국이념과 동양문화를 선양
하던 대업(大業)이 급전직하(急轉直下)로 위축하였으며, 더욱 만
근(輓近) 반세기 동안은 구미열강의 팽배하는 세력이 극동으로
질주하는 초점에도 불구하고, 그 상식을 외면한 쇄국정책이 세
계의 조류를 역행하고 문명의 성맹(聾盲)을 만들었다."[184]

　　이것은 대종교 계열의 역사학자인 김교헌·박은식·신채호·장도빈 등등
의 사례에서도 나타나는 전형으로, 특히 김승학에게 커다란 영향을 준 박
은식 인식변화를 보면 더욱 분명해진다. 왜냐하면 박은식의 역사인식과 관
련된 정신변화는 그 궤적이 뚜렷하게 나타나기 때문이다. 박은식의 정신
적 신념은 전통-유교기에서 개혁유교기로, 그리고 대종교영향기로 변화된다.
그리고 그의 민족주의 사학은 대종교영향기에서 발화하는 것이다.[185]
　　전통-유교기 박은식의 정신가치를 지배한 중심 명제는,

"무릇 천하의 대중(大中)을 극(極)하고 천하의 바른 이치를 다한
　것으로 공부자의 교(敎)보다 더 나은 것이 없다."[186]

　　에서 볼 수 있는 바와 같이, 철저한 유교 옹호로 출발하고 있다. 박은식
은 연성조종(列聖祖宗)이 공맹(孔孟)을 스승으로 삼아 인류을 밝히고 다스
림을 융성케 하며 풍속을 아름답게 하고, 어진 유학자들이 계속해서 출현,

184　김승학, 『韓國獨立史』(增補板), 독립문화사, 1970, 96쪽.

185　박은식의 역사인식과 관련한 정신적 변화에 대해서는, 졸고「박은식 민족사학의 정신적 배경」,『국학
　　　연구』제4집, 국학연구소, 1998.)가 참고 된다.

186　박은식, 「겸곡문고(종교설)」,『백암박은식전집』제3권, 앞의 책, 367쪽.

백년 이전만 되돌아 봐도 선비는 모두 인(仁)을 생각하고 의(義)를 행했다는 것이다. 또한 그들은 이름을 닦고 실행에 힘써서 국사(國事)로써 자기의 책임을 삼아 목숨을 바쳐도 아깝게 생각지 않았다고 말하고 있다. 유림의 폐해를 지적하면서도, 이것은 본래 공맹의 의(義)를 크게 잃은 것으로 유교가 잘못된 것이 아님을 주장했다.[187]

박은식은 계속해서 국맥(國脈)을 올바로 지키는 수단으로서도 유교의 중요성을 내세우고 유교의 종교적 유지를 무엇보다 강조했으며, 민중들이 서교(西敎)나 동학(東學) 등 이교(異敎)에 빠져들어 가는 것을 염려하기도 했다.[188] 여기서 주목되는 부분은, 박은식이 서양종교 뿐만이 아니라 우리 민족의 자생종교인 동학마저도 이단으로 간주했다는 점이다. 이것은 이 시기 박은식의 민족과 민중에 대한 인식이 유교적 중화중심주의에 굳게 갇혀 있었음을 보여주는 단적인 근거라 할 수 있을 것이다.

따라서 이 시기의 박은식은 우리 민족사와 연관된 체계적인 글을 단 한 편도 선보이지 못했다. 이것은 1904년도에 정리한 글 속에서 기자(箕子)에 대한 언급만이 다음과 같이 나타남을 보더라도 알 수 있다.

"기자로부터 내려오면서 풍속이 예의를 숭상하였건만, 서적이 많지 않아 글자를 아는 자가 적은 데 또 어찌하랴."[189]
"우리 대한은 처음 기자성인(箕子聖人)께서 팔조(八條)의 가르침이 있은 뒤로는 예(禮)로써 사양하는 풍속을 숭상하고, 부녀들은 곧게 믿은 까닭에 세상이 그것을 칭하여 군자국이라…."[190]

---

187 박은식, 「겸곡문고(兼谷說)」, 같은 글, 358-359쪽.
188 박은식, 「겸곡문고(종교설)」, 같은 글, 358쪽.
189 박은식, 「겸곡문고(흥학설)」, 같은 글, 354쪽.
190 박은식, 「겸곡문고(종교설)」, 같은 글, 369쪽.

이렇듯 전통·유교기에 나타나는 백암의 정신적 가치는 유교적 정서에 흠뻑 젖은 유학적 지식인의 모습을 벗어나지 못했으며, 단군에 대한 인식은 기자에 가려져 드러내지 못한 시기였던 것으로 파악된다.

개혁유교기의 박은식은 유교적 한계를 극복하고 새로운 시대에 맞는 유교상을 정립하려 했다. 그리고 유교를 국교적 가치로까지 끌어올리기 위한 구체적 움직임을 도모하는데, 유교구신운동(儒教救新運動)이나 양명학운동, 그리고 대동교(大同教)의 창건 등이 그것이라 할 수 있다. 그리고 박은식은 유림의 변화가 곧 나라의 개혁이라는 명분 아래, 변화에 부흥하지 못할 때에는 유교가 인민의 종교로서의 위치를 상실할 것까지도 경고하고 있다.[191] 박은식의 이러한 인식은 당대 여론의 일반적 분위기로써, 변화에 능동적으로 부응하지 못하는 유림 전체의 총체적 반성이기도 했다. 또한 유교를 국시(國是)로 하여 지탱해온 조선 사회에 대한 근본적 성찰이라고 해도 과언은 아니다. 그러나 박은식의 이러한 노력은 유교적 한계를 유교로 극복해 보겠다는 자가당착적인 가치였다는 점에서, 후일 또 다른 변화를 기약할 수밖에 없었다.

백암은 공자탄신기념 및 대동교 개교식 기념강연을 통해, 대동교의 종지가 공자의 대동사상에 있음을 강조하고 공리공론하는 당대 유림의 병폐를 신랄하게 비판했다. 또한 한글로 번역된 새로운 책자를 일반 민중들에게 보급하여 대동의 화(化)를 이루어야 하며, 조선 유교 선현(先賢)들의 학론 등을 한문 및 영문으로 번역·전파함으로써, 대동교의 광명을 세계에 보급할 방도까지 언급하고 있다.[192]

---

191 같은 글, 338쪽.

192 박은식, 「孔夫子誕辰紀念會講演」, 『서북학회월보』제1권 제17호, 1909. 11.

특히 양명학이야말로 간단절요(簡單切要)한 법문(法門)으로, 주자학과 동일한 공맹(孔孟)의 범주에 속하는 까닭에, 공맹의 도(道)로 하여금 그 가르침을 잃지 않기 위해서는 양명학의 보급이 시급함을 강조했다.[193] 그는 유교구신을 위한 양명학의 필요성으로 네 가지의 이유를 들었다. 그 첫째 복잡한 현 시대에는 간단하고 쉽게 정리된 학문이 필요하다는 것과, 둘째 새로운 문화창조의 변화를 위해서는 양명학이 불가피하다는 것, 셋째 민중의 뜻을 모으고 교육계의 광명을 위해 양명학이 필요하며, 마지막으로 도덕을 밝히고 백성에게 행복을 줄 수 있는 양지(良知)의 학으로서의 양명학이 요구된다는 것이다.[194]

그러나 개혁유교기 당시 박은식이 보여준 정신가치는 일정한 한계를 갖고 있었다. 그가 애국계몽운동과 유교개혁의 수단으로 내세운 대동사상이나 양명학이, 우리의 민족적 가치와는 일정한 거리를 둔 유교사상에 그대로 기반하고 있었다는 점이 그렇다. 그러므로 이 시기에 나타난 박은식의 역사인식 또한, 민족주의와 연관된 사론(史論)이 아닌 유교적 애국사상에 바탕을 둔 역사인물에 관한 논설 다수와 구월산삼성사·신라시조설화·탐라국의 삼신설화 등 고사(古事)에 관한 몇 가지가 있을 뿐이다.[195]

박은식의 정신적 변화에 있어 가장 큰 사건은 1910년 경술국치였다. 일제의 강압에 의해 언론기관이 폐쇄되고 서북학회가 해산되면서 그의 삶에 일대 전환을 맞게 된 것이다. 박은식은

---

193 같은 글.

194 박은식, 「日本陽明學會主幹에게(公函·全文)」, 『서북학회월보』제1권 제20호, 1910. 2.

195 김동환, 「박은식 민족사학의 정신적 배경」, 앞의 글, 63쪽.

"일언일자(一言一字)의 자유가 없으니, 오로지 해외에 나가서 사
천년 문헌을 모아 편찬하는 것이 오족(吾族)의 국혼(國魂)을 유
지하는 유일한 방법이다."[196]

라는 민족사에 대한 각성을 안고 망명을 결심하게 된다. 망명 이전 박
은식이 보여 준 계몽운동의 노선은 명치유신을 모델로 하여 일본과 협력
하면서 급진적으로 시민사회를 형성하려던 친일적 근대주의자들에 비해서
는 다소 보수적 성향을 갖고 있었다. 오히려 이러한 점이 그가 친일파로 전
락하지 않은 중요한 요인이 되었고, 1911년 망명과 더불어 대종교를 접하게
되면서 완전한 민족주의자로 변신하게 된 바탕이 되었다.[197]

그러므로 박은식이 대종교영향기로 완전히 접어드는 시기는 1911년 망
명 전후로 볼 수 있다. 1911년 만주 환인현으로 망명한 박은식은 본격적으
로 대종교에 동참하게 된다. 당시 대종교 시교사였던 단애 윤세복의 후원
을 받으면서 이루어지는 박은식의 역사 연구는, 유교의 구각을 벗고 대종
교적 역사관을 새롭게 보여주는 사론(史論)들을 만들어 냈다. 「동명왕실기」
·「발해태조건국지」·「몽배금태조」·「명림답부전」·「천개소문전」·「대동고대사
론」등이 그것이다.

이 글들의 대표적인 특징은, 박은식이 이전에는 언급하지 못했던 고대
사에 관한 것이 대부분이라는 점, 대종교의 원류가 되는 신교(神敎)와 관련
된 인물들이라는 점, 그리고 강역인식에 있어서도 만주를 중심으로 한 대
륙사관적인 시각이 뚜렷하다는 특징을 가지고 있다는 것이다. 이후 백암의
역사 서술은, 1925년 11월 최후의 임종까지, 이러한 인식 위에서 전개·정리
되었다. 『한국통사』와 『한국독립운동지혈사』의 완성 역시 이 정신 속에서

---

196 「年譜」, 『백암박은식전서』제6권, 백암박은식선생전집편찬위원회편, 2002, 768쪽, 770쪽.

197 한영우, 「1910년대 박은식의 민족주의사학」, 『한국민족주의 역사학』, 일조각, 1994, 124쪽 참조.

집대성된 것이며, 그의 역사 정신의 핵이라 할 수 있는 '국혼(國魂)'이라는 개념 또한 대종교의 이음동의어라 해도 과언이 아니다.[198] 박은식이 절규한 다음의 문장들이 이를 반증한다.

"국교와 국사가 망하지 아니하면 그 나라는 망하지 않는 것이다. 오호라, 한국의 백(魄)은 이미 죽었으나 이른바 혼(魂)이란 것은 남아있는 것인가 없어진 것인가."[199]

김승학 역사인식의 변화 역시 3단계로 추려 볼 수 있다. 그가 유교적 한학을 수학하던 시절의 유교영향기와, 한성사범학교를 수학한 시기인 신교육영향기, 그리고 상해 시절부터 본격화되는 대종교영향기가 그것이다. 물론 김승학의 유교영향기와 신교육영향기의 역사인식을 살필 수 있는 글은 없다. 현전하는 김승학의 글이 대부분 1920년대 이후의 글이며, 더욱이 역사인식과 관련한 당시의 글은 전무하기 때문이다. 다만 유교영향기에 학습한 『십구사략』·『자치통감』·『사서삼경』의 내용과 유교적 제술공부(製述工夫, 과거시험 준비 공부)와 경의공부(經義工夫, 성리학 공부), 그리고 신교육영향기에 학습했을 『조선역대사략』이 근대민족주의 역사학과는 거리가 먼 것들임을 고려한다면, 박은식이 전통유교기와 개혁유교기에 보여준 역사인식과 크게 벗어나지 않았을 것으로 추찰된다.

김승학의 역사관
김승학의 역사와 관련한 체계적 저술은 근대사와 관련한 『한국독립사』한 권뿐이다. 특히 고대사와 관련한 체계적 저술은 전하지 않는다. 그러나

---

198 김동환, 「박은식 민족사학의 정신적 배경」, 앞의 글, 63-76쪽 참조.
199 박은식, 「한국통사(결론)」, 앞의 글, 1080쪽.

그가 육필로 남긴 『배달족이상국건설방략』·『오천년 민중의 유래사』·『망명객행적록』·『한국독립운동사재료초안』 등등에는 시대와 강역인식이 적지 않게 드러나고 있다. 물론 그 속에 담긴 인식은 『십구사략』·『자치통감』·『사서삼경』·『조선역대사략』 등의 역사 가치나 서술과는 근본적으로 다르다. 즉 대종교의 영향 혹은 관련 인물들과의 교감에 의한 민족주의적 역사인식이 그대로 반영되어 있다.

가장 대표적인 것이 강역인식이다. 1900년 경 김승학이 1차 만주행을 모색할 당시, 이미 만주(서간도)에 대한 고토의식이 그대로 묻어난다. 다음의 기록을 보자.

> "나는 이렇게 말하였다. '듣건댄 서간도는 본래 우리나라 강역인데, 우리가 포기하였기 때문에 지금은 청국(淸國)에서 관리하거니와, 백여 년 전부터 우리나라 빈민(貧民)들이 건너가서 살기 시작한 것이, 지금은 여러 만호(萬戶)가 농업을 경영하고 사는데 그 지방을 나선국(羅鮮國)이라고 한답디다.'"[200]

이것은 김승학이 유교적 영향기에 이미 서간도에 대한 고토의식이 형성되고 있음을 암시하는 부분이다. 이러한 인식은 대종교를 접하면서 더욱 뚜렷하고 구체화 되어 간다. 김승학은 『배달족이상국건설방략』에서

> "단군조부터 고구려조까지 우리 단족(檀族) 즉 배달족의 발상지역은 대략 다음과 같다. 동으로는 창해를 지나 태평양을 접하며, 서쪽으로는 지나 연해안(황하)과 동몽고를 내포하였고, 남으로

---

200   김승학, 「망명객행적록」, 『독립운동사연구』제12집, 한국독립운동사연구소, 1998, 401쪽.

는 현해를 건너 대마도까지며, 북으로는 흑룡강을 지나 오랍산 즉 동서양 접경이었다. 수륙 수만리 강토 중에 거주하던 종족은 합하여 아홉 족속이다. 이름하여 남족(藍族)·황족(黃族)·적족(赤族)·백족(白族)·현족(玄族)·풍족(風族)·견족(畎族)·방족(方族)·묘족(畝族)으로 나뉘었다. 이것을 전부 이름하여 단족 즉 배달족이라 한다."[201]

라는 인식을 드러내고 있다. 앞부분은 우리 배달족 강역을 말하는 부분이고 뒷부분은 배달족 종족 구성을 드러낸 분분이다. 배달족 강역과 관련된 대종교의 체계적 인식의 출발은 대종교의 『단군교포명서』(1904)에서 찾을 수 있다. 다음의 기록을 주목해 보자.

"대황조께옵서 천명을 수하시고 단목영궁에 강림하시어 무극(無極)한 조화로 지도(至道)를 탄부(誕敷)하시며 대괴(大塊)를 통치하실 새 북서(北西)로 삭막궁양(朔漠窮壤)과 남동(南東)으로 영해제도(瀛海諸島)까지 신화(神化)가 과존(過存)하시고 공덕이 양익(洋溢)하시니, 서에서는 동방군자의 국이라 칭하고 동에서는 서방유성인(西方有聖人)이라 위(謂)함이 모두 우리 대황조를 모(慕)한 바이라."[202]

즉 단군대황조의 통치 강역이 복서의 북방 사막 벌판으로부터 남동의 너른 바다 여러 섬들까지 미치고 있음을 기술하고 있다. 또한 나철이 백봉

---

201 김승학, 「배달족이상국건설방략」,『국학연구』제14집, 국학연구소, 2010, 210-211쪽.
202 『대종교중광육십년사』, 앞의 책, 81쪽.

집단으로부터 받은 『단군교오대종지서』에도 그대로 나타나 있다.[203] 즉 그 책의 앞부분에 실린 「배달신국삼천단부도(倍達神國三千團部圖)」가 그 것이다.(그림 참조)

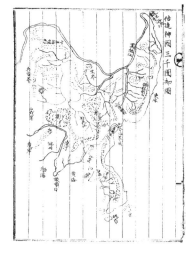

사진 설명

그림을 보면, 김승학의 배달족 강역이 거의 일치하고 있음을 알 수 있다. 이러한 강역 인식은 김교헌과 박은식, 유근 등이 편찬한 『단조사고(檀祖事攷)』(1911)에도 그대로 나타나며, 후일 대종교 계열의 역사학자나 대종교지도자들의 공통된 인식이었다.

또한 뒷부분에 나오는 김승학의 배달 종족관 역시 대종교의 9족설(九族說)에서 연유한 것이다. 대종교의 전래 경전 가운데 『신사기(神事記)』를 보면,[204] 오물(五物) 가운데 가장 빼어난 것이 사람으로, 본디 황인종·백인종·흑인종·홍인종 및 남인종(藍人種)이 있었다. 세월이 지나며 제각기 한 모퉁이씩 자리 잡고, 적게는 일가친척을 이루고, 크게는 한 부락을 이루었는데, 황인종은 넓은 벌판에 살고, 백인종은 호숫가에 살고, 홍인종은 남녘 바닷가에 살고, 남인종은 여러 섬들에서 살았다고 전한다. 그리고 그 다섯 종속 가운데 황인종이 가장 커서, 넷으로 나뉜다. 개마산(蓋馬山) 남녘에 사는 이들은 양족(陽族)이 되고, 동녘에 사는 이들은 간족(干族)이 되고, 속말강인 송화강 북녘에 사는 이들은 방족(方族)이 되고, 서녘에 사는 이들은 견족(畎族)이 되었다는 것이다.

---

203 『檀君敎五大宗旨書』(국학연구소편, 「자료」, 『알소리』7, 한뿌리, 2008, 110-183쪽 참조.)

204 대종교시교회편, 「신사기(神事記)」, 『종경(倧經)』, 삼일인쇄소(중국·상해), 1923, 3-4쪽 참조.

이러한 전거(典據)가 김승학 9족설의 출발이다. 더욱이 김승학이 편수·발행한 김교헌의 『신단민사』의 맨 앞부분 「신시시대(神市時代)」 '민족의 산거(散居)'에도, 9족설의 다른 표현인 9이설(九夷說)이 다음과 같이 등장하고 있다.

"소해(小海, 지금의 黑龍州 北邊) 이남과 영주(瀛州, 지금의 제주) 바다 이북은 풍옥(豊沃)한 땅이라. 최초에 황이(黃夷)와 백이(白夷)와 적이(赤夷)와 현이(玄夷)와 남이(藍夷, 일명 風夷)와 양이(陽夷)와 간이(干夷)와 방이(方夷)와 견이(畎夷)의 9족(九族)이 각기 산거(散居)하야……"[205]

김승학의 종족관 역시 대종교의 9족설과 뗄 수 없음을 알 수 있다. 나아가 김승학은 9족의 수는 고구려조까지도 지나족 즉 황제헌원씨 유족보다 몇 배가 많고 지나 본토보다 몇 배가 광대했다고 다음과 같이 주장하고 있다.

"단군조부터 고구려 중엽 광개토왕 시대까지 근 3천여 년 간은 우리 배달족이 동아 대륙에서 제일 다수족이며 제일 문명족이며 웅비하던 족속이다. 뿐만 아니라 국경 토지도 지나 본토(황하 이남 양자강 이북) 구주(九州)에 비하면 3배나 광대하였다."[206]

---

205 김교헌(김승학 편수 겸 발행), 『신단민사』, 大倧敎西二道本司, 1923, 1쪽.
206 김승학, 「배달족이상국건설방략」, 앞의 글, 206쪽.

그리고 요하 서쪽 8백여리 지방에 거주하였던 인민은 자연 당나라로 이적하여 지나족으로 화했다는 것이다. 또한 요하 동쪽 7백여 리 지역에 거주하던 인민은 요금과 청나라를 따라 역시 지나족으로 귀화하였다는 견해다. 영평부 방면에 위치하고 있던 고죽국 국민과 산동성 부근에 거주하던 우국(嵎國)과 엄국(奄國)과 내국(萊國)과 전국(顓國)과 사국(史國) 등, 여러 소국에 거주하던 인민과 하남성 방면에서 웅비하던 대서국(大徐國) 서언왕의 신민(臣民) 등 몇 천만 명도, 그 국호가 없어짐을 따라 지나족으로 변화했다는 것이 김승학의 인식이다.[207]

한편 김승학의 이와 같은 강역 인식은 과거완료형으로 멈춘 것이 아니라, 미래의지형으로 이어지고 있다는 점도 주목된다. 김승학의 다음 의견을 보자.

> "그러면 우리 배달족의 이상국건설의 판도는 남북계 판도를 통합하여 하되, 오납산(烏拉山, 우랄산-필자 주)부터 대마도까지 수륙 수만 리로 하고 국도(國都)는 북쪽 지역으로 확정한다. 북으로 조종산인 백두산을 등지고, 그 이하 노야(老爺, 아부지)령과 모아(母兒, 오마니)산이 놓여 있어 자녀들에게 명령을 전하는 듯이 매산(妹山)과 형제봉이 상하에 나열하였으며, 서북쪽으로 계관산(鷄冠山)과 봉황산(鳳凰山)과 금석산(金石山) 이하 오룡(五龍)을 등지고, 구룡포(九龍浦) 일대로 본수도(本首都)를 정하면 압록강이 전면에 가로 질러 흐르고, 은보산(銀寶山)과 횡금산(橫金山) 남매 형제가 각각 좌우 눈 밑에 펼쳐져 있으니, 가히 천년대도(千年大都)요 백년 대도시라 할 수 있다."[208]

---

207 김승학, 「배달족이상국건설방략」, 앞의 글, 211쪽.
208 김승학, 「배달족이상국건설방략」, 앞의 글, 213쪽.

이것은 김승학이 젊은 시절부터 동경하던 만주에 대한 연민 역시과도 무관치 않다. 특히 김승학이 대종교를 경험한 이후부터는, 그에게 있어 이 지역은 '과거의 향수'(Home-sick)이자 '미래의 꿈'(Nostalgia)이었다. 이러한 인식은 당시 대종교지도자들의 공통된 이상이었으며, 역사적으로 대륙사관을 버리지 못한 또 다른 이유이기도 했다.

동북아 역사에 이름을 올린 국가들에 대한 인식에 있어서도, 김승학은 대종교적 역사인식과 궤를 같이 하고 있다. 김승학은, 고조선, 부여, 숙신, 선비, 읍루, 물길, 말갈, 옥저, 예, 맥, 마한, 진한, 변한, 신라, 가락(駕洛), 가야, 탐라, 고구려, 백제, 고려, 졸본(卒本), 발해, 오환, 여진, 만주를 종횡으로, 광막한 지역이 모두 우리 선조들의 유산으로 보고, 그 지역 내에서 사는 겨레들도 누구를 막론하고 우리 선조의 자손이라는 것이다.[209] 김승학이 1923년 직접 편수·발행한 『신단민사』의 「신단민사표(神檀民史表)」에서는 배달족의 민족계(民族系)를 자세히 도표화하고 있는데,[210] 김승학의 민족계 인식은 이것을 요약한 것이다. 그러므로 김승학이 직접 광고한 『신단민사』의 홍보에서도

"한검의 후손으로 북륙(北陸)을 전거(奠據)하고 동아(東亞)를 석권하던 여(餘), 신(愼), 진(眞), 진(震)과 서(徐), 요(遼), 금(金), 청(淸)을 포괄한 민족혈계사(民族血系史)가 지금까지 세상에 현출(顯出)되지 못하야, 신조(神祖)의 창고개천(創古開天)하신 위모(偉模)와 성손(聖孫)의 긍금락토(亘今樂土)하는 영전(榮典)을 발

---

209 김승학, 『五千年民衆의 由來史』필사본(연대미상), 1쪽.

210 김교헌(김승학 편수 겸 발행), 『신단민사』, 大倧敎西二道本司, 1923.

휘치 못한 것은 종성족수(宗性族粹)에 막대한 결흠(缺欠)이더
니……"[211]

라는 동일한 민족계 인식을 보여주고 있다.

주목되는 것은 『신단민사』「신단민사표(神檀民史表)」와 김승학이 보여준
민족계 인식의 출발 역시 대종교의 전래 문헌과 연결된다는 점이다. 즉『단
군교오대종지서』의 앞부분에 실린 「대황조신손원류지도(大皇祖神孫源流之
圖)」가 그것이다. 이 문헌에 나타나는 인식은 1911년 간행된 『단조사고』「배
달족원류단군혈통(倍達族源流檀君血統)」이라는 도표에 그대로 계승되고,
역대 국가와 관련한 김승학의 민족혈계사 인식 역시 이것을 그대로 이은 것
이었다. 그러므로 김승학이 해방 후 정리한 『한국독립사』에서도, 다음과 같
이 동일한 인식을 확인할 수 있다.

"대단군은 이미 우주조직의 원리를 설명하는 삼신오제(三神五
帝)의 신설(神說)로써 인민을 교화하였으며, 지방을 다스리는 제
도도 이에 맞추어 삼경오부(三京五部)를 두었으니 이것이 우리
나라 수천 년래 백성을 다스리는 나라의 대전(大典)이 되었고,
그 후에 대(代)와 곳을 따라 조선·부여·숙신·옥저·예맥·대진
(大震)·대서(大徐)·진한(辰韓)·마한(馬韓)·변한(弁韓)·가락(駕
洛)이 되며, 혹은 고구려·백제·신라·발해·여진·요·금·고려·근
세조선(李氏朝鮮)·청이 되어, 겨레의 통서(統緒)가 연면하고 나
라의 세운(勢運)이 혁혁하기 반만년에 이르렀다."[212]

---

211 『독립신문』1923년 7월 21일.「神檀民史刊行廣告」

212 김승학,『韓國獨立史』(增補板), 독립문화사, 1970, 95쪽.

위의 글에서 김승학의 삼신오제와 삼경오부 장치에 대한 긍정 역시 눈길을 끈다. 삼신설은 대종교 신앙의 근본으로 삼신일체 사상과 관련이 있다. 대종교 계열의 신채호도 고대 삼한(三韓)도 삼신설(三神說)에 의해 만들어 졌으나, 삼신에 대한 믿음이 타락하면서 붕괴일로로 치닫게 되었다는 주장이다.[213] 신채호는 '대단군'을 제사장으로, '수두(蘇塗)'를 신단이라 보았다. 그리고 고대의 모든 제도는 수두에서 시작됐으며, 일체의 풍속도 모두 여기서 비롯했다는 인식이다. 또한 수두에서 삼신오제가 나왔고, 삼신오제를 거쳐 삼경오부가 나왔다고 했다. 즉 삼신사상을 민족정신의 핵심으로 인식했던 것이다. 또한 삼신이야말로 우리 고유신앙(신채호는 仙敎라 칭함)의 주체로서 기독교의 삼위일체나 불교의 삼불여래와 흡사하다고 이해했다.[214] 대종교적 가치를 공유한 두 사람이고 보면, 삼신오제와 삼경오부에 대한 김승학의 구체적 설명은 없지마는, 그것에 대한 구체적 이해 역시 신채호와 흡사할 듯하다.

김승학의 역사인식에서 신채호와 통하는 또 하나가 있다. 신라가 당나라를 끌어 들인데 대한 증오와 김부식의 역사 서술에 대한 유감이다. 우선 다음의 주장을 보자.

"신라는 비열한 전법으로 당병(唐兵)을 청입(請入)하야 고구려와 백제를 멸한 후 구구(區區)히 삼천리 강역을 보유하기에 염불급타(念不及他)하였다. 오호 한무제 때에 지도의 오점(汚點)을 어리였든 사군정치(四郡政治)를 말살하였으며, 수당(隨唐)의 천하병(天下兵)을 섬멸한 나라가 누구였든가? 비록 고구려와 백제가 쟁패열(爭覇熱)이 심하고 침략을 상습으로 하였더라도, 적병을

---

213 신채호, 「朝鮮上古史」『丹齋申采浩全集改訂版』上, 단재신채호선생기념사업회, 1982, 109-110쪽 참조.
214 신채호, 「東國古代仙敎考」『丹齋申采浩全集改訂版』別集, 단재신채호선생기념사업회, 1998, 48쪽.

인원(引援)하야 골육을 섬멸(殲滅)하는 창귀적(倀鬼的) 행위였거늘, 그것을 일러 적승자(賊勝者)라 하여서 그 주동적 책임자를 신무(神武)이니 영웅이니 떠받치던 우리 민족과 같이 아무런 이해성이나 비판력이 없는 무의식적 동물이야말로 다시 유(類)가 없을 것이다."[215]

이 글에서 김승학의 몇 가지가 인식이 발견된다. 첫째, 신라가 당을 끌어들여 고구려와 백제를 멸한 이후, 우리 민족이 대륙을 잃어버렸다는 인식이다. 둘째, 중국의 한·수·당나라 시기에는 고구려가 그들을 제압하고 있었음을 드러내고 있다. 마지막으로, 신라가 고구려·백제를 멸한 것을, 적에게 승리한 영웅처럼 묘사하는 것에 대한 비판이다.

그러므로 김승학은 나·당연합군이 고구려를 협공 승전한 후, 그 밀약과 같이 요서 땅 8백 여리는 당의 판도로 하고 요하 동쪽 7백 여리 땅만 신라의 소유로 하였다는 인식을 보인다. 그러나 요하 동쪽 7백 여리 백두산까지도 지키지 못하고, 우리 속담 "죽쒀서 개 살린 모양"이라는 글귀를 인용하여, 신라의 역사적 죄과를 공박하고 있다. 더욱이 신라가 당병을 끌어들여 고구려 수도를 함락시킨 후, 사고(史庫)와 각 명산에 숨겨두었던 국사 즉 단군조부터 고구려까지 전래하던 상고 국사와 각 보물을 당나라에게 양도하고 신라는 한 건도 보관치 못하였다고 했다. 그러므로 우리나라는 고대사를 학습한 사람이 한 사람도 없고 조선 고대사는 지나 역사 중에서 일일이 찾아보게 될 뿐이라는 인식이다.[216]

또한 김승학은 당나라 조정에서는 조선 상·중고사를 몰수해 가 사고에 감추었다가, 청나라 강희황제 때에 명나라 유신(儒臣)들로 자기 사고에

215 김승학, 『五千年民衆의 由來史』필사본(연대미상), 1-2쪽.
216 김승학, 「배달족이상국건설방략」, 앞의 글, 207쪽.

적치하여 있는 서적을 등본(謄本)시켜, 소위 사고전서란 책자를 만들어 네 곳(봉천, 해삼위, 북경, 항주)에 보관하였다 한다. 안타까운 것은, 일제강점기 중국의 항주에 있는 사고전서 중에, '조선고대국경지도'(단군조·부여조·고구려조) 각 본이 발견되어 그것을 김승학 일행이 베껴온 일도 있었다는 것이다.[217] 그러나 아직도 『조선고대국경지도』라는 서물(書物)은 발견되지 않고 있다. 아무튼 김승학은, 신라의 그러한 역사적 잘못에 대해, 그 후 무렴치한 사람들로 조선사를 만들되 조선은 옛날부터 중국에 예속되었던 소국이며 지나는 대국이라 하고, 우리는 자칭 소국 또는 소중화란 잘못된 역사를 지었다는 것이다. 그리고 그 대표적 인물과 사서가 김부식의 『삼국사기』라 했다.[218]

신채호 역시 국선(國仙)의 전통이 단절됨으로써, 민족사의 상실을 초래한 결정적 계기를 김부식의 『삼국사기』 저술로 인식하였다. 무정신(無精神)의 역사가 시작되는 전통이 확립된 것으로 본 것이다. 신채호가 『조선상고사』를 저술한 배경도 『삼국사기』를 해체하여 민족을 역사의 주체로 재설정할 목적이었던 것이다. 또한 김부식이 『삼국사기』를 유일한 정사로 만들기 위해 옛 기록을 궁중에 비장(秘藏)하거나 소실시켰다고 꾸짖었다. 그리고 김부식 이후부터 개인의 역사 편찬은 금지당하거나 야사(野史)로 취급되었음을 통탄하고 있다.[219]

『한국독립사』에 담긴 역사인식

---

217 김승학, 「배달족이상국건설방략」, 앞의 글, 208쪽.
218 김승학, 「배달족이상국건설방략」, 앞의 글, 208쪽 참조.
219 신채호, 「朝鮮史硏究艸(조선역사상 일천년래 제일대사건)」,『단재신채호전집(개정판)』中, 단재신채호선생기념사업회, 1995, 103-123쪽 참조.

김승학의 역사 인식에서『한국독립사』역시 언급하지 않을 수 없다. 이 책은『한국통사』(박은식, 1915)와『한국독립운동지혈사』(박은식, 1920)의 맥을 잇는 업적으로 평가된다. 김승학의 "내가 일찍 조국 광복을 위한 운동 대열에 참여하여 상해에서『독립신문』을 발행할 때, 백암 박은식 동지가 편저한『한국통사』라는 나라를 잃은 눈물의 기록과『독립운동지혈사』라는 나라를 찾으려는 피의 기록을 간행할 때, 그 사료 수집에 미력이나마 협조하면서, 다음번에는『한국독립사』라는 나라를 찾은 웃음의 역사를 편찬하고자 굳은 맹약을 하였었다."라는 회고가 그것을 뒷받침한다.[220] 특히『한국독립사』를 편찬한 김승학은 망국을 경험하며 통탄한 인물이다. 그리고 생사를 넘나드는 독립운동에 앞장선 인물이다. 나아가 그 독립운동 관련 자료들을 죽음을 무릅쓰며 모으고 지켜낸 인물이다. 그러한 장본인이 만들어낸 독립사이기에 더더욱 의미가 있다.

문득 중국인 징웨이(精衛)가『한국통사』「서문」에서 한 말을 떠올려 보았다.

"태백광노(太白狂老)가 자기가 지은『한국통사』를 나에게 주어 읽게 하고, 또 말하기를 '내가 한국독립운동사를 지어 이미 완성하였으니, 그대는 나를 위하여 서문을 써 주시오.'라고 하였다. 내가 이미 그 사람을 보았고, 그 말을 들었고, 그 글을 읽고서 슬프고 기쁨이 저절로 마지않았다. 슬픈 것은 무엇 때문인가. 한국에 통사가 있는 것이 슬프다. 기쁜 것은 무엇 때문인가. 한국에 독립운동사가 있는 것이 기쁘다. 태백광노는 비록 머리가 허옇게 센 노인이나 장차 한국독립성공사를 지어 통사와 독립

---

220 김승학,「自序」,『韓國獨立史』(增補板), 독립문화사, 1970, 95쪽.

운동사의 뒤를 잇겠구려! 동아의 친애한 동포와 더불어 환호하
면서 맞이하기를 바란다."[221]

비록 이국인의 감회이지만 마음이 아프다. 더욱이 징딩청(景定成)이 언
급한 "통사는 눈물이고 독립운동사는 피이다."라는 표현에서는,[222] 탄식 이
전에 오열이 앞선다. 그렇다.『한국통사』가 나라가 망한 데 대한 눈물의 역
사라면,『한국독립운동지혈사』는 나라를 찾기 위한 피의 역사였다. 따라서
김승학의『한국독립사』는 나라를 찾은 데 대한 웃음의 역사이어야만 했다.
그러나 그가 겪은 우여곡절을 보면, 그 편찬의 과정이 피눈물의 역사는 아
니었을까 하는 비애를 감출 수 없다. 다음 글이 주목된다.

"무릇 한 국가를 창건하거나 중흥시키면 시정(施政) 최초 유공자
에게 후중(厚重)한 논공행상을 하고 반역자를 엄격한 의법치죄
(依法治罪)하는 것은, 후세 자손으로 하여금 유공자의 그 위국
충성(爲國忠誠)을 본받게 하고 반역자의 그 죄과와 말로(末路)
를 경계케 하여 국가 주권을 길이 만년 반석 위에 놓고자 함이
다. 이 중요한 정치철학은 동서고금을 통하여 역사가 증명하는
것이다. 우리나라는 반세기 동안 국파민천(國破民賤)의 뼈저린
수난 중 광복되어 건국 이래 이 국가 백년대계의 원칙을 소홀히
한 것은 고사하고, 도리어 일제의 주구(走狗)로 독립운동자를
박해하던 민족반역자를 중용하는 우거(愚擧)를 범한 것은 광복
운동에 헌신하였던 항일투사의 한 사람으로서의 전 초대 대통
령 이승만 박사의 시정(施政) 가운데 가장 큰 과오이니, 후일 지

221 精衛, 「序文」,『한국독립운동지혈사』제2권, 백암박은식선생전집편찬위원회, 2002, 421-422쪽.
222 景定成, 「序」,『한국독립운동지혈사』제2권, 백암박은식선생전집편찬위원회, 2002, 420쪽.

하에 돌아가 수많은 선배와 동지들을 무슨 면목으로 대할까 보
냐."[223]

김승학이 『한국독립사』 「자서」에서 토로한 아픔이다. 해방 후 세우지 못
한 민족정기에 대한 회한이 서려있다. 피아(彼我)를 구별하고, 정사(正邪)를
헤아리며, 진위(眞僞)를 가려내는 기준을 무너뜨린 위정자에 대한 지탄도
담겼다. 『한국독립사』를 엮어내는 기쁨과 웃음의 감회가 아니라, 진행형의
『한국독립사』를 편찬해야만 하는 김승학의 피눈물이 숨겨진 넋두리를 더
보자.

"출옥 후 다시 중국으로 건너가 북경 그윽하고 외진 곳에 옮겨
두었다가 일제 항복 후에 이 사료를 40년래 내의 혈한(血汗)의
결정(結晶)으로 삼아 귀국하였다. 붓이 이에 이르러 백암 동지
의 추억이 새로워 눈물이 지면을 적신다. 슬프다! 일이 아직 반
도 이루어지지 않았는데 숙병(宿病)이 침중(沉重)하여 타세(他
世)할 시점에 임한 듯하다. 내 사랑하는 자손 계업(啓業)아, 이
할아버지의 미진한 뜻을 폐포(肺胞)에 깊이 새겨 면지(勉之) 성
지(誠之)하여 계승하라."[224]

박은식을 회억하며 눈물 흘린 김승학이었다. 이루고자 해도 시간이 없
었던 김승학이었다. 만들고자 해도 세월을 이기지 못한 김승학이었다. 몸
은 기울어 감에도 의지는 남겨두려는 김승학이었다. 그리고 손자 김계업에
게 유언하듯 『한국독립사』를 부탁한다.

---

223 김승학, 「自序」, 『韓國獨立史』(增補板), 독립문화사, 1970, 95쪽.
224 김승학, 『韓國獨立史』(增補板), 독립문화사, 1970, 95쪽.

한편 김승학은 독립의 당위 역시 단군의 국가 건설에서 찾았다. 그는 『한국독립사』 모두(冒頭)에서, "우리 배달민족은 생활상 조건과 광명의 본원을 찾아 백두산을 중심으로 집단 번흥(繁興)한 대민족으로서, 송화강의 동서와 백두산의 남북을 발상지로 하여 일찍부터 문화가 크게 열리고 무용(武勇)이 남달리 뛰어나 아세아 대륙에 있어 오랫동안 동양문화의 창조자·육성자 내지 지배자로서, 웅비 활약하였던 것은 사전시대(史前時代)의 유적과 유물을 보아도 넉넉히 상상할 수 있는 일이다. 이러하기 누천년 단군 원년 무진(서기 2,333년 전)에 민족을 통솔하고 교화하던 신인(神人) 단군왕검의 황은(皇恩)이 전민족에 입히고 위덕(威德)이 사방에 떨치니, 이에 삼천 부락의 추대를 받아 대단군이 나아가니, 이때부터 우리민족이 각지에 산재하였던 부락제도가 비로소 대집단을 형성하여 국가 생활을 향유하게 된 것이다."라는 전제를 길게 서술하고 있다. 김승학이 '국가 생활의 향유'를 구태여 『한국독립사』맨 앞부분 '우리 민족의 유래'라는 소제목으로 강조한 이유는 무엇일까. 독립의 준거인 동시에 독립운동의 당위이기 때문이다. 유구한 민족국가로서의 역사성을 통해서, 반드시 독립해야 한다는 당위와 의지를 드러낸 것이다.

본디 독립(獨立, independent)이란 둘 중 하나의 사건이 일어날 확률이 다른 사건이 일어날 확률에 영향을 미치지 않는다는 것을 의미한다. 그러므로 국가적 독립이란 하나의 국가가 또 다른 국가에 의해 절대적 영향을 받지 않음을 말하는 것이다. 독립운동 역시 절대적 지배인 식민지상태에서 자주국가의 수립과 자립경제의 실현을 위하여 노력하는 민족운동을 정리할 수 있다. 그리고 독립운동사란 나라의 독립을 주창하고 쟁취하려는 제반 운동을 체계적으로 정리한 역사이다. 그러므로 한국독립운동사란, 일제강점기 조선의 독립을 위하여 행해졌던 여러 가지 민족 운동에 관한 역사를 체계적으로 정리한 역사라고 이해할 수 있다. 아무튼 독립운동사나 독립사에서는 역사적 국가가 전제되어야 함은 불문가지다.

김승학의 『한국독립사』는 민족의 자주독립을 쟁취하기 위하여 일제와 투쟁한 실기(實記)를 연대별·사건별로 구분하고 있다. 5만 여의 충혼과 일제의 학정(虐政)에 옥고를 겪은 수 십 만의 선열과 애국지사들의 항일투쟁의 피어린 역사를 수록하였다. 또한 민족 수난과 국토 침략의 뼈저린 역사를 통하여 선열의 유지를 받들어 민족의식의 함양에 주력한 책이다. 특히 일제의 침략에 이어 합병 통치로부터 약 반세기 동안을 독립투쟁 기간으로 했다는 점도 특이하다. 당시의 신문·잡지·사직(司直) 기관의 비밀문서를 근거로, 범독립운동 지사들의 생생한 증언을 합하여 냉철한 비판과 엄격한 검토 아래 자료화 한 것이 이 책이고 보면, 한마디로 우리 독립운동사의 결정판이 바로 『한국독립사』다.[225]

이렇듯 김승학에 있어 역사인식은 독립의 준거이자 당위였다. 따라서 『한국독립사』는 바로 김승학 역사인식의 응결체인 동시에, 한 독립운동가의 간양록(看羊錄)이라 해도 지나치지 않을 듯하다. 김승학이 남긴 다음의 「애국가」에 모든 것이 농축되어 있다.

一. 백두산하 삼천단부 한데 모여, 한배님이 건국하신 우리나라 만세

二. 높고 둥근 백두산은 우리 민족 기상이며, 맑고 깊은 천지물은 우리 겨레 정신일세

三. 우랄산부터 대마도까지 수륙 수만 리, 우리의 선조들이 사르시던 보금자리라

---

225 김태오, 「祝辭」, 『韓國獨立史』(增補板), 독립문화사, 1970.

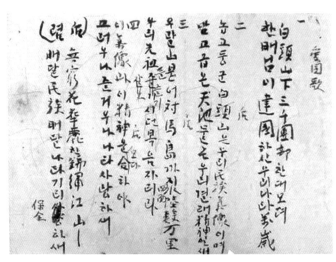
김승학이 친필로 적은 애국가

四. 이 기상과 이 정신을 모두 합하여 괴로우나 즐거우나 나라
사랑하세
(후렴) 무궁화 화려한 금수강산, 배달 민족 배달 나라 기리 사랑
하세[226]

「애국가」는 김승학 역사인식의 처음이자 끝이다. 1절은 건국의 유구함
에 대한 찬양이자 반만 년 역사의 준거로써, 독립의 당위와 맞닿아 있다. 2
절은 민족의 기상과 정신을, 배달 민족의 상징인 백두산과 천지(天池)에 의
탁하여 외치고 있다. 이 역시 김승학에 있어서는 독립의 기상이자 정신이었
다. 3절은 우리 민족의 대륙적 강역관을 드러낸 부분이다. 중화적·퇴보적
가치로 치부되는 반도성(半島性)을 벗어나, 자주적·진취적 가치로 뻗어 나
아가는 대륙성을 강조하고 있다. 이것은 대종교 계열 역사학자들의 공통된

---

226 김승학, 「망명객행적록–附錄(애국가)」,『독립운동사연구』제12집, 한국독립운동사연구소, 1998, 444쪽.

인식으로, 통시적으로는 중화사관에 대한 반동인 동시에, 공시적으로는 일제 식민지사관에 대한 저항과도 통했다. 4절은 이러한 정신과 기상으로 애국하자 했다. 당시 최고의 애국은 무엇인가. 바로 잃어버린 나라를 찾기 위한 적극적 행동이었다. 그것이 독립운동이다. 마지막 후렴으로 외치는 내용은, 아름다운 조국을 찾아 배달족·배달국을 기리자는 내용이다. 그러나 후렴의 기림을 위한 전제 역시 독립이다. 그러므로 김승학의 역사인식은 과거·현재·미래 모두 독립에, 독립에 의한, 독립을 위한 가치와 연결되고 있음을 알 수 있다.

2. 김승학의 배달사상

『배달족이상국건설방략』

근대에 들어 우리민족의 정체성을 확인해주는 용어의 중심에 단군과 배달이라는 말처럼 그 외연이 큰 것은 없을 듯하다. 그 중에서도 배달이라는 말은, 그것이 어떻게 흘러 왔고 어떠한 의미를 가졌는지에 대한 정확한 규명이 없음에도, 독립군들의 각종 격문으로부터 해방 후 노래가사 등등, 지금까지 친숙한 말로 남아있다.

즉 배달이라는 용어는 배달족·배달민족·배달겨레·배달얼·배달족역사 등등, 우리민족과 관련한 여러 단어와 힙'성되어 근대 이후 지금까지 사용되는 말이다. 특히 일제강점기 우리민족 정체성의 핵심어이자 독립투쟁을 위한 정신적 가치의 중심으로, 조국광복의 염원과 그 당위성을 한층 고무시켜준 단어가 배달이다. 심지어는 현재까지도 대한민국 군대의 홍보방송이나 상품광고의 용어(물론 配達delivery의 개념이지만)로까지 두루 사용되면서, 우리의 생활주변에 친숙한 용어로 남아있다.

그 동안에 배달이라는 명칭이 붙은 대표적 서책이나 단문(短文)들을 살피면, 『배달족강역형세도』(이원태, 1918), 『배달족역사』(김교헌 교열, 1923), 『배달공론』(배달공론사, 1923), 『배달족이상국건설방략(필사본)』(김승학, 1939), 『배달조선정사(倍達朝鮮正史)』(신태윤, 1945), 『배달의 종교와 철학과 역사』(안호상, 1964), 『배달·동이겨레의 한 옛 역사』(안호상, 1972), 『배달·동이는 동이겨레와 동아문화의 발상지』(안호상, 1979), 「배달의 유래와 그 의의 (KBS방송원고)」(성세영, 1954) 등을 꼽을 수 있다.

흥미로운 것은 위 서책의 저자들이나 단체 구성원들이 모두 대종교와 깊숙이 관련된 인물들이라는 점이다. 김교헌이나 안호상은 해방 전과 해방 후 각기 대종교의 최고책임자(敎主)를 역임했으며, 김승학·이원태·성세영·신태윤 역시 대종교의 원로 인사들이라는 공통점을 갖는다. 『배달공론』을 창간하고 이끈 동인(同人, 金仁海·李楨·朴正殷 등)들도 대종교계열인 북로군정서와 관련된 인물들이다. 이러한 정황은 배달이라는 용어의 등장이나 의미가 대종교와 밀접하다는 것을 암시하는 부분이다. 특히 일제강점기 대종교계열의 인물들의 공통된 꿈이 배달국이상향 건설이었다는 점에서, 김승학의 『배달족이상국건설방략』이라는 글은 더욱 주목된다. 배달이라는 사상적 배경을 통해 미래국가건설까지도 구상해 본 원고는 이것 밖에 없기 때문이다.

한편 이러한 폭넓은 관심에도 불구하고, 배달의 유래나 의미 등을 정확하게 드러낸 것이 없다. 물론 김교헌이나 성세영 등은 나름대로의 의미규정을 하고 있으나, 너무 소략하고(김교헌) 추상적·주관적(성세영)이라는 한계를 갖는다. 배달이란 말은 어디로부터 왔으며, 그 의미는 무엇인가. 그

리고 근현대 우리 사회 전반에 확산되었던 배
달의식의 양상은 어떻게 드러났는가. 궁금하
기 그지없다.

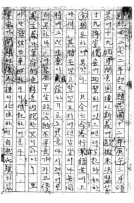

김승학의 『배달족이상국건설방략』의
육필 원고 맨 앞 부분

배달에 대한 왈가왈부

배달이라는 말은 우리의 기존 전통사학
에서는 발견할 수 없다. 우리 사학사의 흐름
을 유교사학·불교사학 그리고 도가사학(道家
史學)의 흐름으로 이해해 볼 때,[227] 유교사학
이나 불교사학적 저술에서는 배달이라는 말이 발견되지 않는다. 즉 유교적
『삼국사기』나 불교적『삼국유사』로부터 조선조 제반 사서류에는 찾을 수 없
는 용어다. 다만 1915년 어윤적(魚允迪)이, 자신의 저술인『동사년표(東史年
表)』에 다음과 같이 적고 있다.

> "『산보(山譜)』에 말하기를 백두산은 일명 태백산이다. 『계림유사
> (鷄林類事)』에 단(檀)은 '배달(倍達)'이요 국(國)은 '나라(那羅)'이
> 며 군(君)은 '임검(壬儉)'이라 한다. 이것을 살피건대 단군은 곧
> '단국군(檀國君])'으로, 속칭 '배달나라임금'이다."[228]

어윤적이 언급한『계림유사』는 중국 북송시대 봉사고려국신서장관(奉
使高麗國信書狀官)이던 손목(孫穆)이 편찬한 견문록이자 어휘집이다. 1103

---

227 한영우, 「17세기 반존화적 도가사학의 성장」, 『한국의 역사인식』上, 지식산업사, 1976, 264쪽 참조.

228 魚允迪(金敎獻 校閱), 『東史年表(古朝鮮)』, 寶文館, 1915, 1쪽. 어윤적은 고조선 단군기원 2년 己巳 摘에
서 "山譜曰 白頭山一名太白山 鷄林類事曰 檀倍達 國那羅 君壬儉 按此 檀君卽檀國君 而俗言倍達那羅
壬儉"으로 적고 있다.

년(숙종8) 서장관으로서 사신을 수행하고 고려에 온 손목이 당시 고려의 조제(朝制)·토풍(土風)·구선(口宣)·각석(刻石) 등과 함께 고려어 약 360어휘를 채록하여 3권으로 분류, 편찬한 책이다. 그러나 현재 그 원본은 전하지 않는다. 다만 발췌본(혹은 節錄本이라고도 함)이, 명나라 도종의(陶宗儀)가 편찬한『설부(說郛)』에 서너 조항(朝制·土風·口宣·刻石)만 초록하여 전할 뿐이다. 그 외에도 중국의 총서인『오조소설(五朝小說)』『오조서설대관(五朝小說大觀)』『고금도서집성(古今圖書集成)』, 그리고 우리나라 정조 때 한치윤이 지은『해동역사(海東繹史)』등에도『계림유사』가 언급되고 있다.

문제는『설부』에 전하는 고려어 가운데는, 어윤적이 언급한 말(倍達·那羅·壬儉)들이 없다는 점이다. 일찍이 신채호가

> "최근 어윤적이 찬한『東史年表』에 '鷄林類事曰 檀倍達 國那羅 君壬儉'이라 하여 단군을 '倍達那羅壬儉'이라 해(解)하였으나, 그러나『계림유사』는 이미 망실하고 오직 도종의의『설부』에 게재한 고려의 말 몇 마디뿐이 남아 있는데, 거기에 그런 말이 없으니 그 저자가 어디서 이를 인용하였는지 거연(遽然)히 이를 취신(取信)하기 어렵다."[229]

라는 의구심 역시 이러한 이해의 연장이다. 신채호는 '배달'이라는 말이 현전하는『계림유사』(『설부』에 실린)의 고려어 가운데 찾을 수 없음을 지적하고 있다. 따라서 발췌본이 아닌 온전한『계림유사』를 확인하기 전에는 믿기 어렵다는 신채호의 결론이다.

---

229 신채호, 「조선사연구초(전후삼한고)」,『단재신채호전집(中)』(개정판), 단재신채호선생기념사업회, 1986, 76쪽.

주목되는 것은 김교헌 역시 '배달'이라는 말이『계림유사』에 실려 있다고 기록한 듯하다. 다음의 기록을 보자.

"단(檀)은 '붉돌'의 훈(訓)으로 '비돌'의 한자의(漢子義)니 무원(茂園, 김교헌의 號-인용자 주) 저(著)『배달족강역형세도비고(倍達族彊域形勢圖備考)』에서 일으대 방언(方言)에 단(檀)을 일커러 '비돌'(倍達)이라 하였고 계림류사에도 단을 일커러 배달이라 하였다 이른다."[230]

즉 김교헌이『배달족강역형세도비고』라는 서책을 통해서, 이와 같이 배달의 의미 규정을『계림유사』를 인용하여 언급했음을 적고 있다. 그러나『배달족강역형세도비고』역시 현재 전하지 않는다. 다만 김헌(金獻, 김교헌의 대종교명)의 감수(監修)로 이원태가 출판한『배달족강역형세도』에는「배달조선통치도(倍達朝鮮統治圖)」라는 부분에서 "『계림유사』에 말하길 '檀'을 '倍達'이라 한다."는 기록이 나타나 있다.[231] 이 역시 김교헌의『배달족강역형세도비고』를 그대로 옮겨온 듯하다. 또한『배달족강역형세도비고』를 통해 배달족강역에 대한 구체적 언급을 했을 것으로 추측되지만, 현전하지 않아 아쉬움이 남는다.

흥미로운 것은 김교헌과 어윤적이 동일하게 '배달'의 어의를 말하매『계림유사』를 언급했다는 점이다. 또한 어윤적의『동사년표』는 김교헌이 교열했다. 은계(隱溪) 백순(白純)의 말처럼 김교헌은 우리나라 역사가의 종장(宗匠)이다.[232] 이러한 정황을 본다면, 어윤적의 '배달'과 관련한『계림유사』의

---

230 湖山生,「檀考」『개벽』신간 제2호, 개벽사, 1934, 78쪽.

231 李原台(金獻 監修),『倍達族彊域形勢圖』, 서울대출판부, 1972, 95쪽. 鷄林類事曰 檀倍達

232 『대한민국임시정부자료집』42권,「서한집」I, 〈白純이 李承晩에게 보낸 서한〉(1921년 12월 29일).

언급이, 김교헌의 영향이 아닐까 하는 추측을 가능케 한다. 더욱이 1911년 김교헌을 중심으로 대종교단에서 편찬한『단조사고(檀祖事攷)』[233]의 다음 내용은, 어윤적에 대한 김교헌의 영향을 확신케 해준다.

> "무진에 나라 사람들이 임금을 세우니 이가 단군이다. 성은 환
> (桓)씨이고 이름은 임검(壬儉)이고 나라는 배달나라이고 태백에
> 도읍을 세워 임검성이라고 일컬었다."[234]

라는 설명과 함께, 역시 "『계림유사』에 이르기를 '단은 배달이요 국은 나라요 군은 임검이다.'라고 하였다."라는 내용을 근거로 세웠다.[235] 또한 "우리말[方言]에도 단의 이름을 배달이라 일컫고 국의 뜻을 나라라 일컫고, 제(帝)란 글자, 왕(王)이란 글자, 군(君)이란 글자의 뜻을 임검이라 일컫는다." 라는 설을 붙여,[236] '배달나라'의 의미를 부연 설명하고 있다 그리고 '배달나라'에 대한 총체적 의견을 다음과 같이 제시했다.

> "생각하건대 아득한 옛날에는 글자가 없어 전함이 없고 다만 언
> 어로 전하였다. 후대에 역사를 편찬하는 자가 한자로 번역을 하
> 였는데, 번역문은 중국에서 비롯되었고 우리나라 역사도 그 글
> 에 인한 것이 많았다.…(중략)…옛날에 글자가 서로 비슷한 것은
> 많아 통용하였으니 인(因)과 국(國), 환(桓)과 단(檀)이 통용된

---

233 『檀祖事攷』의 출간 시기 및 편찬자에 대해서는 다음 글이 참고가 된다. 김동환, 「단조사고에 대하여」
   [김교헌·박은식·유근 엮음(김동환 해제), 『단조사고』, 흔뿌리, 2006.], 190~259쪽.

234 김교헌·박은식·유근 엮음(김동환 해제), 『단조사고』, 앞의 책, 34, 147쪽. 戊辰 國人 立以爲君 是爲檀君
   姓曰 桓氏 名曰壬儉 國曰 倍達那羅 立都太白 稱曰 壬儉城

235 같은 책, 34, 147쪽. 鷄林類事曰 檀倍達 國那羅 君壬儉

236 같은 책, 34, 147쪽. 方言 稱檀之名曰 倍達 稱國字之義曰 那羅 稱帝字 王字 君字之義曰 壬儉

것이 의심이 없다. 그러하니 환국은 곧 단국이다. 단국 두 글자
는 뜻으로 말하면 마땅히 배달나라라 말해야하고, 단군 두 글
자는 뜻으로 말하면 마땅히 배달임검이라 말해야 하니, 단군이
라고 일컫는 것은 단국의 임금이 분명하다.'[237]

　문제는 김교헌이 과연 '배달'이라는 어휘가 실린『계림유사』를 보았느
냐 라는 부분이다. 단군(배달)인식에 대한 역사적 경험에서, 김교헌의 문
헌비고찬집위원이라는 그의 이력이 주목된다. 당시 김교헌은 조완구·이중
하·이범세·김택영·윤희구·장지연 등과 함께 찬집으로 참여하였다.[238] 이
사업의 중요한 의의 가운데 하나가, 민족의 시조로 기록 혹은 전래되고 있
던 단군에 대한 인식을 새로이 한 점이라 할 수 있다. 그 문헌비고에는 단
군과 관련하여 소개된 내용만 해도 단군릉·단군묘·단군사·단군시(檀君詩)·
단군입국·단군자부루(檀君子夫婁)·단군자삼랑(檀君子三郞)·단군제천단·단
군제천처·단군제향·단군조국(檀君肇國)·단군조선국 등의 항목이 있다. 즉
단군의 능묘·사당·자손·제향·건국 등에 관련된 내용이 두루 등장한다. 후일
김교헌이 대종교에 참여한 후 정리·저술한『단조사고』와『신단실기』에 실린
단군 관련 자료와 이해가, 여기서부터 배태·축적되었음을 알 수 있는 부분
이다. 그럼에도 '배달'이라는 어휘가 실린『계림유사』는 발견되지 않는다. 신
채호의 의견대로 판단을 유보할 수밖에 없다.

237　같은 책, 36~37, 148쪽. 按 遼古書契 逸而無傳 只以言語 傳之 後來編史者 以漢字譯之 而譯文 始於漢
　　土 東史亦因其文者…(中略)…古者 字相似者 多通用 因與國 桓與檀 通用無疑 然則桓國 卽檀國也 檀國
　　二字 以義語之 當曰 倍達那羅 檀君二字 以義語之 當曰 倍達壬儉 檀君之稱 是檀國君也明矣
238　고전간행회編,『증보문헌비고』상, 동국문화사, 1957, 5-7쪽 참조.

배달의 유래

'배달'과 관련하여 주목되는 사서가 조선조 숙종 시기『규원사화(揆園史話)』다. 이 책은 불행하게도 그 저자의 이름이 전해지지 않고 다만 북애(北崖)라는 호(혹은 필명)만이 있을 뿐이다. 『규원사화』는 전래 신교(神敎)의 사상적 가치를 담아, 국가와 민족을 사랑하는 역사인식을 가장 잘 드러낸 사서다.[239] 『규원사화』에 보면 '배달'이라는 말을 유추할 수 있는 다음과 같은 구절이 실려 있다.

> "'임금'이라 함은 군장을 뜻하는 것으로서, 신라에서 이른바 '이
> 사금'이라고 말하는 것이 또한 이와 같은 종류이다. 지금으로
> 부터 거슬러 셈하면 대략 4천여 년이 되니 바로 당뇨(唐堯)와 같
> 은 때로서, 세속에서 말하듯이 '요와 아울러 함께 일어났다'라
> 고 말하는 것이 바로 그것이다. 그러한 까닭에 '단군'이라고 이
> 름하는데, '단군'이란 '박달임검(朴達壬儉)'의 번역이다. 대저 신시
> 씨가 이미 박달나무 아래로 내려왔고, 환검신인이 박달나무 아
> 래에서 임금의 자리에 올랐기에 단으로 나라이름을 삼게 된 것
> 이니, '단군'이라 함은 '박달나라의 임금[檀國之君]'을 말하는 것
> 이다. 우리말에 '단'을 '박달' 혹은 '백달'이라고 하며, '군'을 '임금'
> 이라고 한다. 당시에는 한자가 없었던 까닭에 단지 '백달임검'이
> 라고 하였던 것을, 뒤에 역사를 서술하던 자가 번역하여 '단군'
> 이라 하였고, 다시 후세에 전해지며 단지 '단군'이라는 글자만 기
> 록하게 되었기에 '단군'이 '백달임금'의 번역인 줄을 알지 못하게

239 한영우, 「17세기 반존화적 도가사학의 성장」,『한국의 역사인식』上, 지식산업사, 1976, 274~275쪽 참조.

되었으니, 이는 한자의 공과 죄가 반반이다. 지금에 만약 언문 (한글)과 함께 쓴다면 이러한 폐단은 반드시 없을 것이니, 곧 들 녘의 어리석은 백성도 쉽게 깨우쳐 문화의 계발이 더욱더 빨라 질 것이다. 이에 대해서는 장황하게 서술하지 않는다."[240]

즉 북애자는 한자의 뜻이 아닌 소리로 접근해야 함을 강조하면서 우리 말의 '단(檀)=박달(朴達)=백달(白達)'이 동일한 것임을 말하고 있다. 『규원사 화』에서는 배달의 동음어로써 '박달'과 '백달'을 암시한 것이다. 1930년대 호 산생(湖山生)이라는 필명의 인물이 언급한 다음 내용도 주목된다.

"'배달'을 푸러보면 '배'는 즉 (1)天祖之義 (2)呼祖之稱 (3)神明之 意, '딸'은 곧 (1)光明之義 (2)東明之意 (3)光輝之稱으로서, '배달'이 라 하면 곧 '천조(天祖)의 광휘(光輝)가 천하에 가득 빛나다'(天 祖之輝光於天下之義)의 의미이다. '붉 둘'의 '밝'의 '배달'의 '배'의 전 음(轉音)이니 본시는 '배'로 일컷다가 '배달'의 한자의역(漢子意譯) 에 빙(憑)하게 '밝달'이 된 것이니, 이에 대한 극히 적은 예를 들 면 '백(白)'자의 음이 본시 '백'이였으나 이를 '백천(白川)'·'백치(白 峙)'란 지명으로 부를 때는 흔히 '배천'·'배치'라 하나니 '배달나 무' 단자(檀字)를 '붉 둘'(朴達)이라 함도 이와 근리한 말임을 알겠

240 『揆園史話』「檀君記」. 壬儉者 君長之意也 新羅所謂尼師今者 亦此類也 以今追計 約算四千餘歲 正與唐 堯同時 世俗所謂與堯幷立者 是也 因稱檀君 檀君者 朴達壬儉之譯也 盖神市氏 已降於檀木之下 而桓儉 神人 復踐於檀樹下 故因以檀爲國名 則檀君者 檀國之君也 而東語謂檀曰朴達 或曰白達 謂君曰壬儉 當 時無漢字 故只稱白達壬儉 而後世之述史者 譯以檀君 復傳至後世 則只記檀君字 而不知檀君之爲白達 壬儉之譯 此漢字之功罪相半也 今若以諺書幷用 則必無是弊 而草野愚夫 亦可易曉 文化之啓發 更可速 矣 此未遑長述

다. 이리하야 '밝달'의 밝은 '배달'의 '배'에서 와전(訛轉)된 음이
니, 배달이 곧 단이요 '밝달'이 곧 '배달'이다.'[241]

즉 '배'를 '신령스런 조상', 'ㅼ'은 '밝음·빛남'으로 연관시키면서, 배달의
의미를 '천조의 광휘가 천하에 가득 빛남'으로 해석하고 있다. 이것은 우리
말 어형 관계에서 '붉=북=불=박=비=백'처럼 통용됨을 보면 이해가 된다. 민
세 안재홍도 우리민족을 뜻하는 '백(白)'을 '맥(貊)'과 마찬가지로 '밝'의 음역
(音譯)과 관련된 가차자(假借字)로 보아 고대 한민족(韓民族)이라고 해석하
고 있다.[242] 또한 '백아강(百牙岡)'을 '비어달'의 이두표기로 말하면서, '백악
(白岳)'의 가장 오래된 뜻도 '붉달'이라고 밝혔다. 또한 '붉달'은 '단(檀)'의 뜻과
넘나드는 것으로, '붉·불·비'가 넘나들 수 있음을 강조했다.[243] 최남선 역시 "
태백(太伯)의 백(伯)은 혹 백(白)으로도 쓰고 박(朴)으로도 쓰고, 기타 종종
의 자형(字形)과 변음(變音)이 있습니다. 그런데 이 명칭은 당시의 이에 대
한 관념을 가장 단적(端的)히 표현하였을 것이요, 또 이것이 당시 문화의 구
성상 중요한 내용을 지었을 것인 만큼, 조선의 문화 고고학상 매우 귀중한
일유물(一遺物)입니다."라는 말로,[244] '백'과 '박' 등이 동일한 의미를 소리화
한 것임을 주장했다.

배달이라는 용어가 정확하게 등장하는 시기는 근대 대종교의 성립과
관련된다. 대종교는 근대 새로이 출발하는 종교가 아니라, 전래 단군신앙
의 중광(重光, 거듭 일어남)을 표방하며 나타난 종교다. 우리 전래의 단군
신앙은 단군 혹은 그 이전부터, 오랜 세월 연면히 흘러온 가치다. 근대에 들

---

241 湖山生, 「檀考」, 앞의 책, 78쪽.

242 안재홍, 〈붉, 불, 비어 原則과 그의 순환공식〉, 「朝鮮上古史鑑」, 『민세안재홍전집』3, 지식산업사, 1991,
    277쪽.

243 같은 책, 278~280쪽 참조.

244 최남선, 「壇君神典의 古意」, 『六堂崔南善全集』2, 현암사, 1973, 193쪽.

어 단군신앙이 처음으로 나타난 것은 김염백(金廉白)이라는 인물의 신교(神教)라 할 수 있다. 김염백은 묘향산에 들어가 수도를 통해 종교적인 경험을 얻은 인물로, 단군천조를 모시고 제례를 올림으로써, 단군신앙의 선각으로 등장한다.[245] 김염백은 단군역사와 관련된 서책뿐만이 아니라, 교리와 관련된 성경팔리(聖經八理:誠·信·愛·濟·禍·福·報·應)를 이미 포교의 서책으로 사용하고 있었다는 점이다.[246] 일찍이 김염백이『성경팔리』를 경전으로 사용하고 있었음은 클락(C. A. Clark)에 의해서도 기록된 바가 있다.[247]

그러나 보다 조직적으로 근대 단군신앙 부흥의 중심축에 섰던 백봉신사(白峯神師)라는 인물이 주목된다. 물론 백봉이라는 인물이 대종교단의 종교적 권위를 높이기 위한 가공의 인물이라는 설도 있다. 그러나 대종교단이나 단군교단에 전하는 백봉에 대한 기록의 구체성이나, 대종교 중광 당시의 조직적이고 체계적인 교리 및 교단 구성을 볼 때, 백봉이라는 인물의 실존 가능성이 매우 크다.[248] 19세기 후반에 단군에 대한 인식이 민간기층에 나타나고 있음은『도원기서(道源記書)』나『무당성주기도도(巫堂城主祈禱圖)』등에서도 유추할 수 있다. 특히 앞서 언급한 김염백의 신교에서 단군신앙과 관련된 경전이 언급됨을 보더라도, 전래 신교 계승을 통한 백봉의 활동 가능성은 더더욱 높다.

오히려 이러한 백봉이라는 비의적(秘儀的) 인물을 통해, 대종교 중광의 배후에 존재했던 비의집단(秘儀集團)의 가능성, 특히 백봉을 중심으로 한

---

245 鄭鎭洪 編輯兼發行,『金先生廉白記』, 檀君教支部, 1924. 참조.

246 같은 책, 10쪽.

247 Charles. A. Clark, Religions of Old Korea, (Seoul; The Christian Literature Society of Korea, 1961), 140쪽.

248 정영훈,「《단군교포명서》와 그 사상적 의의」,『국학연구』제13집, 국학연구소, 2009, 74쪽. ; 佐佐充召,『한말·일제시대 檀君信仰運動의 전개-大倧教·檀君教의 활동을 중심으로-』, 서울대학교박사학위논문, 2003, 63~65쪽 참조.

백두산 수도집단에 대한 실재성이 더욱 설득력을 갖는다. 후일 대종교를 일으킨 홍암 나철이 백전(伯佺)이라는 백봉의 수제자로부터 비서(秘書)를 전해 받고 단군교에 입교하는 것이나, 두일백(杜一白)이라는 백봉의 제자로부터 단군신앙 중흥을 종용받는 기록 등도, 이러한 연관성을 뒷받침하는 것이다.[249]

백봉집단에 의한 단군신앙의 전래는 배달이라는 용어 출현에도 결정적인 계기를 마련해 준다. 즉 그들에 의해 전수된 서책인『단군교포명서』와『단군교오대종지서(檀君教五大宗旨書)』가 그것이다.『단군교포명서』는 1904년 백봉집단에 의해 발행되어 1909년 나철 등에 의해 선포된 것으로, 한국 정신사에 일대 전기를 마련해 준 문건이다. 특히『단군교포명서』에 실려 있는 단군신앙의 역사인식에 대한 구체적 언급은 우리 민족문화의 정체성을 확인하는데 중요한 계기가 되었다. 한편『단군교오대종지서』는 근대 단군신앙 부활의 상징적 인물인 백봉신사가 친열(親閱)한 것으로, 나철이 오대종지를 정식으로 발포한 시기보다 2개월 앞선 기록이다. 그리고 이 기록에는 오대종지 성립의 역사적 배경과 의미 그리고 변화에 대해서 자세히 밝히고 있다.[250]

먼저『단군교포명서』에 배달과 간련한 기록을 보면

"단군조 시대에 '배달국(倍達國)'이라 하는 말이 중국 글자에 뜻과 음이 변하여 '조선'이 되었다. 옛말에 조부(祖父)를 이르되 '배(倍)'라 하고 아비를 이르되 '비(比)'라 하며 광채 있는 물건을 이르되 '달(達)'이라 하므로, '조상의 찬란한 은택[祖父光輝]'을 입

---

249 김동환, 「한국종교사 속에서의 단군민족주의」,『선도문화』제15권, 국학연구원, 2013, 154쪽.

250 김동환, 「대종교와 홍익인간 사상–홍암 사상과 대종교의 오대종지를 중심으로」,『국학연구』제7집, 국학연구소, 2002, 301~305쪽 참조.

은 토지라 하여 나라 이름을 지은 것이다. '배달'은 곧 '조광(朝光)'두 글자를 이름이다. 중국의 역사 기록이 다른 나라의 국명을 기록함에 있어 '험한 글자[險字]'를 쓰는 것이 관례니, '조(祖)' 자를 사용하지 않았을 것이다. '조'를 음역하여 '조(朝)' 자가 되고 '광휘'를 의역하여 '선(鮮)'자가 되었으나, 지금까지 혁혁히 옛날 이름이 우리 입가에 붙어있는 말로 '배달목'이라 하는 나무는 대황조의 '빛나신 나무[光輝木]'요…."[251]

라고 적혀있다. 즉 단군조 때에 '배달'이라는 '나라'가 있었다는 것이다. 그리고 후일 조선이라는 말도 실은 배달에서 온 것이라는 주장이다. 주목되는 부분은 '배(倍)'가 조부(祖父)를 뜻하며 '달(達)'은 '광채 있는 물건(光輝之物)'을 지칭한다는 내용으로, 배달의 의미는 곧 '조광(祖光)'을 말한다는 것이다. 다만 조광(祖光)이 조광(朝光)으로 나타남은, 중국의 이국(異國)에 대한 멸시적 기록 관습이 그 원인임을 적시했다. 광(光)과 선(鮮)은 그 의미 새김으로는 '빛남'이라는 동일성으로 귀착된다. 따라서 배달이 곧 조광(祖光)이요 조선(朝鮮)이라는 연역이 가능해진다.

이 대목에서 호석(湖石) 강우(姜虞)라는 인물이 창간한 『한빛』 잡지를 돌아보게 된다. 강우는 국내 대종교가 쓰러져가던 1927년, 대종교의 도약을 위해 마지막 몸부림을 친 인물이다. 『한빛』도 그러한 배경에서 탄생한 발간된 잡지다. 1927년 중광절(重光節, 음력 1월 15일)을 기해 창간하려 했으나 일제에 의해 원고가 압수되어 발행하지 못했다. 이 아픔을 딛고 1928년 중광절에 창간하여 1928년 8월 통권 8호로 폐간된다. 물론 일제의 압박에 의한 것이다.

---

251 『檀君敎佈明書』, 開極立道四千二百三十七年古經閣發布(1904), 8쪽.

대종교남도본사에서 발행한『한빛』은, 편집 겸 발행인을 이윤재(李允宰)가 맡았다. 강우는 창간사를 대신하여「상고의 신인화강(神人化降)과 한빛의 의의」를 썼다. 강우는 이렇게 말한다.

"반만년 이전에 한배검의 교화를 친히 입은 혈통종족은, 특히 그를 기념으로 하여 '환(桓)'으로 국(國)을 일컬으니 곧 천(天)이요, '해(解)'로 씨(氏)를 삼으니 곧 태양이요, 배달(倍達)은 조광(祖光)이며 조선(朝鮮)은 조일고아선(朝日光鮮)이며, 고구려·신라·삼한이란 것도, 다 천일(天日)의 광명을 의미하는 명칭입니다."[252]

『한빛』의 의미가 그대로 드러나 있다. 즉 "배달은 조광이며 조선은 조일광선"이라는 부분이 그것이다. '한빛'은 '조광(祖光)'이나 '조선(朝鮮)'의 의미 새김으로, '배달'이라는 말과 동일한 것이다. 따라서 배달이라는 의미를 품고 나타난 잡지도『한빛』이다.

한편『단군교포명서』의 「부록(附錄)」에서는 '원본신가(原本神歌)'가 '해명신가(解明神歌)'와 함께 아래와 같이 전한다.

[원본신가]
어아어아(發聲辭) 나리흔비금가미고이(我等大祖神大恩德)
비달나라나리다모(倍達國我等皆) 골잘너나도가오소(百百千千年
勿忘)
어아어아 차마무가한라다시(善心大弓成) 거마무니설데다라(惡
心矢的成)

---

252 강우,「上古의 神人化降과 한빛의 의의」,『한빛』창간호, 한빛사, 1928, 3쪽.

나리골잘다모한라두리온차마무(我等百百千千人皆大弓弦同善
心)

구셜ᄒ니마무온다(直失一心同)

어아어아 나리골잘다모한라ᄒ니(我等百百千千人皆大弓一)

무리셜데마부리야(衆多失的貫破) 다미온마차마무나(沸湯同善心
中)

ᄒ니유모거마무다(一塊雪惡心)

어아어아 나리골잘다모한라고비온마무(我等百百千千人皆大弓
堅勁同心)

배돌나라달이ᄒ소(倍達國光榮) 골잘너나가마고이(百百天天年大
恩德)

나리한비금나리한비금(我等大祖神我等大祖神)[253]

[해명신가]

어아어아 우리 대황조 높은 은덕

배달국의 우리들이 백천만년 잇지마셰

어아어아 선심(善心)은 활이 되고 악심(惡心)은 관혁이라

우리 백천만인 활줄ᄀᆺ치 바른 선심

곳은 살ᄀᆺ치 일심(一心)이예

어아어아 우리 백천만인 한활쟝에

무수관혁(無數貫革) 천파(穿破)ᄒ니 열탕(熱湯)ᄀᆺ흔 선심중(善心
中)에

일점설(一点雪)이 악심(惡心)이라

---

253 『檀君敎佈明書』「原本神歌」, 14쪽.

어아어아 우리 백천만인 활갓치 굳센 ᄆᆞᆷ

배달국의 광채로다 백천만년 높은 은덕

우리대황조 우리대황조[254]

즉 '나쁜 마음(과녁)'을 "착한 마음(화살)'으로 순치하는 내용으로, 배달을 나라로 인식하여 노래함이 관심을 끈다. 또한 이 신가(神歌)의 유래에 대해서는 "어느 시대부터 시작되었는지 미상이지만, 고사기(古事記)에 말하기를 '동명왕이 제사 때가 아니더라도 이 노래를 늘 불렀고, 또 전쟁에 임할 때에 병사들이 이 노래로 군기(軍紀)를 북돋웠다.'"고 적고 있다.[255]

다음으로 배달과 관련하여 주목되는 책이 『단군교오대종지서』다. 이 서책은 근대 단군신앙부활의 상징적 인물인 백봉이라는 인물이 친열(親閱)한 것으로, 당시 대종교 관련 인물들에게 암암리에 퍼져 있었다.

또한 『단군교오대종지서』는 대종교에서 뿐만이 아니라 여타 다른 종교에서도 관심이 깊었다. 불교잡지에 천도교의 주요인물이 이 내용을 그대로 연재했음을 보아도 짐작이 된다. 즉 조선불교청년회 통도사지회에서 발간한 잡지에, 백두산인(白頭山人)이라는 필명으로 게재 한 것이 그 예다. 백두산인은 천도교의 야뢰(夜雷) 이돈화(李敦化)를 일컫는다. 이돈화는 연재를 목적으로 「단군역사」라는 제목으로 『단군교오대종지서』의 한 부분을 그대로 옮겨 적고 있다.[256]

한편 『단군교오대종지서』에 드러나는 사관은 기존의 여타 사서들과는 근본적으로 다르다. 단군조 지배자의 명칭에서 아돈(阿頓)·니고랑 혹은 니고라(尼古郎)·배달(倍達)·다라(多良)·서울(徐鬱)·미이타(美伊他) 등의 독특

---

254 『檀君敎佈明書』『原本神歌』, 14~15쪽.

255 『檀君敎佈明書』『原本神歌』, 14쪽.

256 白頭山人, 「檀君歷史」『潮音』『朝鮮佛敎靑年會通度寺支會(1921년 11월), 27~29쪽 참조.

한 이름이 등장한다. 또한 지배자의 호칭으로도 검신(儉神)을 사용하고 있다는 점과 흘나사한(訖那沙翰)·수사노(秀斯老)·애극국(愛克國) 등, 다른 사서에서 발견되지 않는 단군신앙 관련 인물들이 등장하고 있다.

『단군교오대종지서』에 나오는 배달에 대한 설명은 『단군교포명서』의 그것보다 좀 더 구체적이다. 다음의 기록을 보자.

> "배달검신(倍達儉神)께서 나라를 다스리실 때 수사노(秀斯老) 철인(哲人)의 교화로 삼천단부에게서 사랑하고 받드는 태초의 풍속을 다시 볼 수 있었다. 대황조께서 삼천단부의 영역을 합쳐서 이름하여 '배달'이라 하였다. 당시 검신은 또한 배달을 임금의 성호(聖號)로 칭하였다. 이때는 단군조선 중엽 대단히 번성한 시대였다. 그 후 수사노 철인의 학식과 품행이 우수한 제자가 삼천단부의 수장이 되었는데 반이 넘었다. 이리하여 본교의 융성과 번창은 오래갔다. 사람들이 마음을 느껴 깨닫는 바는 깊고 오래갔으며 배달 경계 내의 삼천단부는 생활이 즐겁고 화평하였으며 어질고 덕이 있어 오래 사는 지역이었다."[257]

단군조 지배자(儉神)의 성스러운 이름이 배달이라는 것이다. 또한 삼천단부의 영역을 배달이라 적고 있다. 그리고 삼천단부의 강역을 배달강역으로 인식했다.

또 다른 부분에서는 "북마가(北摩加) 언덕 지방에 수사노라는 밝은이가 있었다. 태어나서 어릴 때부터 총명과 지혜가 매우 출중하여 어른스러웠다. 삼천단부를 두루 다니며 세상이치의 변화를 깊이 연구하여 알아내고

---

257 『檀君敎五大宗旨書』

인심의 변화와 움직임을 상세히 살펴서 흘나사한(訖那沙翰) 철인의 기록하여 둔 바를 이어 기술하였다. 특히 문자로써 다섯 개의 종지(宗旨)를 상세히 밝혀 니고랑(尼古郞) 검신께 올렸다. 각 단부에게 깨우쳐 알게 하고 그것을 강론하였다. 그 다섯 개 종지는 첫째 하느님을 마음에 모시기[念祖神]. 둘째 성품을 닦아 밝히기[演明性]. 셋째 종족을 화합시키기[合同類]. 넷째 단부를 지키기[守團部]. 다섯째 부지런히 생활하기[勤衣食]다."라는 기록이 보인다.[258]

　　여기서 주목되는 것은 '단부 지키기[守團部]'다. 즉 배달강역(삼천단부)을 지키는 것이 당시 단군교도들의 종지였다는 것이다. 그리고 단군조 중엽에 전성기를 맞아서, 그 후 수사노 철인의 제자들이 삼천단부의 지도자가 된 자가 반이 넘었고 단군교의 오대종지가 오랜 기간 융성했다 한다. 그러나 다라검신(多良儉神) 재위 시에 양파로 분립이 된 후, 마침내 서울검신(徐鬱儉神) 때 와서는 서울(평양) 천도의 문제를 두고 단군조 초유의 분열과 대립을 맞게 된다. 이것을 대종교에서는 서울사변(徐鬱事變)이라 하고 이로 인해 삼천단부의 일체감은 점점 쇠약해지기 시작했다는 기록이다.[259]

배달의 의미

　　1909년 대종교가 성립된 이후, 대종교의 교사를 정리한 인물이 김교헌이다. 그가 1914년 저술한 『신단실기(神檀實記)』에서 단군이 세운 국가, 즉 고조선을 가리키는 용어로 배달의 의미를 정리한 것도 같은 선상으로 이해

---

258 『檀君敎五大宗旨書』. 北摩加堆地 有哲人秀斯老 又生自幼聰慧絶倫及長 遍遊三千團部 推究世道之遷移 察解人心之變動 及繼述訖那斡哲人之所記載 特以文字解明五個宗旨 進於尼古卽儉神 使之訓論於各團部而講論之 其五個宗旨 一曰 念祖神 二曰 演明性 三曰 合同類 四曰 守團部 五曰 勤衣食

259 『檀君敎五大宗旨書』. 檀君朝中葉 極盛之時代也 其後秀斯老哲人之高弟 爲三千團部之領帥者過半 是以本敎之隆昌長遠…徐鬱儉神御宇時 自敎門請于徐鬱儉神 遷都于徐鬱地方 號令三千團部…生開極以來 初有之大爭鬪…遂張各立之勢斥 絶關係嗚呼 此本敎我族之第一回大悲運也.

된다. 즉 "개천 125년 무진 10월 3일에 나라사람들이 神人을 추대하여 임금으로 삼으니 이가 바로 단군이다.(檀木 아래 내린 까닭에 단군이라 한다) 나라 이름을 단(檀)이라 했다.(배달이라 칭했다)"라는 기록이 그것이다.[260]

김교헌의 이러한 인식은 앞서 파악한 『단조사고』나 『배달족강역형세도비고』, 그리고 상해임시정부의 교과서로 편찬된 『배달족역사』(1922년)에서도 그대로 이어진다. 특히 『배달족역사』에서는 「신시시대(神市時代)」라는 장 속에 '단부(團部)의 정치(政治)'라는 절을 설정하여 삼천단부가 곧 우리민족의 '삶의 터전(群居)'임을 밝히고 있다.[261] 또한 「배달시대」라는 장에서는

"戊辰歲 十月에 人民이 神人을 추대하야 大君主를 삼고 國號를
建하야 曰 檀訪(倍達)이라 하며 都를 太白山下에 정하얏다가
二十二年을 歷하야 庚寅歲에 都를 平壤에 移하며 國號를 朝鮮으
로써 改하니라."[262]

라는 서술을 통해서도 조선 이전의 나라 이름이 박달나라[檀訪] 곧 배달이었음을 말하고 있다.

이렇듯 전래되는 『단군교포명서』나 『단군교오대종지서』 등의 내용을 토대로 보면 다음과 같이 정리할 수 있다.

첫째, 배달이라는 용어는 단군조로부터 연면히 이어져온 말이다.

둘째, 배달이라는 용어는 당 시대 임금의 명칭이며 나라 이름이다.

셋째, 배달이라는 용어는 삼천단부나 조선과 같은 의미로도 쓰였다.

---

260 金敎獻, 『神檀實記(檀君世紀-檀國)』, 大倧敎靑年會, 1923, 1쪽.

261 金獻 校閱, 『倍達族歷史』, 大韓民國臨時政府, 1922, 1쪽.

262 같은 책, 2쪽.

그러므로 배달은, 단군조로부터 연면히 이어온 말로, 단군조 지배자의 명칭이자 국호이며 삼천단부나 조선 등과 동일한 의미를 가진 용어라고 정리할 수 있다.

배달의 고토(故土)

배달이라는 명사는 일조일석에 생긴 것이 아니다. 예로부터 유구히 흘러온 것으로, 다만 소리로 전하여 온 것이 점차 문자로 가차된 것이다. 나아가 우리는 배달이라는 소리를 잃어버리지 않고 지금까지 간직해오고 있다.[263] 이러한 정황을 토대로 보면, 배달의식이란 상고로부터 우리 집단이 품어온 배달민족으로서의 문화적 자긍심으로 정리할 수 있을 듯하다. 또한 그러한 의식 형성의 배경에는, 시간적으로 전래 신교(神敎)라는 가치가 큰 줄기를 이룸과 동시에, 공간적으로 근대 격동기(특히 일제강점기)라는 소용돌이가 교차하고 있다.

일제의 야욕 가운데 가장 큰 하나가 일본 신도(神道)의 국교화(國敎化)였다. 20세기 초에 해외신사 건설로 본격화된 일본의 신사신도(神社神道)[264]는 천황제 이데올로기와 결합하여 국가신도를 지향하던 신사였다. 신사신도는 교파신도(敎派神道)나 민속신도(民俗神道)와는 구별되는 일본 신도의 한 흐름으로, 신사를 정신 결합의 중심으로 삼고, 천황제 지배를 뒷받침하던 이념적 신사였다. 그리고 일본이 지배하는 영토에는 일본의 신이 강림한다는 이른바 국체(國體) 교의에 입각하여 추진한 것이 해외신사 건설이었다. 그러므로 해외신사 건설이란 다름 아닌 종교침략과 일맥하는 정

---

263 성세영, 「배달의 유래와 그 의의(1)」, 『얼이 살아야 통일이 온다』, 중앙일보이코노미스트, 2000, 386쪽 참조.

264 國史大辭典編纂委員會 編, 『國史大辭典』7, 吉川弘文館, 1985, 41쪽.

책이었다.[265] 이것은 일제가 그들의 신도 보급에 있어 한국의 전래 신교(대종교)를 용납하지 못한 배경이 된다.[266] 우선 대종교를 일으킨 나철이, 일본의 신도가 우리 신교에 뿌리를 두었다는 다음의 인식을 주목해 볼 일이다.

> "대화(大和, 일본-인용자 주)의 옛 사기(史記)를 살펴보건대, 일본 민족의 근원과 신교(神敎)의 본원이 다 어디로부터 온 것이며, 신사(神社)의 삼보한궤(三寶韓几)와 궁내성(宮內省)의 오십한신(五十韓神)[267]이 다 어디에서 왔으며, 의관문물(衣冠文物)과 전장법도(典章法度), 그리고 공훈을 세운 위인들이 다 어느 곳으로부터 왔는가."[268]

즉 일본의 신도만이 아니라 일본문화의 모든 질서가 한국으로부터 건너갔음을 말하고 있다. 그것도 일본 정체성의 뿌리가 모두 한국으로부터 갔다는 내용이 담긴 서한을 일본총리에게 보낸 것이다. 이후 패망 때까지, 일제가 극렬하게 대종교를 없애려 한 근본적인 이유의 배경 역시 이러한 정황과 연결된다. 결코 일제는 그들의 신도와 한국 전래 신교(대종교)의 양립을 용납할 수 없었다. 신도를 국교로 했던 일제로서는, 신도를 조선 전래 신교의 아류로 규정한 대종교에 대한 용인이 성립되지 않았던 것이다. 한마디로 신교와 신도와의 전쟁이었다. 이것은 일본 신도의 '태생적 한계'(한국의 전래 신교에 그 뿌리를 둠)에서 오는 자격지심도 있으려니와, 조선의 영

---

265 村上重良, 『國家神道』, 岩波書店, 1974, 79-80쪽 참조.

266 김동환, 「대종교 성지, 청파호 연구-종교지리학적 관점을 중심으로-」, 『대종교보』통권 제294호.(2013년 겨울호), 대종교총본사, 57~64쪽 참조.

267 五十韓神이란, 이소다게루(五十猛)나 이데도(五十迹手) 그리고 일본 황실의 시조로써 백제계의 神인 가라가미(韓神)를 지칭하는 것이다.

268 종경종사편수회 편, 『대종교중광육십년사』, 대종교총본사, 1971, 247쪽.

구지배를 위해서도 단군으로 상징되는 조선의 정체성을 방관할 수 없었기 때문이다.

그러므로 일제는 1909년 대종교 중광 직후부터 일제통감부 경시청의 감시를 시작으로 해서,[269] 1942년 임오교변(壬午敎變: 대종교지도자 일제구속 사건)으로 인해 교세가 무너지기까지, 악랄한 탄압을 그치지 않았다. 이로 인해 종교 활동의 기본이 되는 종교 공간의 확보 역시 거의 불가능했다. 대종교의 포교와 관련하여 당시 신문 기록을 보면, 나철과 오기호가 중심이 되어 공개적인 포교 활동을 시도한 것이 1909년 7월로 나타나며,[270] 즉각 통감부경시청의 탐지와 조사를 받았던 것도, 이러한 정황을 대변해 준다.

더욱이 1915년 국내에서의 대종교포교금지령이 내려진 이후의 대종교 국내 활동은 거의 불가능한 상황이었다. 그 과정을 보면, 1915년 8월 16일 공포된 「포교규칙」은 신도를 불교, 기독교와 함께 식민지 조선에서 종교로 공인한다. 그러나 일제는 1915년 10월 1일 조선총독부령 제83호로 발포한 「포교규칙」에 의하여[271] 대종교는 그들이 정한 신도가 아니라는 이유로 신청서를 각하하였다.

일제의 대종교 불법화로 인해, 대종교는 국내의 모든 활동이 금지되었다. 대종교는 국내 종교로서는 유일하게 종교적 망명을 선택할 수밖에 없었다. 대종교가 택한 망명의 공간은 백두산을 중심으로 한 만주지역이었다. 대종교에 있어 백두산과 만주는 그 역사적 인식[272]을 넘어서 종교적 상징성

---

269 『황성신문』1909년 7월 25일자, 「단군교회조사」.

270 『대한매일신보』1909년 7월 23일자, 「잡보(열심설교)」.

271 朝鮮總督府, 『朝鮮總督府施政年報』, 大正 6年(1915), 372쪽.

272 대종교 선열들이 쓴 역사책을 보면, 그 내용이 반드시 통일되어 있는 것은 아니었지만, 다음과 같은 공통된 인식이 공유된다. 첫째, 인류문화의 발상지를 백두산 부근에 설정하여 우리나라가 세계문화의 중심지라는 것. 둘째, 扶餘族뿐 아니라 女眞·蒙古·거란 등, 소위 東夷族전체를 '倍達族'이라는 하나

이 다양하게 중첩된 공간이다. 대종교의 전신이라 할 신교의 발상지이면서 역사적 활동무대인 동시에, 대종교 중광(重光·거듭 일어남)의 계기를 만든 성지이다. 또한 중광의 헌장이라 할 「단군교포명서」는 물론, 포교의 근본이 되는 경전(經典) 역시 이곳을 근거로 유포되었다. 더욱이 대종교 성역의식(聖域意識)의 근간이었던 배달강역(삼천단부의 거점)도 이곳이었다.

이러한 인식의 배경에는, 동이구족(東夷九族)이 삼천단부의 기틀이며 삼한관경의 심지가 된다는 대종교적 가치관에서 기인한 것이다. 이러한 판국은 대종교의 『단군교오대종지서』에 실린 「배달신국삼천단부도(倍達神國三千團部圖)」에 잘 나타나 있다.[273] 또한 김교헌이 중심이 되어 편찬한 『단조사고』(1911)의 첫 부분에 실린 「삼천단부단군강역(三千團部檀君疆域)」에서나,[274] 김교헌의 가르침을 이은 이원태(李原台)의 저술 『배달족강역형세도』 중 「동이구종분구도(東夷九種分區圖)」를 통해, 아홉 겨레의 거점이 백두산 남북의 너른 지역으로 잡혀있음도 이와 관련된다.[275] 이렇듯 만주와 조선은 예로부터 밀접한 관련이 있던 지역으로, 멀리 단군시대로부터 고구려·발해시대에 이르기까지 조선의 국토로 인식되면서, 조선민족이 상당수 이주하여 살았을 것은 족히 짐작할 수 있다.[276]

의 큰 민족집단으로 간주하여 이를 우리의 조상으로 생각한다는 것이다. 이는 바꿔 말하면 서양의 汎게르만주의'나 '汎슬라브주의'와 비슷한 '汎東夷民族主義'라고 부를 수 있다. 셋째로, 우리 민족의 종족적 범위를 위와 같이 확대시킨 결과 자연히 우리 민족의 활동무대는 만주와 한반도는 물론이요, 중국 동북지방까지 포괄되며, 舜임금이나 遼·金·元·淸 등과 같은 부방족의 왕조도 우리 민족의 역사로 간주된다. 넷째로, 우리의 민족문화의 핵심이 되는 종교는 불교나 유교가 아니라, 檀君 이래로 내려오던 神敎(대종교에서는 이를 大倧敎라 부른다)이며, 이는 동이족 전체가 공유한 배달족 고유의 민족종교인 것이다.(한영우, 『한국민족주의 역사학』, 일조각, 1996, 10쪽.)

273 『檀君敎五大宗旨書』.

274 김교헌·박은식·유근(김동환 편역), 『단조사고』, 흔뿌리, 2006, 10쪽

275 이원태 編著(김교헌 監修), 「東夷九種分區圖」, 『倍達族疆域形勢圖』, 서울대출판부, 1972, 4쪽.

276 金道東, 「由來朝鮮人移住史」, 『滿蒙新興大觀』下編, 東明社, 1932, 1쪽.

그러므로 대종교에 있어 백두산과 만주는 '성스러움의 그 자체'였다. 종교적 시원이 이루어진 곳이요, 돌아가야 할 정신적 공간 역시 그곳이다. 신시 배달강역(삼천단부)의 교화 공간이 그곳이며 다물(多勿)의 의지를 담은 이상향도 그곳에 있다.[277] 신지 선인의 '수미균평위홍방보태평(首尾均平位興邦保太平)'의 거점도 이곳을 벗어나선 생각할 수 없고 홍익인간의 구현 또한 이 공간을 떠나서 구도할 수 없었다. 석농 유근이 품었던 그곳에 대한 그리움을 곱씹어 보자.

> "선생(先生, 유근-인용자 주)은 가끔 만주를 이야기하였다. 그 속에 무슨 뜻이 있었는지는 모르되 그의 말씀은 이러하였다. 사람이 널리 놀아야 뜻이 갑갑지 아니하며 사람이 커지는 것이다. 공부(工夫)도 그러하고 일도 그러하다. 더욱이 만주는 우리 조상이 뒤굴근 데로, 우리 대종(大倧)이 베푸신 데라. 이것을 모르는 세상의 어린이들은 이곳을 생각에 걸지도 아니하지마는, 소위 문자(文字)하는 뜻있는 사람으로 저 컴컴한 구덩이를 그냥 버려둘 수 가 있나 하였으니, 곰곰이 말을 캐어본다면 그 뜻의 범연(凡然)치 아니함을 여러 방면으로 짐작할 것이다."[278]

이러한 정서는 대종교 선열들 모두의 마음속에 담겨진 정서이기도 했다. 가령, 성재 이시영 의 역사인식에서 그려지고 있고,[279] 백암 박은식이 『몽배금태조』에서 엮은 꿈에서도 드러난다.[280] 또한 수당 맹주천의 마음속

---

277 우리 신교의 多勿主義에 대해서는, 졸고(김동환, 「仙道史書에 나타나는 고구려 多勿主義에 대한 연구」, 앞의 책, 313-345쪽.)를 참고할 수 있다.

278 권덕규, 「石儂先生과 歷史證言」,『隨筆集-乙支文德』, 정음사, 1946, 48-49쪽.

279 이시영,『感時漫語』, 일조각, 1983, 4-5쪽.

280 박은식, 「夢拜金太祖」,『박은식전서』中, 단국대동양학연구소, 1975, 187-312쪽 참조.

만이 아니라.[281] 한글학자 이윤재에게도 동일하게 나타난다.[282] 한마디로 대종교 선열들에게 있어 그곳은 '땅 위의 한울집[地上天宮]'이었다. 발해시대 임아상이 「삼일신고해설」에서 일깨운 다음의 가르침과 맞닿은 가치다.

> "한얼님의 나라와 한울집이 반드시 한울에만 있는 것이 아니라, 땅 위에도 있고 사람의 몸에도 있다. 한밝뫼(백두산)의 남북 마루가 곧 한얼님의 나라요, 거기에서도 사람의 몸으로 화하여 내려오신 곳이 곳 한울집이다."[283]

배달과 다물(多勿)

한편 종교집단에서 성지를 지킨다는 것은, 그것을 만드는 것만큼 힘든 것이다. 또한 다른 종교집단을 아우르는 과정에서, 궁극의 시도 역시 성지의 정복 혹은 파괴에 있다. 서양사의 많은 부분을 채우는 종교전쟁의 배경을 보면 쉽게 수긍이 간다. 대종교가 모든 것을 희생하며 보여준 일제강점기의 항일투쟁 역시 다르지 않다. 그것은 단순한 조국광복만이 아니라, 일제가 무너뜨리려했던 우리의 정체성(대종교)을 지키려했던 몸부림이었다. 따라서 대종교의 전통에서 배달강역(성스러운 공간)을 지키려는 의지는 남달랐다. 그것은 이신화인으로 이루어진 신역(神域)에서, 천자신손을 자부하며 살아온 배달민족의 긍시와도 통한다.

---

281 맹주천, 「간행사」, 『임오십현순교실록』, 대종교총본사, 1791, 1쪽.

282 이호, 「한배의 옛터」, 『한빛』창간호, 한빛사, 1928, 6-7쪽 참조.

283 任雅相, 「三一神誥解說」, 『譯解倧經四部合編』, 앞의 책, 20쪽. 天宮 非獨在於天上 地亦有之 太白山南北 宗爲神國 山上神降處爲天宮

대종교의 문헌으로, 대종교 성지수호의 의지를 잘 드러내 주는 문헌이『단군교오대종지서』다. 이 기록에는 오대종지 성립의 역사적 배경과 의미 그리고 변화에 대해서 자세히 밝히고 있다. 특히 여기서 주목되는 것은 나철이 발포한 오대종지 중의 '정구이복(靜求利福)'이 '안고기토(安固基土)'로 기록되어 있다는 점이다.(도표 참조)

시대 오대종지	단군시대	고구려시대	구한말 백봉신사	1909년12월1일 홍암 나철
종지1	念祖神	敬天祖	敬奉祖神	敬奉天神
종지2	演明性	感靈性	感通靈性	誠修靈性
종지3	合同類	愛族友	愛合族友	愛合種族
종지4	守團部	完基土	安固基土	靜求利福
종지5	勤衣食	興産業	勤務産業	勤務産業

〈표 6〉

이 표는『단군교오대종지서』에 나타나는 시대별 오대종지의 변화와, 대종교를 일으킨 나철이 1909년 음력 12월 1일 발포한 오대종지를 참고하여 필자가 도표로 정리한 것이다.

나철이 전래의 오대종지 중의 '안고기토'를 '정구이복'으로 바꾸어 공포한 이유는 분명하지 않다. 아마도 당시엔 남의 영토에 속해 있던 배달고토(倍達故土)에 대한 성지 회복의 주장이 미묘한 지정학적 마찰의 소지가 있었기 때문인 듯 생각된다. 그러나 나철이 1914년 5월 13일 만주 화룡현 청파호(백두산 북쪽 기슭)에 총본사를 설치한 것이나,[284] 유언을 통하여 묻히고자 했던 곳도 이 백두산 북록(만주 화룡현 청파호)임을 볼 때,[285] 나철이

---

284 『대종교중광육십년사』, 앞의 책, 166쪽.

285 같은 책, 217쪽.

'정구이복'으로 숨기고자 했던 '배달고토에 대한 열렬한 집착(안고기토)'을 확인할 수 있다.

이『단군교오대종지서』는, 신교의 흐름을 체계적으로 정리한 유일한 서책이라 할 수 있다. 특히『단군교오대종지서』에서는 단군시대 '수단부'의 종지를,

> "강역을 지켜라. 옛날 삼천단부의 강역은 대황조께서 하늘로부터 나누어 받아 몸소 개척하시어 자손에게 물려주었으나 자손들이 그 근거지를 지키지 않았다. 삼천단부가 하나 되어 존재할 때 동시에 다 같이 형제의 근거지이다. 본시 이 땅 저 땅이 없었기를 몇 천 년 오다가 한(漢)나라 도적들이 침입하여 각 단부가 찢어지는 피해를 당했다. 금일 단부를 하나로 모아서 옛 근거지를 회복하는 것은 단군조의 배달조의 영광이다.[286]

라고 설명함으로써, 삼천단부가 곧 신교의 성역이요 그것을 회복하는 것이 배달조의 영광임을 밝히고 있다. 배달의식 형성의 배경과 그것이 바로 전래 신교의 성역의식이며 우리의 정체성임을 알려주고 있다.

이러한 성역을 지키고자 하는 대종교단의 노력은 일관되게 이어져 왔다. 성역과 관련된 대종교단의 종지(宗旨)의 변화를,『단군교오대종지서』의 내용을 토대로, 시대에 따라 세 단계로 도표화하면 다음 표와 같다.

도표를 토대로 살펴보면 성역과 관련된 단군시대의 종지가 '수단부'에서 고구려 때 '완기토'를 거쳐 구한말에 와서 '안고기토'로 변하는 것을 알 수 있다. 또한 성역을 점점 상실해 가면서 그 곳에 대한 관념이 '지키는 것'에서

---

286 『檀君教五大宗旨書』. 孫之不扙基地而 三千團部合立時 同是兄弟之基地也 本無此彊彼域 幾千年來 漢土寇賊侵入 各團部屢被割裂 今日則使之運合團部 完古基土回復 檀君祖之倍達祖光也

시대변화 내용	단군시대	고구려시대	구한말
종지변화	守團部	完基土	安固基土
당대성역	삼천단부(삼위태백) 지역보존	삼천단부지역 많이 상실	완전히 상실
성역관념	守 (성역을 지킴)	多勿 (성역회복)	배달국이상향건설 (성역회복)
교세상황	융성	쇠퇴	침체(단절)

〈표 7〉

'회복의지'로 변해 가는 것도 확인된다. 더욱이 교세(敎勢)의 변화가 성역의 상실지역이 확대되면서 융성에서 쇠퇴 그리고 침체(단절)로 옮겨간다는 것은, 대종교단에서의 성역의식과 교세흥망이 밀접한 변수 관계임을 확인할 수 있는 근거다.[287]

그러므로 고구려가 다물정신[完基土]을 내세워 단군구강(檀君舊疆)을 회복하고자 했던 취지 또한 자연스레 드러나는 것으로, 즉 국운과 신교의 흥망이 이것과 밀접하기 때문이었다. 고구려가 오대종지(敬天祖·感靈性·愛族友·完基土·興産業)를 입국정신(立國精神)으로 삼아 체행실천(體行實踐)했다는 기록은,[288] 김부식이 『삼국사기』「고구려본기」에 기록한 "고구려 말로 다물(多勿)은 잃어버린 옛 땅을 되찾는 것을 말한다(麗語謂復古舊土爲多勿)"는 말과 견주어 볼 때, 결코 허구가 아님을 확인할 수 있는 것이다. 특히 주몽이 다물을 연호로 삼아 고구려를 건국했음을 보면, 다물은 고구려의 건국정신이 된다는 점에서도 그 의미가 통한다.

---

287 김동환, 「대종교와 홍익인간 사상-홍암 사상과 대종교의 오대종지를 중심으로」, 『국학연구』제7집, 국학연구소, 2002, 304쪽.

288 『檀君敎五大宗旨書』. 詳解五大宗旨使得適當時宜以此爲立國精神敎人民是以高句麗相之五大宗旨…(中略)…宗旨之體行實踐

한편 나철이 대종교를 중광할 당시 백봉신사의 단군교단으로부터 전수받은 「봉교과규(奉敎課規)」라는 글 속에서도, 단군구강(檀君舊疆) 즉 배달강역에 거처하는 사람들에 대해서는 모든 것을 동등하게 대하라는 내용이 있다.[289] 이것은 삼천단부를 배달족으로 보고 단군구역에 속하는 숙신이나 예맥, 선비나 읍루 그리고 후대의 말갈·거란(요)·여진(금)·청까지 동일민족으로 보는 대종교의 사관과 밀접한 것으로, 『단군교오대종지서』에서도 그대로 나타난다.[290]

그러므로 대종교는 일제강점기 항일운동의 과정에서도, 그 궁극적인 목표를 조국 독립이라는 주권회복의 명분을 넘어, 배달국이상향 건설이라는 종교적 완성으로 확대시키고 있다. 임오교변(壬午敎變, 1942년 대종교지도자 일제 구속사건) 당시, 일제의 기소문에도 대종교의 궁극적 목적이 분명히 적시되었다.

> "천신(天神)이 우주만물을 창조하고, 다시 지금(강덕 10년)으로부터 사천 사백년 전 태고에 천신이 인간으로 화하여 만선(滿鮮) 국경 백두산에 강하(降下)한 이래 백 이십 오년 간 만선에 널려있는 삼천단부의 부민(部民)을 교화시킨 후 배달국을 수립하고 그 나라 임금 단군이 될 새,…(중략)…대종교는 단군을 신앙하므로부터 조선민족정신을 배양하며 조선민족의 결합을 도모하고 조선독립의식을 앙양하며, 따라서 조선독립의 소지(素地)를 만들어 궁극에서 조선으로 하여금 일본제국통치권의 지

---

289 『대종교중광육십년사』, 앞의 책, 102쪽.
290 『檀君敎五大宗旨書』「大皇朝神孫源流之圖」.

배를 이탈시켜 독립국으로 하고, 또 그 독립형태를 이상국가인 배달국의 지상에 재건을 목적으로 한 단체이었으며……."[291]

이러한 목표 역시, 성역의식과 관련된 대종교의 종지변화를 고려한다면 우연이 아니다. 성지회복의 대종교적 소망과 무관치 않은 것이다. 삼천단부의 거점인 배달고토는 시간이 지나도 변하지 않는 대종교의 이상향으로, 당시(일제강점기)까지도 진행형이었음을 알 수 있다. 다만 이러한 의식은, 성역에 대한 물리적 회복의 의미보다는 정신적 의미에서의 성역의식회복이 무엇보다 중요하다는 의미일 듯하다.[292]

배달과 항일투쟁

한편 이러한 배달의식의 확산은, 당시 국권이 무너진 민족사회에서 정체성 응집의 중요한 요소였던 동시에, 빼앗긴 국권을 회복하고자 하는 독립운동의 정신적 동력과도 직결되었다. 특히 근대 배달이라는 용어를 전포하는데 중심에 있었던 대종교가, 문화·정치외교·종교·사상·무력투쟁 등의 방면에서 총체적 저항을 할 수 있었던 배경과도 연결된다. 즉 대종교의 등장

---

291 강성모, 「起訴譯文」, 『임오십현순교실록』, 대종교총본사, 1791, 36-37쪽.

292 이러한 갈등 표출이 대종교의 만주 진출 초기인 1913년에 이미 나타나고 있음도 주목된다. 남파 박찬익과 만주군벌 張作霖(張作霖의 부하)과의 논쟁이 그것이다. 당시 길림성 일대의 대종교 탄압이 본격화되고 있다는 백포종사의 전갈을 받고, 박찬익은 그 해결을 위해 장작상을 만났다. 장작상은 "너희는 지금 독립운동을 한답시고 우리 만주를 넘보고 있다. 그리고 대종교라는 것이, 나는 너희 나라 국조를 섬기는 교인 줄 알았더니, 백두산을 너희는 대종교들의 천산이라 부르며, 백두산 일대의 땅은 모두 너희들 땅이라고 생각한다면서! 그래 어느 땅이 감히 너희들 땅이냐!"라는 격앙된 인식을 보이고 있다. 이에 대해 박찬익은, 만주를 비롯한 백두산이 당연히 예로부터 조선의 땅임은 삼척동자도 아는 것이 아니냐며 단호히 반문하고 있다. 그러나 대종교가 그 옛 땅을 찾고자 하는 것이 결코 아니며, 일제에 강점당한 조국을 찾겠다는 일념밖에는 아무런 욕심이 없다는 것을 분명히 하면서, 이 모든 것이 일제의 이간질임을 밝히고 있다. 당시 장작상은 박찬익의 말에 공감하면서, 오히려 1만원짜리 어음을 선물로 주었다. 그리고 이 돈은 북로군정서의 뿌리가 된 중광단의 무기 구입에 사용된다.(남파박찬익전기간행위원회편, 『남파 박찬익 전기』, 을유문화사, 1989, 130-132쪽 참조.)

은 단군신앙의 부활이라는 종교적 명분과 함께 민족의 성지인 배달국토를 되찾아야 한다는 국권회복적 명분이 동시에 작용했던 것이며, 그러한 정신을 가장 극명하게 드러내는 근거가 『단군교포명서』나 『단군교오대종지서』였다. 이러한 단군의 열기는, 1921년에 이미 대종교의 신자가 30만 명에 달했다는 일본 학자의 기록에서도 확인된다.[293] 즉 조선 내에 3만 1천 명, 동간도(東間島)에 10만 3천 명, 서간도에 3만 5천 명, 그리고 북간도와 노령지역에 11만 7천여 명이 활동하고 있었다. 해방 후 애국동지원호회에서 펴낸 독립운동사에서 여러 종교 가운데, 대종교를 가장 먼저 언급한 것도 이러한 경험에서 연유한 듯하다.[294]

또한 대종교로부터 확산된 배달의식은 당대의 수많은 지식인들로부터 공감을 얻는 주요한 원인이 되었을 뿐만 아니라, 대종교가 종교적 차원을 넘어 민족사의 전반에 우국적 반향을 일으킨 요인이 되었다고도 할 수 있다. 대종교가 국어·국문·국사·국교의 방면에서 국학정립의 중심에 서게 것도, 이러한 배달의식과 접맥되었던 것이다.

가령 어문운동 배경으로서의 배달의식을 살펴보자. 한글의 근대화를 개척한 인물로 잘 알려진 주시경부터 배달의식과 뗄 수 없다. 1909년 대종교가 성립되면서 참여하는 주시경은 대종교적 사유를 통해 어문운동을 전개했다. 그는 대종교 성립 이전에 이미 단군에 관한 관심이 남달랐다. 1908년 11월에 간행된 『국어문전음학(國語文典音學)』의 앞부분을 보면, 한국의 국어가 단조(檀朝) 개국 후 사천여년 동안 사용해 오던 천연의 특성을 지닌 독립된 언어임을 강조한다. 또한 이렇게 전해져 온 우수한 언어가 제대로

---

293 吉川文太郎, 『朝鮮の宗教』, 朝鮮印刷株式會社(朝鮮☒京城), 大正十年(1921), 353쪽.

294 홍영도編, 『韓國獨立運動史』, 愛國同志援護會, 1956, 86쪽.

김승학의 역사관 169

연구되지 못하고 어전(語典) 한 권도 목한 것을 안타까워했다. 이것이 이 책의 저술 동기다.[295]

그리고 대종교에 참여한 이후부터는 대종교의 교리와 동일한 견해를 주장하게 된다.[296] 우선 1909년에 발표된『국어연구(國文研究)』「국문연원(國文淵源)과 자체발음(字體發音)의 연혁」에서는 조선민족이 장백산을 중심으로 사방 강역에 흩어져 있었으나, 단군이 임금과 스승의 자리에 올라 이 무리를 통할하고, 신성한 정교(政敎)를 행하여 그 업이 천여 년을 흘러왔기에, 그 언어 역시 고상하고 국문의 본원도 심원하다는 것이다.[297] 이러한 주장은 1910년 4월에 간행된『국어문법(國語文法)』에서도 그대로 연결되고 있다. 즉 현재 우리나라는 삼면을 바다에 둘러싸인 반도국이지만 태고의 시대에는 장백산을 중심으로 사방에 널리 퍼져 있는 광대한 영토를 갖고 있었다는 것이다.[298] 이어

"단성(檀聖)이 개국하신 이래로 신성한 정교(政敎)를 사천년재(四千年載)에 전하니, 차(此)는 천연특성의 아국어(我國語)라. 본조(本朝) 세종조(世宗朝)게서 수계(秀繼)의 대성(大聖)으로 국어(國語)에 상당한 문자가 무(無)함을 우려하사 국문(國文) 이십팔자를 친제(親制)하시매, 자간음비(字簡音備)하여 전환기용(轉換記用)에 불통(不通)함이 무(無)하니, 차(此)는 천연특성의 아국문(我國文)이라."[299]

295 주시경(김민수 편), 「國語文典音學」『주시경전서』1, 탑출판사, 1992, 366~367쪽 참조.
296 佐佐充昭, 『한말·일제시대 단군신앙운동의 전개-대종교·단군교의 활동을 중심으로-』, 서울대학교박사학위논문, 2003, 74쪽.
297 주시경(김민수 편), 「國語硏究」『주시경전서』2, 탑출판사, 1992, 486~488쪽 참조.
298 주시경(김민수 편), 「國語文法(序)」『주시경전서』3, 탑출판사, 1992, 123쪽.
299 같은 책, 123~124쪽.

는 논리를 통해, 국어가 이미 단군 때부터 존재하며 그것을 문자로 정리한 인물이 세종이라는 것이다. 나아가 1909년에 한글의 초등교육용 교재로 저술된 『국문초학』에서는 단군을 우리나라 국어의 찬미하는 경향이 더욱 두드러지게 나타나 있다.[300]

주목되는 것은 '배달말글'이라는 명칭이다. '정음·언문·반절·국문·한글'로 이어져온 명칭 가운데, 한글 바로 이전에 '배달말글'이라는 명칭이 있었다는 것이다. 주시경은 1907년부터 '하기국어강습소'를 운영하기 시작해서 1908년에는 '국어연구학회'를 창립했다. 1911년에는 '국어'란 말을 쓰지 못하게 되자 학회의 이름을 '배달말글 음'이라고 고친다. 이어 1913년에는 다시 '한글모'로 바꾸었으며, 1927년에 기관지인 『한글』을 펴내기 시작하면서 '한글'이 널리 쓰이게 되었다. '한'은 '하나' 또는 '큰'의 뜻이다. 한국의 글자에 대해 권위를 붙여준 이름으로, '정음'이란 이름과 그 정신이 서로 통한다.[301] 여기서 '한(桓)'이나 '배달'은 같은 의미로, 곧 광명(밝음)과 통하는 대종교적 가치와 통한다는 점이다. 주시경이 배재학당 졸업 당시에 받은 예수교 세례를 과감히 버리고, 대종교로 개종하면서 밝힌 다음의 정신과 연결되어 있다.

> "선생은 종교가 예수교였는데, 이 때 탑골승방에서 돌아오다가 전덕기 목사를 보고, '무력짐략과 종교적 정신침략은 어느 것이 더 무섭겠습니까?'하고 물을 때에 전목사는 '정신침략이 더 무섭지.'하매, 선생은 '그러면 선생이나 나는 벌써 정신침략을 당한

300 주시경(김민수 편), 「국문초학」, 『주시경전서』6, 탑출판사, 1992, 241~245쪽 참조.

301 이규영 편, 『한글모죽보기』(필사본), 1917년경, [이규영(김민수 편), 「한글모죽보기」, 『주시경전서』6, 앞의 책, 403~405쪽 참조.] ; 김석득, 『외솔 최현배 학문과 사상』, 연세대학교출판부, 2000, 27쪽 참조

사람이니, 그냥 있을 수 없지 않습니까?'하였다. 전목사는 '종교
의 진리만 받아들일 것이지 정책을 받지 않으면 될 것이오.'하였
지마는, 선생은 과거 사대사상이 종교침략의 결과임을 말하고,
종래의 國敎인 대종교(곧 단군교)로 개종하여, 동지를 모으려고
최린, 기타 여러 종교인들과 운동을 일으키었으므로, 종교인들
에게 비난과 욕을 사게 되었다."[302]

어문운동에 있어 배달의식의 고양은 최현배에 의해 한층 고조되었다.
최현배는 1910년이라는 이른 시기에 주시경이 가르치는 조선어(한글)강습
원에 다니기 시작한 인물이다. 당시 최현배는 일요일마다 한글강습원에 나
가는 것이 유일한 낙이었을 정도로 열중했다. 이 과정에서 최현배는 주시
경의 이론에 맞는 가르침에 더욱 흥미를 갖게 된 동시에, 한글연구의 큰 포
부를 가지시게 되었고, 이 말과 이 글로 교육하는 것이 우리 겨레의 장래
소망이라는 굳은 신념까지 세우게 된다.[303]

최현배의 한글운동의 배경 역시 이러한 상황에서 이해해야 할 부분이
다. 최현배의 한글운동의 배경 역시 대종교와 떨어질 수 없다. 최현배는
1911년 주시경·김두봉과 같은 민족주의자들의 감화를 받고 대종교에 입교
한다.[304] 다음의 기록에서도 확인된다.

"이 때(경성고보 2학년 때인 1911년-인용자주) 선생님은 학교에
열심히 다니시는 외에 다른 학생이 안 하는 두 가지 일을 하셨

---

302 김윤경, 「주시경전기」, 『한결金允經全集』7, 연세대학교출판부, 1985, 23쪽.

303 최근학, 「외솔 최현배 선생님의 전기」, 『나라사랑』제1집, 외솔회, 1971, 150-151쪽.

304 정태진선생기념사업회편, 〈조선어학회예심종결결정문〉, 「부록」, 『古語讀本』, 정태진선생기념사업회,
2004, 92쪽.

으니, 하나는 주시경 선생님의 한글강습원에 나가서서 우리말 공부에 열중하시는 일이요, 다른 하나는 나철(羅喆) 대종사를 따라 그가 주관하는 대종교에 다니며, 단군 한배의 가르침과 은덕을 받는 일이었습니다.'[305]

또한, 최현배의 나라사랑의 정신과 우리말과 글에 대한 애착, 그리고 우리 민족의 이상 실현을 위한 포부가 이 당시에 형성되었다고 밝히고 있다.[306] 더욱이 최현배는 대종교에 대한 믿음을 주위의 압력에도 불구하고 굳게 견지하려 했음을, 다음의 기록이 알려주고 있다.

"선생님(최현배-인용자주)이 이 학교(경성고보-인용자주) 3학년 때(1912년-인용자주)의 일입니다. 하루는 담임 선생인 다카하시 (高橋享)가 선생님을 불러 앞에 세우고, '대종교에 다니는 것은 부당하니, 그만두라.'고 하였습니다. 그러나 선생님은 그 뒤에도 몰래 계속하여 다니시며, 『신단실기(神檀實記)』·『삼일신고(三一 神誥)』등, 문헌을 손수 베껴서 읽으셨습니다.'[307]

이것은 최현배가 경성고보 3학년 때, 일본인 교사에 의해 대종교를 나가지 말라는 경고까지 받았음을 말해준다. 그럼에도 최현배는 대종교의 핵심 교사(教史)이자 민족사서인 『신단실기』와 핵심 교리인 『삼일신고(三一神 誥)』를 꾸준히 공부했음을 알 수 있다. 이것은 최현배의 사상적 배경에 대

---

305 최근학, 앞의 글, 151쪽.

306 같은 글, 151쪽.

307 같은 글, 151쪽.(최근학의 「외솔 최현배 선생님의 전기」에는 『三一神舉』으로 적혀 있으나, 이것은『三一 神誥』를 잘못 기록한 것이다.)

종교의 영향이 컸음을 그대로 보여주는 것이다. 두 서책이야말로 대종교 교리·교사의 중심을 이루고 있기 때문이다. 특히 김교헌의 『신단실기』는 배달이라는 용어의 기본적 의미가 담겨져 있는 책이다. 또한 '신인(神人) 단군의 실제 기록'이라는 뜻의 제목을 가진 책이며, 단군관계 사적과 신도(神道) 사상의 자취를 여러 문헌에서 뽑아 대종교의 역사적 연원을 밝힌 것이다. 나아가 이 책은 대종교 교단의 입장에서 그들의 원류를 대변해주는 매우 중요한 서적인 동시에, 신흥무관학교 등에서 역사교재로 채택되어 일제하 만주지역에서 벌어진 민족운동에 기여하기도 했다.[308]

그러므로 최현배는 한글 완성의 민족적·인류적 의미를 부여함에 있어서도, 대종교 믿음의 대상, 즉 우리 민족신앙의 하느님이 부여한 신명(神命)임과 함께 대종교의 교의(敎義)인 홍익인간의 정신임을 분명히 밝히고 있다.[309] 또한 최현배는 '단군을 조상으로 하는 배달겨레의 나라'를 뜻하는 '한배[310]나라'야말로 오직 하나인 내 나라임을 강조하면서 한배나라에 대한 지극한 사랑을 주장했다.[311] 아래에 그가 작사한 「나라사랑」과 「한글(날) 노래」1절 노랫말 속에서도 천민(天民)으로서의 배달의식이 잘 드러나 있다.

> 아세아 밝은 동쪽 살기 좋은/한배님 나라 세워 끼쳐주시니/배달의 겨레 살림 반석이 굳다
> 백두산 높은 영봉 반공에 솟고/고구려 군센 얼이 혈관에 뛰니/생기가 넘쳐 난다 삼천만 겨레

---

308 김동환, 「외솔 최현배의 항일독립운동」, 『제563돌 한글날기념 집현전학술대회논문집』, 외솔회, 2009, 73~74쪽 참조.

309 김동환, 「대종교 항일운동의 정신적 배경」, 앞의 글, 155쪽.

310 최남선은 한배라는 말을 (檀君)大皇祖의 순수한 우리말로 이해하고 있다.(최남선, 「開天節(癸巳)」, 『六堂崔南善全集』5, 현암사, 1973, 513쪽.)

311 김석득, 『외솔 최현배 학문과 사상』, 앞의 책, 400-401쪽 참조.

바치자 무한 사랑 한배 나라에/이루자 밝은 누리 겨레의 이상/
태백은 인간 복락근원이란다[312]

강산도 빼어났다 배달의 나라/긴 역사 오랜 전통 지녀온 겨레/
거룩한 세종대왕 한글 펴시니/ 새세상 밝혀주는 해가 돋았네/
한글은 우리 자랑 문화의 터전/이 글로 이 나라의 힘을 기르자
[313]

대종교에 대한 최현배의 위와 같은 정서적 이해를 살펴볼 때, 최현배의
한글사랑·나라사랑, 그리고 그것을 통해 보여준 일제에 대한 문화적 저항
의 배경에는 배달의식이라는 정신적 가치가 굳게 자리 잡고 있음이 확인된
다.

당시 상해임시정부로부터 연해주, 북만주, 그리고 남만주까지 이어지는
독립운동전선의 독립군들에게도 이러한 배달의식이 중요한 동력이 되었다.
우선 1920년 임시정부의 국무총리를 맡고 있던 이동휘의 개천절 축사를 보
자.

"대한민국 이년 음 십월 삼일 국무총리 이동휘는 삼가 형뎨자매
를 같이하야, 한배님 개턴하옵신 경사날을 질기웁나니, 저의의
못숨과 터와 힘을 비롯 열어주심을 깃버 기리오며, 또 거룩하
신 영광과 한량없으신 은덕을 길이 사모하오며, 이 날을 질기움
이 참됨을 깨닷나이다. 캄캄한 누리에서 모진 비 눈보라치는 가
운데, 한배님의 힘줄을 붓잡고 모든 앞에 겁이 끼고 가리온 것

---

312 같은 책, 459쪽.
313 최현배,『한글의 투쟁』, 정음사, 1958, 10쪽.

을 연약하나마 직히옵고, 가지엇던 보배를 목숨을 바꾸어서 인류가 없어질 때까지 배달의 환한 빛을 따뜻한 바람과 기름진 이슬 속에서 길이 노래하겟나이다.'[314]

이동휘가 임시정부를 대표하여 읊은 개천절 축사다. 역시 한배님[檀君 大皇祖]의 후손으로 개천절을 기리면서 '배달의 환한 빛'[315]을 노래하겠다는 다짐이다. 당시 개천절은 임기정부의 국경일이었다. 또한 배달의식이 임시정부의 중요한 정신적 동력임을 보여주고 있다. 임시정부의 이러한 배달의식은 40년대까지 그대로 지속된다. 1941년 임시정부의 포고문에는 "내(內)로는 후래자(後來者)에게 규범을 보이며 외(外)로는 불가침의 배달(倍達)의 기백(氣魄)을 충분히 발휘하야 써 조국 광복의 최후 목적을 달성하며 동아(東亞)의 영구화평 내지 세계인류의 공동복리를 건립할 숭고한 리상을 실현하기 위하야 우군(友軍)과 병견휴수(並肩携手)하고 공동분투하기를 절절히 바란다. 대한민국 23년 11월 일. 임시정부"라는 기록이 보인다.[316] 밖으로 '배달의 기백'의 기백을 발휘하여 조국광복을 달성하자는 외침이다. 당시 광복군사령부 총사령관 이청천의 아래 외침은 더더욱 뜨겁다.

"사랑하는 동지 동포들! 우리는 신성한 단군대황조의 위대한 자손으로써 반만년의 유구한 역사와 휘황찬란한 고급적 문화를 가지고 꽃다운 삼천리강산에서 아름다운 살님을 하여오든 가장 문명한 민족의 하나이다.…(중략)…강도 왜적(倭敵)은 우리 조종(祖宗)의 유업(遺業)인 삼천리강토를 빼앗고 삼천만 배달겨

---

314 리동휘, 「개턴절축사」, 『震壇週報』第七號, 震壇報社, 1920, 2쪽.

315 중국어 飜譯文에는 "歌咏倍達(檀君時國號祖光之義)靈光"으로 적혀 있다.

316 『대한민국임시정부자료집』6권, 「임시의정원」V, 〈布告文〉別紙 第三號, 1941.

레를 노예우마(奴隸牛馬)로 만드럿으며 우리의 고급적 문화, 찬
란한 역사, 신성불가침의 생존권을 여지없시 유린 박탈하엿다.…
(중략)…이곳은 만족(滿足)의 우슴 뿐 최후 승리의 희망이 있을
뿐이다. 네의 분을 풀려느냐. 총과 폭탄이 있다. 배우려느냐 고
급적 혁명이론과 정치 군사를 가르치는 학교가 있다. 한국광복
군은 제군들의 고급적 이상(理想)을 실현하는 용무(用武)의 곧
이다. 오라 주저없이 오라. 최후의 우슴을 같이 웃자!"[317]

역시 단군대황조의 자긍심을 앞세우면서 일제에 의해 노예가 되어버린
배달민족의 신성한 족성을 일깨우고 있다. 그리고 적(일본군) 구내에 있는
조선인 젊은이들이 광복군으로의 투항·입대하기를 고무했다.
　비교적 이른 시기 연해주에서 발간된 『권업신문』도 예외가 아니다.
1913년 이 신문에 실린 「단군대황조성탄」라는 다음의 시가 있다.

　　어아 한비금 크신 성령
　　천신으로 인종(人宗)
　　삼위태백(三危太白) 요혼국요
　　신시(神市)로 당장경(唐藏京)
　　부루부여(夫婁夫餘) 제제승승
　　혁거세와 동명성왕
　　동반도에 비달나무
　　가지가지 한비 영광
　　팽오(彭虞)의 뎡한산천

317　이청천, 「敵區內에 居住하는 同志同胞에게 告함」, 『光復』第1卷 第1期(한국어판), (『대한민국임시정부자료
　　집』14권, 「한국광복군V, 1941.)

고시(高矢)의 심은통상

을지(乙支)가 김을 시작

여히(汝諧)가 갈기나죵

한비자손 남다르게

ᄉ쳔년을 쳔지무궁

우리도

이편령디샹

한비의 은혜갑게

단부삼쳔(團部三千) 힘을 합동

혈구(穴口)의 제텬단(祭天壇)을

다시즁흥[318]

한배검(단군대황조)의 크신 성령을 예찬하며 시작하는 이 시는, 배달나무 가지마다 한배의 영광임을 읊고 있다. 마치 종교적 원도문(願禱文)을 보는 듯하다. 물론 배달의식을 고양하는 내용이다. 『권업신문』을 이끌던 이상설은 대종교의 주요 인물이었다. 대종교가 1914년 백두산을 중심으로 4대 권역을 설정할 때, 연해주 방면을 관할하는 북도본사(北道本司)의 책임까지 맡았던 이가 이상설이다. 한 때 『권업신문』의 주필을 맡았던 신채호역시 대종교의 멤버였음을 보면, 『권업신문』에 드러나는 배달의식 역시 특이할 것이 없다.

『독립신문』에 「독립일(獨立日)」이란 제목으로 실린 다음의 시가 주목된다.

---

318 『勸業新聞』1913년 11월 2일(俄曆一千九百十三年十月二十九日). 「단군대황조성탄」

노래하라 노래하라 성대(聲帶)가 터지도록/춤추어라 춤추어라

사지(四肢)가 다하도록/오늘에 자유가 왔나니/오늘에 정의의 해

빗나나니/배달의 자손들아/배달의 자손들아

울니여라 울니여라 천지가 진동도록/날니여라 날니여라 일월이

가리도록/오늘이 첫 깃뿐 날이니/오늘이 억만대 전할 날이니/배

달의 자손들아/배달의 자손들아

넉히여라 넉히여라 하늘의 주신 복토(福土)/퍼치여라 퍼치여라

조물(造物)의 택한 백성/영원히 생명 새음(움) 날이니/영원히 새

광영 비치울이니/배달의 자손들아/배달의 자손들아[319]

이 시를 발표한 해일(海日)은 시인 김여제(金輿濟)를 말한다. 평안북도 정주 출신으로 유암(流暗)이란 호를 썼다. 김여제는 독립의 그날을 현재화 하여 기뻐하고 있다. 각연의 말미를 통해 외쳐지는 그 기쁨의 공동체가 배 달자손이다. 또한 3연에 나오는 '넉히다(넉히여라)'라는 의미는 '너피다'의 뜻 이다. '너피다'의 뜻은 '넓히다'다.[320] 즉 하늘이 주신 복스러운 땅을 다시 넓 혀야 한다는 것이다. 단군조의 배달강역을 연상케 하며, 고구려의 다물정 신과도 맞닿고 있다.

기독교의 정체성을 가진 이승만이 「어천절찬송사」를 통해, '한배'의 끼 치신 은혜에 감복하고 그 뜻을 빛내고자 하는 다음 글에서도 배달민족의식 이 그대로 녹아나온다.

"…우리 황조는 거룩하시샤 크시며 지혜로오시며 힘지시샤 이

를 좃차 베푸시니 인류의 한배시며, 임검이시며, 스승이샷다. 허

---

319 海日, 「獨立日」, 『獨立新聞』 1919년 8월 26일.

320 劉昌惇, 『李朝語辭典』, 연세대학교출판부, 1964, 145쪽.

물며 그 피ㅅ줄을 이으며 그 가라침을 바다 온 우리 배달민족이
리오 오날을 맞나 깃겁고 고마운 즁에 두렵고 죄만흠을 더욱 늣
기도다. 나아 가라신 본 뜻이며 고로 어라신 깁흔 사랑을 엇디
니즐손가. 불초한 승만은 이를 본밧아 큰 짐을 메이고 연약하
나마 모으며 나아가 한배의 씨치심을 빗내고 질기과져 하나이
다.'[321]

물론 배달의식의 배경에는 대종교라는 종교적 정체성을 부정할 수 없
다. 그러나 종교적 신념을 넘어 하나 된 민족의식의 양상이 바로 배달이었
음을 알 수 있게 해준다. 이러한 예는 천도교의 이돈화에게서도 발견된다.
『단군역사』라는 제목으로 『단군교오대종지서』를 불교잡지에 연재하려 했던
이돈화 역시,[322] 남다른 배달의식 고양을 보여준 인물이다. 그는 "우리 민족
의 민족적 생명은 먼 녜적-배달의 조선(祖先)으로부터 그가 일전(一轉)하며
재전(再轉)하며 천전만전(千轉萬轉) 내지 무량수(無量數)의 윤전(輪轉)을 계
속하야 기응(氣凝)하고 혈(血)이 결(結)하야 일대 민족적 영천(靈泉)을 이뤄
노핫는지라."라는 외침으로,[323] 배달이 바로 우리 민족 생명의 원천임을 강
조한 인물이다. 이러한 의식은 그의 또 다른 글에서도, "이 인류의 '생(生)'의
역(力)은 우리 배달족의 생의 역으로 화(化)하야 그가 역사의 역이 되며 그
가 문화의 역이 되어왔다. 우리가 비록 개인으로써는 죽는다 할지라도 인
류로써는 죽지 아니하며 민족으로써 죽지 아니할 것이다."라는 내용에서도
확인되고 있다.[324] 나아가 이돈화는

---

321 이승만, 「御天節讚頌詞」, 『독립신문』1922년 4월 30일(陰).

322 註35) 참조.

323 李敦化, 「空論의 人으로 超越하야 理想의 人, 主義의 人이 되라」, 『개벽』제23호, 개벽사, 1922. 5, 15쪽.

324 李敦化, 「眞理의 體驗」, 『개벽』제27호, 개벽사, 1922. 9, 40쪽.

"우리는 정의 인도로 순결한 배달의 구족(舊族)이니, 이것이 족
히 써 장래 세계에 승리를 엇을 점이오, 미래의 이상에 선취특
권(先取特權)을 가질만한 소질이 잇다 할지라.'[325]

라는 신념으로, 미래의 가능성 역시 배달의식에서 찾고자 했다.

배달의식의 확산은 이념을 넘어서도 통했다. 그 대표적 사례가 1920년
대 동북만주지역의 항일전선 총동원을 격려하는 노래다. 이 노래는 1930
년대 사회주의진영에서도 「통일전선가」라는 제목을 붙여 부르기도 했다.[326]
「항일전선가(통일전선가)」라는 제목의 이 노래 1절에는 "착취받고 억압받는
배달민족아/항일의 전선에 달려 나오라/다달았네 다달았네 우리나라의/독
립의 활동시대 다달았네"라는 외침으로,[327] 배달민족의식을 고무하고 있음
이 확인된다. 말 그대로 좌우익을 넘어선 배달의 외침이었다.

배달의식은 북만주 무장독립군들에게도 투철했다. 청산리전투의 주
역이었던 북로군정서 독립군들의 노래 '독립군의 거름'이라는 노랫말을 보자.

이곳은 우리나라 아니건만은/무엇을 바라고 여기 왔는가/배달
의 거름될 우리 독립군/설 땅은 없지만 희망은 있네
두만강 건너편을 살펴보니/금수강산은 빛을 잃었고/신성한 단
군자손 우리 동포는/왜놈의 철망에 걸려 있구나

325 李敦化, 「人類相對主義와 朝鮮人」, 『개벽』제25호, 개벽사, 1922. 7, 6쪽.

326 이중연, 『신대한국 독립군의 백만용사야-일제강점기 겨레의 노래사』, 혜안, 1998, 173~174쪽 참조.

327 독립군가보존회, 「항일전선가」, 『독립군가곡집-광복의 메아리』, 1982, 60쪽.

조국을 건지려고 숨진 영혼들/하늘에서 우리들을 지켜보리니/
한사코 원수무리 소멸시키고/한반도 강산을 회복하리라[328]

북로군정서는 북동만주를 대표하는 대종교계열의 독립운동단체다. 그
들의 노래 속에 '배달의 거름', '신성한 단군자손'이라는 구절이 눈에 들어온
다. 독립의 의기를 그것에서 찾은 것이다. 청산리전투 당시 연성대장이었던
이범석이 작사한 「기전사가(祈戰死歌)」 앞부분에도 "하늘은 미워한다 배달
족의/자유를 억탈하는 왜적들을/삼천리 강산에 열혈히 끓어/분연히 일어
나는 우리 독립군"이라는 구절이 있다.[329] 질곡에 저항하는 분노의 저변에
도 배달민족의식이 깔려있음을 본다.

남만주의 독립군들 마찬가지다. 서로군정서의 모체가 되었던 「신흥무
관학교교가」의 '후렴'에도 "우리 우리 배달나라의/우리 우리 청년들이라/그
네 가슴 끓는 피가 우리 핏줄에/좔좔좔 걸치며 돈다"라는 구절이 발견된
다.[330] 배달나라[倍達國] 청년들의 의기를 북돋는 내용이다. 물론 여기서의
배달이란 말도 단군이 건국한 나라를 말하는 것이다.[331] 이러한 배달국의
식은 다음의 「신흥학우가」 가사 1절에서도 그대로 이어지고 있다.

조상의 세우신 넷나라 어듸메뇨/충용(忠勇)한 무리아 그 은혜
끗까지 이즈랴/사천 춘광(春光) 빗나오든 배달 내나라/자유의
낙원을 지을 자 우리가 안인가[332]

---

328 이중연, 앞의 책, 165쪽.

329 이범석, 「祈戰死歌」, 『우등불』, 사상사, 1971, 469쪽.

330 원병상, 「신흥무관학교」, 『독립운동사자료집』 제10집, 독립운동사편찬위원회, 1975, 20~22쪽.

331 정영훈, 『단군민족주의와 그 정치사상적 성격에 관한 연구』, 단국대박사학위논문, 1993, 48쪽.

332 서중석, 『신흥무관학교와 망명자들』, 역사비평사, 2001, 134~135쪽.

이 노래의 주체인 신흥학우단은 신흥무관학교 졸업생들이 1913년에 조직한 독립운동단체이자 학교 동창회 조직이다. 처음 명칭을 '다물단'(多勿團)이라 했다가 '학우단'으로 고친 것을 보아도,[333] 배달나라에 대한 강역의식 또한 그들에게도 강했음을 알 수 있다.

1924년 만주에서 조직된 대표적 항일무장 독립운동단체가 정의부다. 이 정의부에서 혁명 간부 인재를 기르기 위해 설립한 학교가 남만학원이다. 이 「남만학원가(승리의 노래)」 3절에도 "반만년 역사의 배달민족아/삼천리 내 강토 다시 찾으려/끓는 피 흘리며 돌격할 때에/최후의 목표는 승리일 뿐"이라는 외침으로,[334] 배달민족의식을 고양함이 드러나고 있다. 나아가 광복군들의 노래에서도

장하도다 한배님 아들딸들은 배달거레며/백두산 동해물과 한반도는 우리집일세[335]

라는 외침이 있다. 김의한이 작사한 「앞으로 행진곡」의 서두 부분이다. '한배님'·'배달'이란 용어에서 대종교적 색채가 농후하게 나타난다. 김의한은 당시 광복군총사령부 정훈처 선전과장으로 복무했던 인물이다.[336]

1923년 9월에는 대종교 북로군정서 계열의 인물들을 중심으로 배달이라는 제목을 붙인 잡지도 나왔다. 『배달공론(倍達公論)』이라는 책이 그것이다. 김인해(金仁會)·이정(李楨) 등이 그 주축이다. 특히 이정은 북로군정

333 원병상, 「신흥무관학교」, 『독립운동사자료집』제10집, 독립운동사편찬위원회, 1975, 238~239쪽 참조.
334 독립군시가집편찬위원회, 「승리의 노래(남만학원가)」, 『배달의 맥박』(증보판), 송산출판사, 1986, 343쪽.
335 독립군가보존회, 앞의 책, 100쪽.
336 이중연, 앞의 책, 220쪽.

서 서일 총재의 비서장을 지낸 인물이며, 1942년 대종교의 임오교변(壬午教變, 대종교지도자 일제 구속 사건) 당시 '순국한 10인'(壬午十賢) 중의 한 사람이다. 이 잡지가 지향하고자 한 것도 배달의식의 고양을 통한 조국의 독립이다. 창간호에서 국지광(國之光)이라는 가명으로 외쳐댄 다음의 글에도 나타난다.

> "민중은 심상치 안은 대우(待偶)로써 마즐지여다. 그 우에 그의
> 주장하난 바가 대한독립이요. 그의 표방하난 바가 대한독립인
> 이상 그 이름이 배달공론이라. 배달족으로 엇지 써 등한시하리
> 요? 바라건댄 형제들이여! 태극기를 높히 들고 '대한독립만세'
> 소리와 갓치 열광백열적(熱狂白熱的)으로 마즈라."[337]

『배달공론』 4호에는 「대서국(大徐國)의 옛터」라는 다음 시도 실렸다.

산동붓터 광동까지
기름지고 넓은 들에
장강대하(長江大河) 면직(綿織)하고
광호심택(廣湖深澤) 수밀(繡密)한데
대서국(大徐國)의 건아(健兒)들이
밧을 감고 고기 잡다
주목왕(周穆王)을 정벌(征伐)하고
삼십육국(三十六國) 조공밧어
우리 환족(桓族) 굿센 힘을

---

337 國之光, 「倍達公論出世乎」,『倍達公論』創刊號, 倍達公論社, 大韓民國五年九月一日.

영예롭게 뽐내이던
　그 터 밟는 내 마음이
　그 얼마나 늣길 손야[338]

　이 시는 '한비'라는 필명으로 실려 있다. '한비'는 일우(一雨)라는 한자어의 순우리말이다. 또한 일우는 정신(鄭信, 혹은 鄭潤이라고도 함)이라는 인물의 아호로, '한비'는 곧 정신을 말한다. 정신은 북로군정서 인사국장 등을 역임한 인물로, 임시정부 활동과 만주무장항일운동의 거물이었다. 그 역시 대종교의 핵심 인물로 『사지통속고(史誌通俗攷)』라는 저술도 남겼다. 특히 『배달족역사강역도(倍達族歷史疆域圖)』라는 책도 남긴 듯하나 전하지 않는다. 위의 시를 발표할 당시(1923년 무렵) 정신은 상해에 거주하고 있었다. 정신은 그곳(상해)를 대서국의 고토로 회억하면서 배달의식을 드러내고 있다. 환족(桓族)은 구이족(九夷族)으로 배달족과 같은 말이다. 즉 '배달족의 굳센 힘을 영예롭게 뽐내던' 그곳에서, 정신은 만감이 교차함을 느낀 것이다.

　배달의식은 조국 광복을 외치는 한국광복군의 정신적 지향이기도 했다. 1940년 9월 17일 중국 중경(重慶)에서 거행된 한국광복군 총사령부 성립전례식에서도 배달의식의 외침은 그치지 않았다. 이날 광복군총사령부 성립전례식장 정문에는 한국의 태극기와 중국의 청천백일기(靑天白日旗)가 게양되어 있었다. 그리고 그 식장 좌우 양쪽에 "초나라가 비록 세 집만 있어도 진나라를 망하게 할 수 있으며⋯배달민족은 끝내 고국 땅으로 돌아갈

338　한비, 「大徐國의 옛터」, 『倍達公論』第四號(三一節記念號), 倍達公論社, 大韓民國六(紀元 四二五七)年四月十日.

수 있다.(楚雖三戶可亡秦…終見檀民還故土)"는 표어를 걸어, 배달의식이 곧 독립정신임을 확인시키고 있다.[339]

해방 이후에도 배달의식의 고양은 단군민족주의의 확산과 더불어 역사·어문·철학 방면을 중심으로 식지 않았다. 8·15 해방 며칠 후에 출간된 『배달조선정사』의 「정사역대도(正史歷代圖)」에서는 '倍達=檀國=朝鮮'이라는 인식을 통해, 배달이 곧 '우리 고유의 나라 이름'임을 적시했다.[340] 1948년에는 성재 이시영이 검열(檢閱)한 『조선민족사』도 출간되었다. 이 책이 조선역사연구회편으로 나왔지마는, 이시영이 검열한 것임이 주목된다. 검열이란 책의 내용을 미리 살피고 교열했음을 말한다. 이 책의 1장 「원시시대」에서는 '구족(九族)'과 '한배'에 대한 서술을 하고, 2장에는 「배달시대」를 설정하여 배달의 의미와 역사를 서술하고 있다.[341] 이시영이 1933년에 지은 『감시만어(感時漫語)』에 나타나는 역사인식과 흡사하다는 점에서 주목된다. 이러한 역사인식은 우리 민족의 올바른 국사 찾기의 열기로 연결되었다.

어문 방면의 대표적 인물인 최현배도, 일제강점기에 보여준 배달의식을 해방 이후까지 그대로 연결시키려 노력했다. 그의 저술 『한글의 투쟁』(1954)』과 『나라사랑의 길(1958)』에서 보여준 정신이 그것이다. 그는 우리 배달겨레의 옛 이상이 단군의 홍익인간임을 강조하면서,[342] "한배나라(조국)는 나의 정신과 육체를 바치는 검[神]인 동시에, 또 그것은 나의 정신과 육체의 延長[늘임]인 것이 되었다. 한배나라(조국)은 다만 한배[조상]의 나라가 아니라, '우리의 나라, 더 적절하게 '내 나라'가 되었다."라는 외침을 통해

---

339 김광재, 『한국광복군』(한국독립운동의 역사52), 한국독립운동사편찬위원회, 2007, 58쪽.

340 신태윤, 『倍達朝鮮正史』, 順天鮮華堂, 1945, 1쪽.

341 朝鮮歷史研究會編(李始榮 檢閱), 『朝鮮民族史』, 三義社, 1948, 1~3쪽 참조.

342 최현배, 『나라사랑의 길』, 정음사, 1958, 184~185쪽 참조.

서,[343] 나라의 정신적 요소를 강조하고 있다. 특히 대종교적 순우리말(한배, 검) 사용이 주목을 끈다.

철학 분야에서는 단연 한뫼 안호상이 돋보인다. 그는 『배달의 종교와 철학과 역사』, 『배달·동이겨레의 한 옛 역사』, 『배달·동이는 동이겨레와 동아문화의 발상지』라는 저술들을 통해, 배달의 종교와 철학에 대한 한국적 사유를 체계화했을 뿐만 아니라, 올바른 민족사를 재구하는데 큰 동력을 제공했다.

이렇듯 배달이라는 용어는 해방 후로부터 지금까지도 정치·사회·문화·군사 등등의 제방면에 우리 민족의 정체성을 규정하는 관형적 합성어로 보편화 되어있다. 배달·배달민족(겨레)·배달정신·배달혼·배달문화·배달사상·배달철학·배달역사·배달의 기수(旗手) 등등이 모두 그러한 예다. 이러한 합성어들은 우리 민족의식의 저변에 배달의식이라는 무의식적 정서로 지금도 남아있는 것이다.

3. 『배달족이상국건설방략』의 역사인식

역년(歷年)과 판도

'배달국이상향'을 꿈꾸며 국내·상해·만주를 넘나들던 인물이 김승학이다. 그는 만주 독립운동단체를 통합한 대한독립단의 중심인물로, 상해임시정부에서 활동했으며, 상해독립신문사 사장도 역임했다. 해방 후에는 한국독립당을 중심으로 활동하면서, 1958년 『망명객행정록』이란 회고록을 남

---

343 같은 책, 77쪽.

겼다. 그 회고록 마지막에는 아래와 같은 애국가가 실려 있다. 독립운동 시절 서로서로 목 놓아 불렀을 그의 애국가의 후렴구가 남다르다.

   (후렴)무궁화 화려한 금수강산/배달민족 배달나라 기리 사랑하세[344]

   김승학의 배달이라는 사상의 일면을 드러내고 있다. 후렴구에 나와 있듯, 배달족과 배달국의 무궁한 사랑에 대한 염원이 묻어난다. 김승학의 이러한 배달사상이 잘 드러나는 글이 그의 『배달족이상국건설방략(倍達族理想國建設方略)』이다. 이 자료는 김승학의 친필 유고로, 감옥에 갇힌(1927년 11월~1935년 4월) 영어(囹圄)의 몸으로 이 글을 구상한 것이다.
   김승학은 『배달족이상국건설방략』의 모두(冒頭)에서 국가의 성립 단계를 다음과 같이 이해했다.

   "우주가 개벽한 후 인종이 화생(化生)하면 자연 씨족이 있고 씨족이 생긴 후에는 동류를 따라 무리가 생겼다가 점점 부락이 결합되고, 또다시 사회와 국가가 단결되어 씨족과 민족이 분립되었다가, 다수 부락과 다수 민족이 통합하여 일국민이 되는 것은 누구나 다 아는 바다."

   '씨족→무리→부족→국가'로 발전해 가는 김승학의 이러한 이해는 엘만 서비스(E. Service)가 1963년 『Primitive Social Organization(원시사회조직)』에서 사회발전단계를 'Band(무리)→Tribe(부족)→Chiefdom(酋

---

344 김승학, 「망명객행적록(부록)」,『독립운동사연구』제12집, 한국독립운동사연구소, 1998, 444쪽.

邦)→State(국가)'로 나눈 것이나,[345] 1976년 모튼 프리드(Morton Fried)가 『The Evolution of Political Society(정치사회의 진화)』에서 제시한 'Egalitarian Society(평등사회)→Ranked Society(위계사회)→Stratified Society(계층사회)→State(국가)'로의 4단계 발전설[346]을 전개한 것과 아주 유사하다는 점에서 주목된다.

또한 『배달족이상국건설방략』에 등장하는 배달은 근대 우리의 정체성 확인을 확인시킨 소중한 단어다. 그것은 어느 날 갑자기 생긴 말이 아니다. 예로부터 유구히 흘러온 것으로, 일련의 의식을 형성하면 상고로부터 우리 집단이 품어온 문화적 자부심이었다. 다만 소리로 전하여 온 것이 점차 문자로 가차된 것이다. 또한 배달은, 단군신앙의 가치와 근대 암흑기가 부딪히는 시기(일제강점기)에, 민족의식 혹은 독립의식과 그대로 직결되었다. 특히 그러한 의식 형성의 배경에 전래 그리고 이러한 의식 확산이 조국광복의 중요한 동력이 되었음은 물론, 민족 단합과 국가정체성 확립의 요소로 크게 작용해 왔다.

특히 배달족 이상국 건설의 꿈은, 일제하 대종교지도자들의 암묵적 이상으로, 고구려가 대륙을 흠모했던 다물정신과도 통하는 가치였다. 대종교단에 전래되는 여러 문건들을 통해서 살피면, 배달이라는 용어의 유래가 단군조로부터 기인하여 연면히 이어져 왔다는 것이다. 이러한 의식은 대종교에 전래되어 오는 역대 종지(宗旨) 속에서도 잘 드러난다.(아래 도표 참조)

도표를 보면 대종교의 성역과 관련된 단군시대의 종지가 '수단부'에서 고구려 때 '완기토'를 거쳐 구한말에 와서 '안고기토'로 변하는 것을 알 수 있다. 또한 성역을 점점 상실해 가면서 그 곳에 대한 관념이 '지키는 것'에

---

345 Elman R. Service, Primitve Social Organization, Random House, 1962, pp.173-174.
346 국립문화재연구소 편, 『한국고고학사전』, 학연문화사, 2003, 576쪽.

시대변화 내용	단군시대	고구려시대	구한말 (중광당시)
종지변화	守圈部	完基土	安固基土
당대성역	삼천단부(삼위태백) 지역보존	삼천단부지역 많이 상실	완전히 상실
성역관념	守 (성역을 지킴)	多勿 (성역회복)	배달국이상향건설 (성역회복)
교세상황	융성	쇠퇴	침체(단절)

〈표 7〉

서 '회복의지'로 변해 가는 것도 확인된다. 더욱이 교세(敎勢)의 변화가 성역
의 상실지역이 확대되면서 융성에서 쇠퇴 그리고 침체(단절)로 옮겨간다는
것은, 대종교단에서의 성역의식과 교세흥망이 밀접한 변수 관계임을 확인
할 수 있는 근거다. 그러므로 고구려가 다물정신[完基土]을 내세워 단군구
강(檀君舊疆)을 회복하고자 했던 취지 또한 자연스레 드러나는 것으로, 즉
국운과 대종교의 흥망이 이것과 밀접하기 때문이었다. 고구려가 오대종지
(敬天祖·感靈性·愛族友·完基土·興産業)를 입국정신(立國精神)으로 삼아 체
행실천(體行實踐)했다는 기록은, 김부식이 『삼국사기』「고구려본기」에 기록
한 "고구려 말로 多勿은 잃어버린 옛 땅을 되찾는 것을 말한다(麗語謂復古
舊土爲多勿)"는 말과 견주어 볼 때, 결코 허구가 아님을 확인할 수 있는 것
이다. 특히 주몽이 다물을 연호로 삼아 고구려를 건국했음을 보면, 다물은
고구려의 건국정신이 된다는 점에서도 그 의미가 통한다.[347] 그러므로 대종
교는 일제강점기 항일운동의 과정에서도, 그 궁극적인 목표를 조국 독립이
라는 주권회복의 명분을 넘어, 배달국이상향 건설이라는 종교적 완성으로
확대시키고 있다. 임오교변 당시, 일제의 기소문에도 대종교의 궁극적 목

---

347 김동환, 「대종교 성지 청파호 연구-종교지리학적 관점을 중심으로」, 『국학연구』제17집, 국학연구소,
2013, 262-265쪽 참조.

적이 '배달국이상향'임이 분명히 나타난다. "천신(天神)이 우주만물을 창조하고, 다시 지금(강덕 10년)으로부터 사천 사백년 전 태고에 천신이 인간으로 화하여 만선(滿鮮) 국경 백두산에 강하(降下)한 이래 백 이십 오년 간 만선에 널려있는 삼천단부의 부민(部民)을 교화시킨 후 배달국을 수립하고 그 나라 임금 단군이 될 새,…(중략)…대종교는 단군을 신앙하므로부터 조선민족정신을 배양하며 조선민족의 결합을 도모하고 조선독립의식을 앙양하며, 따라서 조선독립의 소지(素地)를 만들어 궁극에서 조선으로 하여금 일본제국통치권의 지배를 이탈시켜 독립국으로 하고, 또 그 독립형태를 이상국가인 배달국의 지상에 재건을 목적으로 한 단체이었으며…(후략)…"[348]

김승학 역시 이러한 정신적 배경 위에서, 배달족 이상향 건설의 중심지로 만주에 있는 계관산(鷄冠山)·봉황산(鳳凰山)·금석산(金石山) 일대를 제시하고 있다. 그리고 우리의 미래 이상향을 설계한 글이 바로 『배달족이상국건설방략』이다. 그 글에 나타나는 김승학의 일성을 보자.

"오호라! 우리 배달족은 인류 역사가 기록되기 시작한 후 7천여
년 전부터 백두산과 송화강을 중심으로 황하 북쪽까지 발상지
로 하고 번식하던 중, 태호복희씨는 우리 배달족 중 풍류(風流)
족으로 황하를 중심으로 건국하여, 풍씨성이 임금으로 합 15대
를 이어오면서 동아 대륙에 창립국가하신 시조가 되셨고, 그 후
수천 년을 지나 단군황조는 송화강을 중심하고 생활하던 9개
족속 3천 단부를 교훈 통치하시어, 4천 4백 여 년 동안에 우리
배달족이 남북으로 국가를 계승하면서 지역을 확장하며 혹 축
소시킨 것도 사실이었다."

---

348 강성모, 「起訴譯文」『임오십현순교실록』, 대종교총본사, 1791, 36-37쪽.

김승학은 우리 배달민족의 기원을 7천 년 전으로 잡고 있다. 또한 태호 복희와 단군황조를 모두 배달족으로 간주하고, 그 세력 판도를 중원과 더불어 동아 대륙으로 넓혀 잡았다. 김승학이 구상하는 배달족이상국건설의 터전이 된다. 이러한 접근의 토대 역시 대종교적 역사인식에서 기인하는 것이다.

1911년 대종교단에서 정리한『단조사고(檀祖事攷)』「배달족원류단군혈통」을 보면, 동북아 민족이 배달족에 근원을 두고 뻗어나간 것으로 기록되어 있다. 즉 배달족을 근원으로 하여 조선, 예, 맥, 북부여, 옥저, 숙신으로 나눠진다는 인식이다. 또한 대종교계열 역사서인『규원사화』「태시기」에 보면,

"당시에는 요동의 심양 및 유연(幽燕)의 땅이 이미 우리 민족들이 농사짓고 유목하던 곳이었다. 복희씨(伏犧氏)가마침 이때에 풍족(風族)에서 태어나서 숫자에 의지하여 변화를 바라보는 이치에 대하여 자세히 익힌 뒤, 서쪽으로 중토로 나아가 수인씨(燧人氏)의 세상을 이어 황제가 되어 사황(史皇)의 도움과 하도(河圖)의 상서러움을 얻어서 팔괘(八卦)를 그리니, 중토 역리(易理)의 원조가 되었다. 무릇 음과 양이 줄고 늚에 대한 이치는 우리로부터 발원하였으나 마침내 저들 나라의 쓰임이 되었는데, 근세에 와서 우탁(禹倬)이 역(易)을 전한 까닭으로 도리어 위대한 공로자가 되었다. 하니, 조물주의 헤아리기 어려운 뜻은 또한 괴이하다 할 것이다. 복희씨는 스스로 능히 희생(犧牲)을 잘 길들이고 복종케 하여 그 위엄이 승냥이와 표범에까지 이르렀기

에 '복희(伏犧)'라는 이름이 그로 연유한 것이며, 풍족에서 태어
난 까닭으로 '풍'을 성씨로 삼았다. 용(龍)으로 벼슬을 기록한 것
또한 호가(虎加)나 마가(馬加)라고 일컬음과 같은 유형에서 근
원한 것이다.'[349]

라는 내용을 적고 있다. 또한 중국학자 부사년(傅斯年)도 태호복희와
관련하여 이족(夷族)의 여러 성씨를 고찰하면서, 『좌전(左傳)』·『논어』·『주
역』·『제왕세기(帝王世紀)』·『고사고(古史考)』 등의 기록을 토대로, 태호가 종
족의 성씨(風氏)이며 동방의 부족(東夷)임을 설명하고 있다.[350] 태호복희가
풍씨성을 가졌으며 15대를 이어왔다는 기록 역시 중국의 고전 『십팔사략
(十八史略)』에도 잘 정리되어 있다. 즉 태호복희와 그의 여동생 여와(女媧)
씨 이후에 공공씨(共工氏), 태정씨(太庭氏), 백황씨(柏皇氏), 중앙씨(中央氏),
역륙씨(歷陸氏), 여련씨(驪連氏), 혁서씨(赫胥氏), 존로씨(尊盧氏), 혼돈씨(混
沌氏), 호영씨(昊英氏), 주양씨(朱襄氏), 갈천씨(葛天氏), 음강씨(陰康氏), 무
회씨(無懷氏)가 대를 이어, 풍성(風性) 15대를 계승하였던 것이다.[351]

또한 김승학이 언급한 '3천단부'라는 기록 역시, 『삼국유사』에 『고기(古
記)』를 인용하여 환웅이 거느리던 언급되고 있음은 주지하는 바다. 그럼에
도 김승학이 언급한 '9개 족속 3천단부를 통치한다'는 말은 대종교 계열의
사서를 살피지 않고서는 이해하기 힘든 내용이다. 『단군교오대종지서』가
그 이해를 위한 중심에 있는 서책이다. 이 책에는 단군시대 당시의 오대종
지가 염조신(念祖神)·연명성(演明性)·합동류(合同類)·수단부(守團部)·근의

349 『揆園史話』「太始記」

350 傅斯年(정재서 역주), 『夷夏東西說』, 우리역사연구재단, 2011, 185-193쪽 참조.

351 曾先之 編, 『(校訂標註)十八史略』, 刊寫者未詳(明治三十三年三月十日版行藏板記:嵩山堂藏版), 1900,
     25-26쪽.

식(勤衣食)으로 실려 있다. 그 중에서 '수단부(삼천단부를 수호할 것)'가 주목되는 부분이다. 즉 우리 민족 강역의식의 출발이자 지향점이다. 고구려의 다물정신이나 일제강점기 대종교의 배달국이상향 건설이 모두 '3천단부'의 강역의식에서 출발한다.

김승학의 '배달족이상국 건설' 역시 다를 바 없다. 더욱이 배달이라는 명칭 역시 '3천단부'의 영역을 통합한 말이라는 기록도 주목된다. 또한 삼한(三韓)·관경(管境)·구한(九桓)·구이(九夷)·구려(九黎)·오가(五加)·64족(族) 등이 모두 '3천단부'와 동일한 의미로 이해되었다는 점에서, 모두 우리 민족의 울타리를 말하는 것과 연결되고 있다. 특히 관경(管境)이라는 표현에서 알 수 있듯이 우리의 영토의식과 밀접하게 연결됨도 확인된다. 신교사서에 "조선이란 표현이 관경을 말한다(朝鮮謂管境也)"고 단언함을 보더라도, 우리 민족에 있어 영토관념이 얼마나 강하게 전승되었는가를 짐작할 수 있다. 『단군교오대종지서』에 "지난날 삼천단부의 옛 땅은 우리 천조께서 하늘로부터 나누어 받아 친히 개척하시니, 자손들이 지역을 다투지 않고 삼천단부가 합하여 세울 적에, 함께 더불어 사는 땅이라 본시 네 땅 내 땅이 없었거늘, 몇 천 년이 흘러 중국 땅의 도적들이 침입하여 각 단부가 여러 번 빼앗기고 분열되니, 오늘 흩어진 단부를 합하여 삼한관경을 다시 찾음이 단군조 대황조님의 영광이라."는 내용에서 다시금 확인되는 부분이다.[352]

김승학은 우리의 고대 강역에 대한 관점에서도

"단군조부터 고구려 중엽 광개토왕 시대까지 근 3천여 년 간은 우리 배달족이 동아 대륙에서 제일 다수족이며, 제일 문명족이

---

352 김동환, 「仙道史書에 나타나는 고구려 다물주의에 대한 연구」, 『선도문화』제1집, 선도문화연구원, 2006, 314-342쪽 참조.

며, 웅비하던 족속이다. 뿐만 아니라 국경 토지도 지나 본토(황

하 이남 양자강 이북) 구주에 비하면 3배나 광대하였다."

라는 인식을 보이고 있다. 이러한 강역인식 역시 대종교계열의 역사인식과 상당히 유사하다. 대종교단의 역사인식은 만주와 반도를 하나로 묶어 인식하고 있다는 특징을 지닌다. 즉 배달족(삼천단부)의 활동무대를 모두 영토(領土, 國土)로 간주하는 입장에서 만주와 한반도가 하나의 국가로 통합된 시대를 통일시대로 이해하고, 그렇지 않았던 시대를 열국시대 혹은 남북조시대로 부르고 있다. 이러한 관점에서, 역사상 통일시대는 신시시대(神市時代, 桓族시대)·배달시대(단군조선)뿐이며, 소위 삼국시대는 열국시대로, 통일신라시대는 남북조시대로, 그리고 고려와 조선도 각각 남북조시대로 취급되고 있다. 왜냐하면 통일신라 이후에도 만주에는 배달족 국가인 발해·요·금·청이 계속 건설되었던 까닭이다. 『단군교오대종지서』의 권두에 「남북강통일국계표(南北疆統一國系表)」를 작성하여 북강국가와 남강국가를 확연히 구별하고 있는 것도, 이러한 취지와 관련된 것이다. 소위 북강국가는 기씨조선·위씨조선·부여·고구려·발해·요·금·청이며, 남강국가는 마한·백제·가락·신라·고려·조선이 이에 포함된다. 특히 『단군교오대종지서』에 실린 「배달신국삼천단부도」나 『단조사고』에 나오는 「삼천단부단군강역」에는 위의 인식을 토대로 단군시대의 강역이 잘 그려져 있다. 이러한 인식을 통해 대종교의 강역관을 간명하게 드러내 준 인물이 호석(湖石) 강우(姜虞)다. 그는 자신의 저술인 『종리문답(倧理問答)』과 『백두산 28경 찬문(白頭山28景讚文)』을 통해 단군시대의 강역을 다음(도표 참조)과 같이 정리하였다.

즉 강우는 우리 강역의 경계를 동(동해)·서(내몽고 경계)·남(동지나해)·북(흑룡강 넘어 小海)으로 정리한 것이다. 더욱이 황해(서해)와 발해를 우

사방 경계	『종리문답』	『백두산 28경 찬문』
동쪽 지경	'달달해협'으로부터 창해(滄海)를 다하였다는데, 달달해협은 지금 하바로스크(俄今沿海洲)며, 창해는 곧 동해(東海)다.	滄溟은 卽東道之極也라
서쪽 경계	흥안령(興安嶺)을 끼고 사막(沙漠)에 뻗혔다는데, 흥안령은 만주 흑룡강성에 있고 사막은 지금 내몽고(內蒙古) 경계를 가리키는 것이다.	渤海는 卽西道之疆域也라
남쪽 경계	탐라(耽羅)를 거쳐서 영해(瀛海)에 이르렀다는데, 탐라는 곧 제주도요, 영해는 지금 동지나해(東支那海)다.	靑邱는 卽南道全部也라
북쪽 지경	흑수(黑水)를 넘어서 소해(小海)까지라는데, 흑수는 곧 흑룡강(黑龍江)이요, 소해는 지금 아무울(俄領黑龍州) 북편에 있다.	黑水는 卽北道之極也라

〈표 8〉

리 강역의 내해(內海)로 인식했다는 점이 특이하다. 이러한 인식은 김승학의 관점과도 흡사한 것으로, 우리의 서쪽 강역이 적어도 산동성·하남성·하북성을 아우를 때 가능하다는 점에서 흥미를 끈다.[353]

또한 김승학은 "불행히도 고구려 말엽에 이르러 고구려·백제·신라 삼국이 분립되고 고구려 천개소문이 서거하면서 내홍이 끊이지 않았다. 그러던 중 남방에 있던 신라가 삼한(마한·변한·진한)을 강병한 후 다시 백제를 탄병하고 고구려와 자웅을 다투다가 지나 후당과 밀약을 체결하되 우리 양국이 남북으로 고구려를 협공하여 만약 우리가 승리하면 그 토지를 분할 소유하되 만주 중앙선인 요하를 정계하여 요하 서쪽으로 익주까지 8백 여리 땅을 당나라의 소유로 하고 요하 동쪽으로 압록강까지 7백 여리 지역은 신라의 판도로 한다고 양국이 밀약을 체결했다."는 인식을 보여주었다.

김승학이 신라와 당나라 간의 밀약을 했다는 것이 어떠한 사서를 근거로 말하는 것인지는 확실치 않다. 『삼국사기』나 『삼국유사』, 그리고 『구당서』

<hr>

353 김동환, 「호석 강우의 사상관 『백두산 28경 찬문』을 중심으로」, 『국학연구』 제18집, 국학연구소, 2014, 121-130쪽 참조.

나『신당서』그 어디에도 영토분할 협약에 대한 직접적인 내용이 발견되지 않기 때문이다. 다만 백제부흥군의 복신이 유인궤(劉仁軌)에게 보내는 서신의 내용 중에 "듣자하니, 대당과 신라가 약조하여 맹세하기를 백제의 늙고 어린 것을 묻지 않고 모조리 죽인 후에 나라를 신라에게 주기로 하였다고 한다."[354]는 내용과, 문무왕이 설인귀의 서신에 보낸 답장인 '답당설총관인귀서(答唐薛摠管仁貴書)' 서두에 당태종이 했다는 약속에 "내가 지금 고구려를 치는 것은 다른 이유가 아니라, 너희 신라가 두 나라 사이에 끌림을 당해서 매번 침략을 당하여 편안할 때가 없음을 가엾게 여기기 때문이다. 산천과 토지는 내가 탐내는 바가 아니고 보배와 사람들은 나도 가지고 있다. 내가 두 나라를 바로 잡으면 평양 이남의 백제 땅은 모두 너희 신라에게 주어 길이 편안하게 하겠다."[355]라는 내용이 실려 있을 뿐이다.

한편 신라가 길림과 광녕 사이를 중심으로 만주를 장악했었다는 기록은『만주원류고(滿洲源流考)』에 잘 나타난다.『만주원류고』는 원래 제목이『흠정만주원류고(欽定滿洲源流考)』로써, '흠정'이란 황제가 직접 지었거나 황제의 명에 의해 편찬된 책을 말한다. 즉 청나라 6대 황제인 건륭제의 명에 의해 1777년에 43인의 학자가 참여하여 완성한 20권의 역사서가『만주원류고』다. 특히『만주원류고』는『사기(史記)』로부터『명사(明史)』를 관통하여 흐르는 한족(漢族) 중심의 역사인식을 벗어나 동이(東夷) 중심의 시각에서 중국사(만주사)를 재정리했다는 점에서 의미가 크다.『만주원류고』에서는『북사(北史)』·『양서(梁書)』·『통지(通志)』·『수서(隨書)』·『책부원구(冊府元龜)』·『신당서』·『태평환우기(太平寰宇記)』·『통고(通考)』·『봉사행정록(奉使行程錄)』

---

354 『舊唐書』199卷,「東夷」, 聞大唐與新羅約舊 百濟無問老少 一切殺之 然後以國付新羅

355 『삼국사기』권7,「신라본기」제7, 문무왕 11년 가을 7월 26일조. 朕今伐高麗 非有他故 憐你新羅攝乎兩國 每被侵陵 靡有寧歲 山川土地非我所貪 玉帛子女是我所有 我平定兩國 平壤已南百濟土地 並乞你新羅 永爲安逸

등을 근거로 하여 신라 관련 내용을 서술하고 있다. 가령『만주원류고』에 보면,

> "오늘의 개원에서부터 광녕·금의(錦義)·영원(寧遠), 남으로 개
> 평·복주·영해에 이르고, 또한 동남으로 바다를 건너 조선의 전
> 라·황해·충청도 등이 모두 백제이다. 그리고 신라의 영토는 동
> 남으로 오늘의 조선·경상·강원 두개 도와 서북으로는 곧바로
> 오늘의 길림(吉林)·오랍(烏拉)에 이르고 또한 서쪽으로는 개원
> (開元)·철령(鐵嶺)에 가까워서 고구려·백제의 사이로 튀어 나왔
> 다. 그러므로 백제의 동북 동남이 모두 고구려와 가까이에 있다.
> 『통고』에는 '또한 고구려의 동남에 있다'고 하였다.『봉사행정록』
> 에는 '함주(咸州)로부터 동주(同州, 현 개원 철령 경계)에 이르
> 고, 동쪽으로 대산을 바라보는데 곧 신라의 경계이다'라고 하였
> 다.『요지(遼志)』에는 '해주(海州, 해성, 처음에는 백제에 속하다
> 가 뒤에 고구려에 의해 분할되었고 다시 발해에 합쳐졌다. 다시
> 요나라에 병합되었다)의 동쪽 계는 신라이다'고 하였다. 당나라
> 현경(顯慶)·건봉(乾封) 이후 백제와 고구려의 땅이 많이 신라에
> 편입되었는데 동서로 구백리가 더하여졌고 남북으로 천여리가
> 더하여 졌다."[356]

---

356 『欽定滿洲源流考』卷9「疆域」2,〈新羅〉. 自今開元 廣寧 錦義 寧遠南至盖平 復州 寧海 又東南跨海 極朝鮮
　　之 全羅黃海 忠清等道者百濟也 而新羅之境 東南兼有 今朝鮮慶尚 江原二道 西北直至 今吉林烏拉 又西
　　近開元鐵嶺 出高麗百濟之間 故百濟之東北 東南皆相隣近 高麗 介處 其中 通考 所云示在 高麗東南 奉
　　使行程錄所云 自咸州至同州 (今開原 鐵嶺界) 東望大山 即新羅界 遼志所云海州 (即今海城 始屬百濟
　　後爲高麗所分 復入渤海 又歸于遼) 東界新羅是也 唐顯慶乾封以後 百濟高麗之地 多入新羅 東西增九百
　　里 南北增千餘里

라는 내용으로, 신라의 강역이 만주 지역에 넓게 걸쳐 있었던 것으로 서술했다. 그러나 신라가 당을 끌어 들여 고구려를 무너뜨린 후, 요하 동쪽 7백 여리 땅을 차지하였으나 그것마저도 지키지 못했다는 것이 김승학의 견해다. 더욱이 그 토지와 인민까지 중국에 빼앗긴 것을 두고 김승학은 "이 것은 신라로 보면 속담 말에 죽 쒀서 개 살린 모양이니, 신라가 우리 배달족에 대하여 얼마나 큰 죄를 지었는가?"라는 안타까움을 드러냈다.

역사서의 수난

김승학은 역사서의 수난에 대해서도 조목했다. 그는 고구려의 멸망과 함께 사라진 사서(史書)의 망실을 다음과 같이 안타까워했다.

> "우리 배달족은 신라와 동일한 족속이지만 집안 다툼에서 이기
> 기 위하여 외족을 유인하여 자족을 멸하고 그 토지까지 외국에
> 게 나눠주었으니 그 얼마나 자족에 대하여 불명예한 일인가. 식
> 자는 깊이 새겨볼 일이다. 어찌 그 뿐 일까마는 신라는 당병을
> 끌어들여 고구려 수도를 함락시킨 후 사고(史庫)와 각 명산에
> 숨겨두었던 국사 즉 단군조부터 고구려까지 전래하던 상고 국
> 사와 각 보물을 당나라에게 양도하고 신라는 한 건도 보관치 못
> 하였다."

이러한 인식 역시 대종교의 역사 선배인 김교헌의 관점과도 동일했다. 김교헌이 그의 저술 『신단실기』「경사재액(經史災厄)」부분에서 언급한

"단군의 고사(古事)와 경전(經傳)이 부여와 고구려에 전해져서 번역하여 간행된 것이 많았다. 그러나 신라가 당나라 군사와 함께 고구려를 멸하고 그 서고(書庫)를 불태우고, 민간(民間)에 흩어져 있던 것까지도 또한 모두가 가져다가 태워버렸다. 이 때 부여에 간직되어 있던 것이 발해에 전해졌으나, 금나라가 신라와 당나라가 한 것을 되풀이하다 태워 없앴다. 혹 남 모르게 은밀히 감추어둔 것이 있어서 불에 타지 않고 전해진 것이 없지 않았다. 그러나 조선 세조(世祖)·예종(睿宗)·성종(成宗) 때에 이르러 팔도(八道)의 관찰사(觀察使)에게 명하여 거두어 올렸다가 병화(兵火)로 인하여 타 없어졌다."[357]

라는 탄식한 것과 동일한 인식이라는 점이다. 더욱이 김승학은

"당나라 조정에서는 조선 상·중고사를 몰수해 가서 자기네 사고에 감추었다가 청나라 강희황제 때에 명나라 유신 불평객을 구치하여 놓고 그들로 자기 사고에 적치하여 있는 서적을 등본(謄本)시켜 소위 사고전서란 책자를 만들어 네 곳(봉천, 해참위, 북경, 항주)에 보관하였다. 지금 항주에 있는 사고전서 중에서 발견되어 조선 고대 국경 지도(단군조·부여조·고구려조) 각 본이 발견되어 그것을 우리가 베껴온 일도 있다."

는 중요한 경험을 밝히기도 했다. 안타까운 것은 김승학이『사고전서(四庫全書)』중에 발견하여 베껴왔다는「조선고대국경지도」가 현재 그의 유

---

357 김교헌,「經史災厄」,『神檀實記』, 대종교총본사, 1914, 50-52쪽.

품 속에 남아있지 않다는 점이다. 다만 '우리가 베껴왔다'는 표현에서 그가 『독립신문』과 삼일인쇄소를 주도하던 상해 시절에 동지들과 함께 확보했을 가능성이 크며, '각 본'이라고 한 것을 보아 단군조·부여조·고구려조의 3장일 것으로 추측된다. 더불어 그것이 어느 시대에 제작된 것인지도 파악하기 힘들고, 『사고전서』중에 포함된 어떤 서책의 부분인지, 아니면 또 다른 독립된 지도책의 일부인지도 확인하기 힘들다.

한편 김승학은 "혹여 말하기를 조선상고사는 병화에 소화(燒火)되고 없기 때문에 아는 이가 없다고 말한다. 그러나 병변(兵變)으로 말한다면 지나는 오천여 년 간 수없이 병변이 많았어도 상고사가 남아 있고, 하필 우리 조선만 상고사 즉 동아에서 웅비하던 민족으로 상고사 한 페이지도 없이 다 소화되었을 리가 어디 있는가."라는 인식을 통해, 수많은 변란을 겪었으나 우리의 상고사가 남아있을 가능성을 버리지 않았다. 이러한 가능성은 조선조 세조·예종·성종 때의 수서령(收書令)에 나타나는 서목을 보더라도 충분히 공감할 수 있는 부분이다. 거기에 언급된『고조선비사(古朝鮮秘詞)』·『대변설(大辯說)』·『조대기(朝代記)』·『주남일사기(周南逸士記)』·『지공기(誌公記)』·『표훈삼성밀기(表訓三聖密記)』·『안함로 원동중 삼성기(安含老元董仲三聖記)』·『도증기(道證記)』등 몇 가지의 서책 제목만 보더라도, 그 시기까지 우리의 고유한 정신을 담은 사서들이 적지 않게 남아있었음을 확인할 수 있다.

김승학은 우리의 사서들이 병변(兵變)에 소화(燒火)되었다는 말은 이치상 말이 안 된다는 주장을 폈다. 그는 "우리 상고사가 조수(照數)히 당나라 사고(史庫)로 몰입된 것이 사실이었다. 하물며 그 시절 그 때만 하여도 지나(支那)에서 고구려를 흠모하고 두려워하여 언제든지 그 토지와 보물을 탈취해야겠다는 욕망이 충만하여 주야로 호시탐탐하던 시대다. 어찌 고구려에게 항복받고 요하 서쪽 땅 8백 여리만 자기 판도에 가입시키고 무조건 퇴거하였을 것인가."라는 인식을 통해 우리의 상고 관련 사서들을 당나라가 가져갔을 가능성에 무게를 두었다.

　김승학은 이러한 인식의 예로, 일제가 한국을 병탄한 후 중고사 관련 서책을 수차례 압수해 간 것과도 같은 이치라 하였다. 일제가 우리의 역사 책을 거두어 없앴다는 기록은 외국인이 남긴 기록에서 처음 등장한다. 내 다니엘 페퍼(Nathaniel Peffer)가 1920년에 저술한『한국독립운동의 진상 (The Truth About Korea)』에 실린「국사박멸책(國史撲滅策)」의 내용이 그 것이다. 페퍼는 미국 뉴욕 출신으로, 극동 문제의 미국연구원이었다. 시카 고대학교에서 교육받은 그는 '뉴욕트리뷴(New York Tribune)'의 극동특파 원으로 25년 동안 중국에서 거주했다. 중국 이름 배비(裴斐)를 가진 이유다. 『한국독립운동의 진상』은, 페퍼가 상해 영자신문인『대륙보(大陸報)』의 기자 로 있을 당시인 1919년 가을, 한국에 파견되어 약 한 달간의 체제 경험을 기 록한 것이다. 그는 한국독립운동의 실상을 확인한 뒤, 일제의 간교한 식민 정책과 일제의 총부리에 맞서 대한독립을 외쳤던 한국인들의 용기와 투쟁 을 솔직하게 전해 주었다. 특히 일제가 한국의 역사를 없애기 위해 광분했 던 정황을 다음과 같이 생생하게 적어 두었다.

　　"한국의 역사는 절대로 엄금이다. 합병조약이 강제로 체결되자
　　일본인은 즉시 한국의 국사란 국사는 전부 압수하여 불태워버
　　렸다. 한국의 문화를 한자 한 획이라도 기록한 문자는 철저히
　　수색하여 폐기시켜 버렸다. 그리고 이런 문자는 가지고만 있어
　　도 그 소유자는 감옥에 수감됨을 면치 못하였다. 한국 국사는
　　가지고만 있어도 범죄가 된다. 나도 달포 전에 자기 조국의 역

사를 본 죄로 구타를 당한 후 15일 이상 30일 이하의 구류를 당한 한국인을 목격하였다.'[358]

남북조사관

김승학의 역사인식에서 주목되는 또 하나는 남북조사관의 시각을 통한 '배달족 이상국 건설의 꿈'이다. 그는 만주 전역에 거주하는 주인공이 우리 단족(檀族) 즉 배달족 유파로, 그 배달족을 합하면 근 이천 만 명 이상이 된다는 논리를 폈다. 그리고 "이 족속과 압록강 이남 반도에 사는 삼천만을 합하면 오천여 만이 되니, 이것을 기본으로 하여 배달족 이상국 건설의 꿈을 그려 보는 것도 그다지 망상이 아니라고 자인하는 바이다."라는 주장으로 끌고 갔다.

남북조사관이란 족통개념(族統槪念)을 통한 대종교의 역사인식이다. 단군조(檀君朝) 배달민족의 후예인 북조(北朝)의 부여와 남조(南朝)의 기씨(箕氏) 이래, 근세의 조선(남조)과 청나라(북조)로 이어지기까지 존재했던 남북강역의 세력과 집단을 단군 후예들의 역사 활동으로 간주하는 역사관이다. 이것은 일제식민지주의사관의 한 줄기인 반도사관의 대항 논리라 할 수 있는 대륙사관(大陸史觀)과도 흡사한 것이다. 즉 한국사의 일부로 취급되는 국가와 한국인의 활동 영역을 한반도뿐만 아니라 만주 또는 발해만 부근과 산동 반도를 비롯한 중국 본토의 동쪽 해안까지 확장하는 역사관이 대륙사관으로, 이 역시 대종교의 강역의식과도 그대로 맞물린다.

---

358 내다니엘 페퍼(김여제 역), 『韓國獨立運動의 眞相』, 國家報勳處, 1994, 24-32쪽 참조. 일제의 조선사 말살과 조선사 분서(焚書)의 만행을 생생하게 고발한 기록은 해방 이후 문정창의 기록에도 남아있다.(문정창, 『(軍國日本)朝鮮占領三十六年史』上, 柏文堂, 1965, 79-80쪽 참조.)

김승학이 『배달족이상국건설방략』을 구상된 시기는 그가 감옥에 갇혀 있을 때였다. 김승학은 1935년 4월, 5년여의 옥고를 치른 후 풀려났다. 당시 (1939년 기준) 우리 국민의 인구 현황(일본과 만주 거주자 포함)은 2천 5백 7십 3만 194명이었으며, 1940년에는 총 2천 2백 3십 8만 699명(조선 거주 23,547,000명, 일본 거주 1,241,315명, 만주 거주 1,450,384명)으로 조사되고 있다.[359] 물론 이러한 통계는 정치적 국적자(國籍者)를 말하는 것이다. 그러나 김승학이 이 글에서 말하는 배달족 5천만 명(조선 내 3천만, 만주 내 2천만)의 의미는 국민 개념이 아닌 배달족이라는 족통개념으로서의 접근이다. 이 역시 대종교적 역사인식을 이해하지 않고서는 접근하기 힘든 논리다.

남조(조선 반도)만이 아니라 북조(만주 전역)도 역시 같은 배달족의 왕조로 보는 것이 대종교의 역사관이다. 가령 김교헌이 대한민국임시정부의 교과서로 시용되었던 『배달족역사』라는 책의 다음 내용을 보자. "대한 융희 4년 경술에 통감 사내정의(寺內正毅)가 총리 이완용과 합병조약을 결하니 이씨의 조선이 519년을 역(歷)하얏고, 대청 선통 3년 신해에 무창에서 혁명군이 기하야 청은 국절(國絶)하고 중화민국이 되니, 애신각라씨의 제호(帝號)가 296년을 역하얏더라. 배달민족의 국명군호(國名君號)가 남북강(南北疆)에 개절(皆絶)함은 단군 이후 초유(初有)한 대변(大變)이러라."[360]는 인식이 나타난다. 즉 같은 시기 대한제국의 멸망과 청나라가 망한 것을 두고, 단군 이래 배달민족의 역사가 남북으로 모두 단절된 사태라고 인식하고 있다.

이러한 접근은 전래 대종교적 역사인식의 계승이었다. 대종교 중광(重光)의 중요한 문건인 『단군교포명서』(1904년)와 『단군교오대종지서』(1910

---

359 박경숙, 『한국인구학』제32권 제2호, 한국인구학회, 2009, 52쪽 참조.

360 金獻 편, 『倍達族歷史』, 大韓民國臨時政府, 1923, 34쪽.

년)를 보아도 이해할 수 있다. 『단군교포명서』의 「부백(附白)」에는, "오늘은 초학입덕(初學入德)의 문(門)의 대지요어(大旨要語)와 의식절규(儀式節規)를 우형 등 13인이 13도에 나누어 행하여 구전심수(口傳心授)의 법을 선포하여 고해화수(苦海禍水)에 스스로 투신하는 형제자매를 인도하여 환천복지(歡天福地)에 오르게 하며, 그 외에 20인(本彊 12인, 奉天 2인, 길림성 2인, 흑룡강성 3인, 錦州 1인)은 요동, 만주, 몽고 및 숙신, 여진, 말갈, 거란, 선비 옛 강토로 이르는 청나라, 일본 등 각지에 보내어 고대의 사적을 찾아 구하며, 지금의 정세를 관찰하고 본교를 위하여 안과 밖 한마음으로 정성을 다하나이다."[361]라는 구절이 실려 있다. 당시 조선 본토(本彊)만이 아니라 만주 전역이 배달족의 활동무대임을 드러낸 것이다. 또한『단군교오대종지서』에는 "아아! 오늘 이 글을 대황조성신께 맹서하며, 오늘 이 말씀을 대황조성신과 우리 겨레 칠천만 형제자매께 맹서하노라."라고 외침으로써, 남북강(南北疆) 7천만 배달겨레를 언급하고 있다.

김승학은 이 배달족이 바로 남족(藍族)·황족(黃族)·적족(赤族)·백족(白族)·현족(玄族)·풍족(風族)·견족(畎族)·방족(方族)·묘족(畝族)의 9족임을 언급하고, 수륙 수만리 강토 중에 거주하던 종족을 합한 개념이 9족이라는 관점이다. 이러한 인식 역시 대종교의 전래 교사(敎史)인『신사기(神事記)』,「조화기(造化紀)」에 나오는 '구족설(九族說)'의 내용과 동일한 인식이다. 이『신사기』는 김승학이 1923년 상해 삼일인쇄소를 이끌던 시절에 간행한『종경(倧經)』에도 실려 있음이 주목된다. 거기에는 '구족설'에 대한 구체적인 설명이 다음과 같이 적혀있다.

---

361 종경종사편수회 편,『대종교중광육십년사』, 대종교총본사, 1971, 92쪽.

"다섯 물건들에서 빼어난 것이 사람인데, 맨 처음에 한 사나이와 한 여인이 있었으니, 나반(那般)과 아만(阿曼)이라. 한울가람[松花江]의 동쪽과 서쪽에 있어 처음엔 서로 오가지 못하더니, 오랜 뒤에 만나 서로 짝이 되니라. 그 자손이 나뉘어 다섯 빛깔의 종족이 되니, 황인종·백인종·흑인종·홍인종 및 남색(藍色) 인종이다. 먼 옛날 사람들은 풀 옷을 입고 나무 열매를 먹고 움막에 살며, 굴속에서 지냈는데, 어질고 착하여 거짓이 없이 순진한 그대로이므로, 조화주께서 사랑하시사, 거듭 복을 주셔서, 그 사람들이 오래 살고 또 귀중하게 되어, 일찍 죽는 이가 없었나니라. 세대가 멀어지고 세월이 오래 되매, 낳고 기름이 번성해져서, 드디어 제각기 한 모퉁이씩 자리 잡고, 적게는 일가친척을 이루고, 크게는 한 부락을 이루었는데, 황인종은 넓은 벌판에 살고, 백인종은 호숫가에 살고, 홍인종은 남녘 바닷가에 살고, 남색 인종은 여러 섬들에서 살게 되니라. 다섯 종족 가운데 황인종이 가장 커서, 갈래들이 넷이 있으니, 개마산(蓋馬山) 남녘에 사는 이들은 양족(陽族)이 되고, 동녘에 사는 이들은 간족(干族)이 되고, 속말강인 송화강 북녘에 사는 이들은 방족(方族)이 되고, 서녘에 사는 이들은 견족(畎族)이 되니라. 아홉 겨레 백성들이 사는 데마다 풍속이 다르고, 사람들끼리 직업이 달라 혹은 거친 땅을 개척하여, 농사와 과수 심기를 일삼고, 혹은 언덕·들판에 있어 목축을 일삼고, 또 혹은 물과 풀숲을 따라가 고기 잡고 사냥하는 일을 하게 되니라."[362]

---

362 「神事記圖(第二圖-人)」(『倧經』, 2쪽.) 대종교시교회 편, 「神事記(造化紀)」,『倧經』, 삼일인쇄소, 1923, 3-5쪽.

이 9족이 고구려조까지도 지나족 즉 황제헌원씨 유족보다 몇 배가 많고 지나 본토보다 몇 배가 광대하였다는 주장이다. 그러나 옛적 영평부 방면에 위치하고 있던 고죽국 국민과 산동성 부근에 거주하던 우국(嵎國)과 엄국(奄國)과 내국(萊國)과 전국(顓國)과 사국(史國) 등, 여러 소국에 거주하던 백성들과 하남성 방면에서 웅비하던 대서국(大徐國) 서언왕의 신민(臣民) 등, 몇 천만 명이 그 국호가 없어짐을 따라 지나족으로 변화했다는 것이다. 또한 요하 서쪽 8백여리 지방에 거주하였던 백성들은 자연 당나라로 이적하여 지나족으로 변화하여 버렸으며, 요하 동쪽 7백여리 지역에 거주하던 백성들은 요·금과 청나라를 따라 역시 지나족으로 귀화하였다는 관점이 김승학의 견해다.

한마디로 김승학의 꿈은, 배달족의 역사적 거점인 백두산의 남북마루를 이상국 건설의 판도로 하여 광복된 세상에서의 새로운 질서를 만들어 보자는 것이었다. 이것은 대종교의 역사인식을 통한 이상국가 건설의 꿈이 바로 김승학의 『배달족이상향건설방략』의 구상이라는 말과도 같은 의미라 할 수 있다.

맺음말

김승학에게 광복은 희열과 아픔이었다. 일제의 질곡으로부터 자유를
찾음과 동시에 분단이라는 멍에를 동시에 몰고 왔기 때문이다. 더욱이 일
제에 의해 국내의 발판을 모두 잃어버린 그는 아픔을 넘어 절망적 현실과
부딪히게 된다. 타의에 의해 씌워진 이념의 굴레와 청소하지 못한 일제의
앙금은 또 다른 시련으로 우리의 역사를 정지시켰다. 그 정지된 역사 앞에
다시 선 김승학이었다. 그의 넋두리를 보자.

오천년 조국 잃고 사오 십년 일평생을
남북만주 거친 산중 눈 속에 잠을 자며
원수의 총검 아래 수천 동지 희생되고
구사일생 홀로 남은 이내 몸이
이리저리 다니다가 해방 조국 차자오니
주출망량(晝出魍魎) 뛰어놀며 골육상잔 일삼으니
이것도 해방의 공덕(功德)일까
가련타 칠십 평생 피땀 밑에 남은 공로 저기 저 모양일까
두어라 북빙양(北氷洋) 서반구(西半球) 모진 바람 멎은 후

너도 가고 나도 가면
금수강산 자유종을 울릴 때에 우리 동지 모여
독립한 채 높은 집 축하 술잔 높이 들고
자유 만세 고함 소리 정말 해방이 이 아닐까
어헐너루 상사로다.

　　김승학의 「자탄가(自嘆歌)」라는 노래다. 김승학은 만주와 상해를 오가
며 평생을 독립운동에 헌신한 인물이다. 임시정부 주만참의부 참의장, 임시
정부 학무부총장, 상해 『독립신문』 사장 등을 역임한 독립운동의 거두였다.
김승학은 생사의 현장에서 풍찬노숙을 하며 살아남은 독립운동가다. 그리
고 구사일생으로 해방된 조국을 찾았다. 김승학이 맞닥뜨린 해방 직후의
조국은 이념 갈등의 진창이었다. 그 공간은 자칭 애국지사가 넘쳐나고 이념
의 이해관계 속에 골육상잔으로 피가 튀겼다. 김승학은 이것이 해방이 가져
다 준 결과라는 것에 탄식했다. 나아가 독립운동을 했다는 자신마저도 부
끄러워했다.
　　위의 시에서 사라져야 할 '너와 나'는 바로 그러한 부류들에 대한 지탄
이다. 자화자찬하는 애국지사, 이념에만 함몰된 애국지사, 나아가 친일의 가
면을 숨긴 사이비 애국지사들이 그들이다. 마음을 더 아프게 하는 것은 그
뒤에 이어진다.

을유 팔월 십오 일 후 국토광복 되었다고
춤을 추며 환국하자 기술 없다 박대하니
옷밥 없는 가련 신세 이 곳 저 곳 천대로다
닉구사구 걸머지고 가도(街道) 행상 떠나거나

부두 노동 날품팔이 하루 하루 벌이로다

아들 손자 있건마는 학비 없어 공부 못코

구두닦이 신문팔이 한평생을 보낼쏜가

늙은 부모 어린 자손 보리죽도 못 먹이니

고려 말 두문동 칠십 이인 고려 백정 되던 저 신세

너도 나도 복철(覆轍)이다 가련타 이 신세 어이할가

이서방과 김선생은 틈을 타서 만나보면

주고 받고 하는 말이 우리들도 독립을 하지 말고

일찍이 구미(歐美)나 건너가서 유리창을 닦았더면

독립운동을 하면 3대가 망한다'는 자조적 탄식이 그대로 터져 나오는 부분이다. 김승학이 가진 기술이라고는 독립운동 밖에 없었다. 그의 30년 직업이 독립운동이요 취미와 특기 역시 독립운동이었다. 역설적이게도, 이러한 그의 과거가 식민의 그늘이 온존했던 해방 공간에서 그가 천대 받게 된 가장 큰 원인이었다. 어디 빌붙어 먹을 것 입을 것을 해결할 수 없었다. 행상과 부두노동으로 호구지책을 했다. 공부 못시킨 아들과 손자는 구두닦이나 신문팔이 외에는 할 것이 없었다. 백정 신세가 된 두문동 현인(賢人)들의 복철지계(覆轍之戒)를 새기지 않았던 것도 후회하고 있다. 그리고 독립운동 따위 안하고 유럽이나 미국으로 건너가 돈이라도 벌었더라면 하는 후회 섞인 넋두리도 묻어난다. 자조감을 넘어 서글픔마저 엿보게 된다.

일제강점기 조국 독립에 모든 것을 바쳤던 독립운동가들은 누구인가. 독립을 위하여 모든 것을 버린 이들이다. 가지지 못한 이들은 기꺼이 목숨을 바쳤고, 부귀와 명예 그리고 권력을 가졌던 이들은 평안과 안락을 스스로 포기했다. 수많은 재산을 바쳐 독립운동에 몸 바친 김교헌 집안, 이회영 집안, 윤세복 집안으로부터 무명의 가난했던 독립운동가들까지, 식민의 공간을 다시 해방의 공간으로 돌리기 위해서 모든 것을 바친 것이다.

김승학도 무엇 하나 다르지 않았다. 가난한 집안의 장남으로 태어나 부귀영화의 기회도 적지 않게 있었으나, 뒤집힌 세상과의 야합을 버리고 독립운동에 몸 바친 인물이다. 때로는 무장투쟁의 선봉에서, 한 때는 임시정부의 중심인물로서, 그리고 한 시절『독립신문』의 사장으로서, 항일을 이끌고 고무(鼓舞)시켰던 김승학이다. 그러던 그였기에 해방 후의「자탄가」는 너무도 우리 마음을 아프게 한다. 독립운동의 거목이 해방 공간에서 절망하며 쓰러지는 모습을 보았기 때문이다.

그러나 김승학은 쉽게 무너지지 않았다. 비참하리만큼 힘들고 고달팠지만 독립운동으로 걸어 온 길을 결코 후회하지 않겠다는 다음 일성이 그것이다.

잊지마세 잊지마세 그렇다고 독립정신 잊지마세

「자탄가」의 마지막 구절이다. 김승학은 마지막 이 구절을 채우면서 무슨 생각을 했을까. 항일투사들이 피 흘린 진정한 의미를 곱씹었을 듯하다. 김승학이 독립운동사 자료 보존과 그 정리에 목숨을 걸고자 했던 이유도 여기에 있다. 그렇게 '잊지말자'고 외쳐대던 '독립정신'의 올바른 보존과 기록을 위해서였다. "자네는 해방된 조국에서 웃으며 독립운동사"를 쓰라는 선배 박은식의 부탁을 지키기 위해서였다.

현금 우리 독립운동사 정리와 연구는 양적인 측면에서 많은 업적을 이루었다. 또한 독립운동사 연구의 질적인 결실 역시 적지 않은 상황이다. 그럼에도 친일과 매국의 문제는 사이비 애국과 엉켜져 뒤죽박죽이다. 더욱이 통일된 민족국가가 아닌 견원지간의 분단국가로 남아 있는 상황이 우리의 현실이다. 분명한 것은 우리의 국토분단이 일제식민지의 후유증과 미소 패권주의에 기인한다는 것은 주지하는 바다. 그러나 그것을 극복하지 못한 민족 역량의 한계 역시 피해 갈 수 없는 사실이다. 다시 독립운동과 해방정국의 올바른 이해를 통해서, 그 극복의 방도를 찾아야 할 과제가 새롭게 대두되는 이유다.

이것은 김승학 삶과 사상에 대한 응시와도 직결되는 문제다. 그의 발자취는, 지금의 분단이나 지역적 갈등의 골을 만듦에 독립운동 과정에서의 지역성이 작용한 것은 아닌지, 서로의 공명성이 앞선 나머지 독립군 간의 알력·분쟁은 없었는지의 등등을 냉철히 고민하게 해 준다. 한편 우리의 식민지로의 몰락이 중화적 사대주의가 가져온 필연적 결과라는 점도 일깨워 주었다. 또한 당시 지도자들이 제국주의에 대한 인식이 부족한 데에 기인했다는 것도 주지시켰다. 김승학이 우리의 정체성에 대해 진중히 주시했던 배경이다.

김승학이 꿈꾸던 독립은 이념과 분단을 넘어선 완전한 자주독립이었다. 김승학이 해방 공간에서 임시정부 '광복군 국내 지대' 활동을 이어가려 한 것이나, 『독립신문』 복간 활동을 펼친 것 역시, 이러한 의지 실현을 위한 과정이었다. 김승학의 『한국독립사』역시 이러한 의도와 다르지 않았다. 『한국독립사』의 서두에서 내뱉은 그의 한탄을 보면 알게 된다.

> "우리나라는 반세기 동안 국파민천(國破民賤)의 뼈저린 수난 중
> 광복되어 건국 이래 이 국가 백년대계의 원칙을 소홀히 한 것
> 은 고사하고 도리어 일제의 주구(走狗)로 독립운동자를 박해하
> 던 민족반역자를 중용하는 우거(愚擧)를 범한 것은 광복운동에

헌신하였던 항일투사의 한 사람으로서의 전 초대 대통령 이승만 박사의 시정(施政) 가운데 가장 큰 과오이니, 후일 지하에 돌아가 수많은 선배와 동지들을 무슨 면목으로 대할까 보냐. 이 중대한 실정(失政)으로 말미암아 이박사는 집정(執政) 10년 동안 많은 항일투사의 울분과 애국지사의 비난의 표적이 되었었다."[363]

친일과 매국이 청산되지 않은 공간에서, 그것을 지켜보는 스스로가 죄스러웠던 김승학이었다. 독립운동의 현장에서 풍찬노숙하며 살아남아, 구사일생으로 해방된 조국을 찾은 김승학 아닌가. 그러나 김승학은 자칭 애국지사가 넘쳐나고 이념의 이해 관계 속에 벌어지는 골육상잔을 목격한다. 김승학은 이것이 해방이 가져다 준 결과라는 것에 탄식했다. 나아가 독립운동을 했다는 자신마저도 부끄러워했다. 김승학이 해방과 더불어 신속히 『한국독립사』 편찬 작업에 착수한 것도 이러한 소용돌이를 불식시키기 위한 최선의 선택으로 이해할 수 있다. 『한국독립사』 편찬이 갖는 가장 큰 의미다. 친일과 매국, 식민과 이념의 그늘로부터 벗어나는 진정한 독립운동사, 그것이야말로 박은식과 약속한 '나라를 찾은 웃음의 역사'였기 때문이다.

또 하나 그가 수집한 사료들을 언급하지 않을 수 없다. 김승학의 『한국독립사』와 그것의 출판 과정에서 수집한 자료들의 사료적 가치다. 본디 사료란 역사적 자료로 수집된 자료를 일컫는다. 역사를 연구하거나 서술하는 데 있어서 가장 필요한 수단은 역사 구성요소의 기초분자가 되는 재료, 즉 역사적 자료의 수집이다. 이 수집된 역사적 자료를 사료라 한다. 즉 사료는 과거를 찾아 조사할 때 무언가의 단서가 되는 요소로, 역사가와 사실을 매

---

363 김승학, 「自序」, 『韓國獨立史』(증보판), 독립문화사, 1970, 95쪽.

개해 주는 요소다. 과거의 인간행동과 사상이 남긴 흔적의 총체이며, 그것은 직접 경험할 수 없는 과거를 인식하는데 필요한 역사적 자료이다.

김승학의 『한국독립사』 편찬의 초고자료 및 그가 남긴 '희산 유품자료'는 매우 다양하다. 더욱이 이러한 대부분의 사료들이 앞서 언급한 1차 사료에 해당한다는 점에서 의미가 크다. 우리 측에서 기록되고 만들어진 1차 사료라는데 그 가치를 더한다. 김승학의 『한국독립사』 편찬의 초고자료 및 기타자료들은 당사자 또는 당대인에 의해 이루어진 것으로서, 당사자의 기록인 일기·편지·회고록·여행기·답사기 등 당사자가 사건 후에 기록한 것뿐만 아니라, 같은 시대의 사람이 사건을 바로 듣고, 보고, 전해들은 것을 기록한 것들이 상당수다. 직접적 사료들로서의 가치가 크다는 의미다.

특히 김승학이 모은 독립운동가들의 육필 수기 및 이력서는 인물연구에 가장 중요한 1차 사료로, 그의 삶의 경험이 아니면 쉽게 취합할 수 없는 자료들이라는 점도 주목해야 한다. 그의 다양한 독립운동가로서의 삶이 그렇다. 만주 지역 무장항일투쟁과 함께 임시정부 관련 활동 및 『독립신문』을 주관한 경험, 그리고 일제의 눈을 피해 끊임없이 숨어 다니던 행적, 옥중생활 속의 숱한 고문 등등이 그것이다. 더욱이 해방 이후에도 임시정부 활동을 지속하면서 『(환속)독립신문』을 지속적으로 발행한 것도 소중한 경험이다. 이러한 김승학의 역정은 여타 독립운동가들의 삶 속에서는 쉽게 발견할 수 없는 일면으로, 독립운동가들과 관련한 수기 및 이력서 수집에도 상당히 유리한 상황이었음을 시사해 주고 있다. 향후 우리가 주목해야 할 또 하나의 과제다.

한편 그의 역사·사상관에 드러나는 대종교적 가치인식은, 일제강점기 수많은 항일투사들의 공통된 지향이기도 했다. 우리의 역사·언어·사상·문화와 관련한 근대 정체성의 중심이 대종교였기 때문이다. 특히 김승학의

『배달족이상국건설방략』은 길지 않은 글로, 그가 감옥 생활을 하며 엮은 고귀한 저술이다. 비록 짧은 글이지만 그의 대종교적 역사·사상관이 옹글게 농축되어 있다.

저항과 해방의 시대를 밟아온 그의 삶 역시 그러한 가치관의 실현과 무관치 않았다. 『배달족이상국건설방략』이 그가 저항의 시대를 살며 구상한 사상서라면, 그의 『석암수필(石庵隨筆)』이라는 글은 해방의 시대에 엮어진 또 다른 사상서라 할 수 있다. 물론 『석암수필』은 한 편으로 이어진 글이 아니다. 이 글은 김승학 자신의 친필과 지우(知友)들의 육필로 이루어진 수고본(手稿本)으로, 산문 형식의 글 2편과 사설시조 형식 1편, 개화가사 형식 2편, 그리고 한시 형식 26편(오언절구 1편·오언율시 2편·오언배율시 1편·칠언절구 1편·칠언율시 20편·칠언배율시 1편)이 실려 있다. 김승학 자신의 글이 18편이며 그 나머지는 '석암' 건축을 축하하는 지우들의 글이다. 시간적으로는 해방 직후인 1947년부터 1959년까지의 글들이며, 공간적으로는 주로 부산 지역(석암)을 중심으로 한 글들이 주종을 이룬다. 김승학의 다양한 인식과 그의 인간됨, 그리고 그의 신산(辛酸)했던 삶의 여정을 잘 보여주는 글로, 향후 또 다른 분석과 연구가 요구된다.

그의 『석암수필』 속에 「불망가(不忘歌, 잊지말기노래)」라는 글이 있다. 말 그대로 '잊지 말자는 노래'다. 이 글은 후렴구를 기준으로 전체 25연으로 이루어졌다. '잊지 말자'는 내용의 주제는 대략 6부류로 나뉜다. 가장 많은 부분이 대종교적 요소로써 7가지(하늘 은혜, 단군할배, 백두산, 천지, 삼령 사철, 비서갑후, 개천절)를 서두에 내세웠다. 김승학 자신이 대종교의 원로로서, 대종교적 기반 위에서 평생을 생활한 영향일 듯하다. 다음으로 정신가치(염치, 신라시대, 수치, 개혁정신, 조국정신, 독립정신)와 관련된 요소가 6가지이며, 인물가치(노군관, 전명운과 장인환, 이준, 안중근, 윤봉길, 무

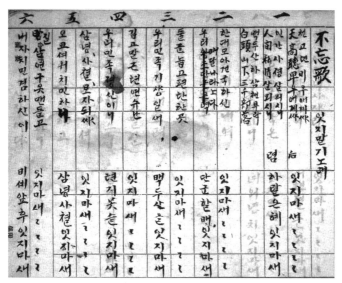

김승학이 친필로 적은 「불망가(잊지말기노래)」의 앞 부분

명영웅) 부분도 6가지다. 다음으로 사건 관련 요소 3가지(오칠늑약, 경술망국, 기미운동)와 단체 관련 요소 2가지(남북만주 임시정부, 노인단과 참의부), 마지막으로 문물에 대한 요소 1가지(거북군함)다.

「불망가」는 우리 것을 잊지 말자는 정체성의 노래다. 한마디로 우리 정체성에 대한 각성의 목탁과도 같다. 그 속에는 우리의 역사와 사상, 그리고 문화와 투쟁 등, 수많은 가르침이 농녹아 있다. 특히 아래 소개하는 대종교적 요소 7가지는 그 상징성이나 사상적 배경에 대한 배경 설명이 없이는 이해하기 힘든 부분이기도 하다.

천고청비(天高聽卑) 위에 계시어 인간사정 살리시니
잊지마세 잊지마세 하늘 은혜 잊지마세

백두산하 삼천단부 한 데 모아 건국하신 우리 배달나라로다
잊지마세 잊지마세 단군 할배 잊지마세

둥글 높고 편탄한 곳 우리민족 기상일세
잊지마세 잊지 마세 백두산을 잊지마세

깊고 맑은 천연수는 우리민족 정신이니
잊지마세 잊지마세 천지못을 잊지마세

삼령(三靈) 사철(四哲) 보좌 되시어 오교(五敎) 세워 치민(治民)
하니
잊지마세 잊지마세 삼령 사철 잊지마세

길쌈 연구 옷 만들고 내자(內子) 치민(治民) 겸하신 이
잊지마세 잊지마세 비서갑후 잊지마세

사천 여년 역사 사랑 너도 나도 하고 사니
잊지마세 잊지마세 개천절을 잊지마세

김승학의 생애는 모든 것을 버린 삶이다. 독립과 나라사랑을 위해 일신과 일가의 부귀안락을 포기했다. 그리고 얻은 것이 있다면 '애국지사'라는 명예 하나다. 그것도 애국과 매국이 혼재(混在)하는 불명예 속의 명예다. 그는 '독립'과 '정체성의 구현'을 위해서라면 주변을 아랑곳하지 않았다. 그가 저항과 해방의 시대를 살아온 흔들리지 않은 삶의 철학이다. 문제는 그가

그리도 이루고자 한 독립과 정체성 구현의 실현 여부다. 김승학은 해방 공간에서도 독립을 외쳤다. 분단의 시대에『(환국속간)독립신문』을 지속한 이유다. 그리고 정체성 구현에 노년을 바쳤다. 혼돈의 시대에 대종교 중흥에 앞장 선 배경이다. 그는 우리가 이념과 분단을 넘어 하나가 되어야 할 당위와 방법을 이미 제시하고 있다. 이 시대를 사는 우리가, 왜 다시 김승학을 응시해야 하는가를 고민케 하는 이유다.

부록

I. 망명객행정록
II. 김승학 연보

부록 I - 망명객행정록

『망명객행적록』은 희산 김승학의 일대기적 회고록으로, 그의 나이 78세 때인 1958년에 탈고한 것이다. 『망명객행적록』의 원본은 '韓國獨立運動史編纂委員會原稿用紙'라고 인쇄된 200자 원고지에 직접 수고(手稿)한 것으로, 김승학의 육필본이다. 전체의 분량은 301쪽이며, 제목 1쪽과 목차 3쪽 그리고 본문 297쪽으로 엮어져 있다.

본문의 전체 구성은 '허두(虛頭)'를 시작으로 마지막 '부록1·2'까지 23절로 나뉘어 있으며, 생장(生長)하여 말년까지 일대기적(傳記的) 형식을 취하고 있다. 글의 맨 앞부분인 '허두(虛頭)'와 맨 마지막 '부록'을 뺀 나머지 부분이 그의 삶의 행적에 관한 기록들이다. 김승학은 '허두'에서 『망명객행적록』의 또 다른 제목을 '제가 적은 옛자취'로 명명하고 있다. "내가 이 글을 적는 것은, 나의 행적(行蹟)을 자랑하거나 세상에 알리려는 것이 아니고, 내가 나의 조선(祖先)의 종손(宗孫)이요, 부모의 만득자(晚得子)로 태어나서 선조의 제사 범절(凡節)이나 자식된 도리를 받들지 못하였고, 형제 처자에 대하여서도 부형(父兄)된 의무를 다하지 못하여, 천지간의 일죄인(一罪人)을 면할 길 없으므로 지내간 자취를 대강 기록하여, 위로 부모(父母) 조선(祖先)과 아래로 형제 처자에게 내 죄를 고백하려는 것이다. 이 기록은 사실의 3분 1

이상이 생략되었을지언정, 조금도 과장하거나 조작한 것은 없으므로, 이름을 '제가 적은 옛 자취'라고 하였다."라는 고백이 그것이다.

『망명객행적록』의 내용은 4부분으로 나누어 이해할 수 있다. 1절(머리말)~8절(사범학교와 교원생활)까지가 망국 이전의 상황이다. 9절(두 번째 압록강을 건너다)~20절(다시 세 번째 압록강을 건너다)까지는 김승학의 독립운동기로 서간도 활동과 상해 임시정부 활동, 그리고 그 연계 과정에서의 우여곡절이 담겨져 있다. 이어 21절(조국해방과 그 후)은 광복 이후의 상황을, 마지막으로 22절(애국가)와 23절(단족(배달족) 이상국 건설방략)은 각기 부록 2편을 싣고 있다. 다만 부록2에 해당하는 23절(단족(배달족) 이상국 건설방략)은 『망명객행적록』에 수록되지 않고 별도로 나눠져 있다.

한편 『망명객행적록』은 집안에서도 가전(家傳)의 형태로만 전해졌다. 탈고된 지 40년 동안 가장(家藏)되어 오며 공개되지 않았던 이유이기도 하다. 1998년 독립기념관 독립운동사연구소 논문집에 부록으로 수록되면서 마침내 그 내용이 드러났다. 그전까지 『망명객행적록』은 그저 집안의 손자녀들에게 가전(家傳)으로 읽혔을 뿐이었다. 따라서 『망명객행적록』은 그 출판도 변변치 않았다. 1998년 독립기념관 독립운동사연구소에서 탈초본이 논문집에 수록된 이후,(김승학, 「망명객행적록」, 『한국독립운동사연구』12, 한국독립운동사연구소, 1998, 참조.) 2011년에는 도서출판 말굽소리에서 번역본을 펴낸 바 있다.(희산김승학선생기념사업회, 『망명객행적록』, 말굽소리, 2011, 참조.) 그러나 기존 독립운동사연구소본은 원본에서 탈루(脫漏)된 것이 많고, 원고의 한문과 옛문투 그대로 활자화한 정도를 넘어서지 못한 한계가 있었다. 또한 2011년 희산김승학선생기념사업회에서 발간한 『망명개행적록』은 자의(字意)를 그대로 옮기는 수준은 물론이려니와 가공된 내용을 보탬으로 자료로서의 가치를 얻을 수 없었다.

『망명객행적록』에는 만주를 중심으로 김승학이 꿈꾸던 소망의 세계와 함께 동지(同志)와 주구(走狗), 애국과 매국의 경계에서 온존하고자 했던 친일의 인물 문제들이 구체적으로 나타난다. 또한 김승학이 목도한 자유시참변의 문제와 관동대진재 실상이 언급되어 있으며, 완전한 자주 독립을 포기하지 않았던 김승학의 행적도 기록되어 있다. 더욱이 그 동안 공개되지 않았던 '애국가'의 가사를 통해 만주독립군들의 나라사랑의 의지도 확인해 볼 수 있다.

　이뿐만이 아니다. 『망명객행적록』에는 개인적 삶에 대한 진솔한 심경토로와 더불어 사적인 삶의 단편을 엿볼 수 있는 일화뿐만 아니라, 독립운동과 관련된 숨겨진 비사 또한 적지 않게 실려 있다. 가령 김승학이 상해를 오가며 활동하는 부분이나, 연통제와 관련한 국내 잠입 활동, 그리고 만주참의부 성립의 비화 등이 대표적인 예다. 또한 삼부통합의 전후 내막과 독립운동 관련 자료를 지키기 위해 생사를 넘어선 모험, 광복군 한인특별반대원 모집과 관련된 활동 내용 등등이 그것이다. 그의 활동 무대 역시 국내와 만주, 중국 본토와 내몽고, 그리고 러시아 지역까지 광범위하게 펼쳐졌다. 따라서 살펴야 할 과제 역시 부지기수라는 점이다. 먼저 김승학의 스승인 국동(菊東) 조병준(趙秉駿) 계열의 인적 네트워크(평북 중심의 독립운동 인맥 연구에 중요한 에 대한 체계적 연구의 필요성이다. 또한 참의부 설립을 백방의 노력과 서간도 독립운동단체들의 통합을 위한 우여곡절, 김구의 부인인 최준례 여사와 이륭양행 기선을 타게 된 일화, 상해에서의 무기 반입의 극적인 장면과 독립군들에게 무기를 나누어 주며 외친 감격적인 장면, 『망명객행적록』의 여러 부분에 실려 있는 한시(漢詩)들에 숨어있는 의미 파악, 목숨 걸고 지키고자 했던 독립운동사 자료의 비화, 유고가 된『한국독립사』간행의 과정 등등, 살펴봐야 할 부분들이 너무도 많다. 이 모든 것이 『망명객행적록』의 독립운동사적 가치를 단적으로 말해 주고 있다.

1. 시작하는 말

이 글을 적는 것은 나의 행적을 자랑하거나 세상에 알리기 위함이 아니다. 다만 일평생 살아오면서 우리 집안과 가족들에게 해야 할 책임과 의무를 다하지 못한 죄를 고백하려는 것이다.

나는 한 가문의 종손으로서 뒤늦게 태어난 데다 조상님들께 올려야 할 제사 범절이나 자식 된 도리를 다하지 못했고, 또한 아내에게 대하여 남편으로서, 그리고 자식에게 대하여 아버지로서 의무를 다하지 못하였을 뿐 아니라 형제에게도 해야 할 도리를 다하지 못했다. 그러니 하늘과 땅을 볼 면목이 없는 죄인임이 분명하다. 이러한 내가 나그네의 몸으로 나라 밖을 떠돌며 어떻게 살아왔는지, 지나온 발자취를 대강 기록함으로써, 위로는 조상님과 부모님께, 아래로는 아내와 자식 그리고 형제에게 내 죄를 고백하고자 한다.

이 기록은 전체 내용의 3분의 1 이상이 생략되었지만, 조금도 과장하거나 조작한 부분이 없다. 그저 내가 걸어온 길을 사진 찍듯이 있는 그대로 적었으므로, 글의 제목을 '어느 망명객의 발자취'라고 붙여본다.

2. 가정환경

　나의 성은 김(金)이며, 본적은 배천(白川)이고, 이름은 승학(承學)이다. 이 이름 외에도 우경(愚卿)이라는 다른 이름이 있지만, 주로 희산(希山)이라는 호로 더 잘 알려져 있다. 단기 4214년(서기 1881) 7월 12일 평안북도 의주군 비현면 마산동 동상곡 신보라(枇峴面 馬山洞 東上谷 新保羅) 절골에서 태어나, 어려서는 줄곧 '신보내 집 아이'로 불렸다.

　세상을 떠나신 아버지의 이름은 덕린(德麟)인데, 원래 이름 외에도 기수(紀壽)라는 다른 이름으로 불리셨으며, 호는 인암(仁庵)이셨다. 아버지는 임금으로부터 충훈전(忠勳殿) 참봉(參奉)의 지위를 하사받으셨고, 정3품 통정대부(通政大夫)가 더해지셨다. 어머니는 강릉 최씨로, 최광록(崔光祿)의 둘째 따님이셨다.

　장남으로 태어난 나에게는 누이 셋과 남동생 하나가 있다. 남동생의 이름은 명학(明學)으로, 무자(戊子年) 출생이니 살아 있다면 올해 75세다. 광복 되던 때 만주 안동의 봉황성에 살았으나, 지금은 생사를 알 길이 없다.

　아내는 안산(安山) 김내정(金迺貞)으로, 김시은(金時殷)의 둘째 딸이다. 우리 부부는 슬하에 3남 1녀를 두었다. 장남은 성률(性溧)이요 영달(榮達)이라고도 불린다. 둘째는 성철(性澈)이요 영저(榮渚)라고도 하며, 셋째는 성준(性浚)으로 영호(榮湖)라고도 하고, 딸은 같은 고향의 한양 조(趙) 씨 만준(萬俊)과 결혼했다.

　우리 집안은 원래 신라 김알지(新羅 金閼智)왕의 후예라 경주 김씨였는데, 중세에 백천군(白川君)파에 속하여 백천 김씨로 살았다. 조선 성종 때 17대조 할아버지께서 전라좌수사를 지내다 의주에 유배되셨다가 그곳에 눌러 앉아 살게 되면서 의주 15대 성(姓)의 하나가 되었다.

11대조 양필(良弼)께서는 이율곡 선생의 제자였으며, 율곡 선생이 통지를 하여 의주군에서 15인을 모아 향약계를 조직했고, 10대조 능호(能浩)께서는 임진왜란 때 선조께서 의주로 피신하셨을 때 의주 의사 96인을 모집하여 박천군(博川郡)까지 마중을 나갔다가 한밤중에 왕의 가마를 업고 진두강(津頭江)을 건넜다. 이처럼 자신의 마필로 왕의 가마를 모시어 의주 피난을 도왔으므로, 그 공을 인정받아 호성원종공신(扈聖原從功臣)이 되었다. 선조께서 환궁하실 때에 10대조 능호께 말과 안장을 하사하시면서 '진두강을 건너게 해준 일에 보은한다.'는 글씨가 새겨진 비단족자를 주셨을 뿐 아니라 '의주에 간 사람은 모두 고을의 위인들이다.'라는 왕의 친필문장을 의주 향당에 봉안케 했다. 10대조 능호 공께서는 별세하신 뒤 '인의(引儀)'라는 시호를 받았다.

　　8대조 계립(繼立)께서는 정묘호란 때에 임충민(임경업)의 휘하 부장으로 백마산성 전투에 참가하여 청나라 병사들과 맞서 싸우며 큰 공을 세워 '쳐들어오는 적을 막아 왕을 보호하고 호위했다.'하여 '절충장군행룡위'(折衝將軍行龍衛)가 되었다. 할아버지 혜당공(惠堂公)은 흥려(興麗)라고 불렸으며, 6-7대에 걸쳐 유산으로 물려받은 가산(家産) 수천 석 토지를 모두 조상의 제사를 받들고 손님들을 대접하고 가난한 백성들을 먹이는 구휼사업에 사용하고, 말년에는 살림살이가 매우 궁핍하게 살다가 생을 마치셨다.

　　당시 나의 부모는 이루 말할 수 없이 가난한 생활 중에도 성심을 다하여 조상의 제사를 받드셨다. 조상의 기일이 돌아오면 품을 팔아서라도 제수를 마련하셨으며, 새로 곡식과 과일이 나오면, 반드시 조상님께 먼저 올려드린 후에야 비로소 입에 넣으셨다. 그리하여 고을 사람들은 나의 부모를 "신보내 집 영감은 하늘이 내린 효자"라고 칭송하며 항상 존경하고 공손한 태도로 대했다.

3. 유년 시절

어릴 적 우리 집은 정말 찢어지게 가난했다. 아버지는 밭을 갈고 어머니는 길쌈을 해서 겨우 먹고 살았다. 오죽 생계에 쪼들렸으면, 우리 부모님은 자식들 공부시키는 일에 마음 쓸 겨를조차 없었다. 여기에 그 신산(辛酸)한 삶의 한 두 토막을 적어본다.

내가 출생하던 이듬해인 임오년(1882년) 가을에는 근거 없는 소문으로 의주 일대에 큰 괴변이 일어나 그 영향이 선천까지 미쳤는데, 소문의 내용은 이러하였다. "청나라 군병 수만 명이 압록강을 건너와서, 아무런 잘못이 없는 인민들을 마구 찔러 죽인다."는 것이었다. 이 터무니없는 소문으로 인해 마을사람들이 피난을 서두르며 가까운 산골짜기로 몰려드는 바람에 그곳에서 15일 동안 대혼란을 겪었다.

내가 태어난 곳 신보라 절골은 마두산(馬頭山) 북쪽에 위치해 있다. 아주 오랜 옛날 그곳에 보라사(保羅寺)라는 절이 있어서 생긴 이름이다. 십리 이내에 인가가 없고 삼림이 우거진 깊고 그윽한 골짜기 끝이다. 그러니까 앞서 말한 괴소문 때문에 인근 마을의 피난민들이 수천, 수만 명씩 이곳으로 몰려들었다. 그리하여 순식간에 골짜기는 사람들로 넘쳐나게 되었다. 이때 우리 부모는 일 년 동안 농사지은 곡물 십여 석을 난민들의 점심거리로 내어주셨다고 한다.

이런 사정으로 다음 해에는 그 곳에서 농사조차 지을 수 없고 생활이 지극히 어려워져서 부득이 이웃마을인 광하동(廣下洞) 선영(나의 8대조께서 살만한 곳으로 찾아서 잡아놓은 옛터) 아래로 옮겨 살게 되었다. 돈 10냥을 주고 백의일(白義一) 씨의 좁은 방을 빌려 이사한 뒤 소작인 생활을 하게 되었다.

4218년(1885)에 아우 명학이 출생했다. 그리고 이듬해 8월 할아버지 혜당공께서 별세하셨다. 당시 내 나이가 6살이었으므로, 할아버지 모습이 눈앞에 어렴풋이 그려진다. 이 해에 큰누이가 같은 면 정산동(亭山洞)에 사는 문용덕(文龍德)과 혼인했다.

4219년(1886) 이른 봄 우리 형제가 함께 홍역에 걸렸는데, 좀처럼 차도가 없었다. 부모님께서는 매일 앞 강 얼음물에서 목욕재계를 하시고 성심을 다하여 역신(疫神)에게 빌기를 한 달 가까이 하셨다 한다. 부모님께서는 그와 같이 자식을 위하여 온 정성을 다하셨건만, 자식 된 자는 그 은혜에 만분의 일도 갚지 못하였으니, 이 어찌 죄송한 일이 아니겠는가. 부모님은 그 곳에서 2년간 소작농으로 생활하셨다.

4221년(1888, 정해년, 내 나이 8세)에는 인근에 사는 백의순(白義順)의 농막으로 다시 옮겨갔다. 둘째 누이가 이 해에 월화면(月華面)에 사는 최석숭(崔錫崇)과 혼인했다. 4222년(1889, 9세) 같은 동네 백인거의 작은 방으로 이사하여 1년 동안 소작농 생활을 했다. 4223년(1890)에는 같은 절골 마을 박의관의 앞방으로 이사하여 농사를 지었고, 그 해 10월에 같은 동네 한응우의 농막으로 이사하게 되었다. 이 집은 할아버지께서 지어서 팔았던 곳이다.

이렇게 이곳저곳을 옮겨 다니며 소작농 생활을 계속하셨으니 부모님이 얼마나 고달프셨을까. 그 때는 매년 흉년이 들어서, 비록 대농가라 하더라도 아침에는 밥, 저녁에는 죽을 먹는 고단한 삶을 이어가기조차 어려워, 대부분 풀뿌리와 나무껍질로 연명했다. 나의 선영의 소나무 숲 십여 정보가 모두 소나무 껍질을 벗겨 먹으려는 사람들의 손길에 의해 잘려나갔다.

더구나 우리는 소작농으로서 그 생활이 얼마나 궁핍하였던지 말로 표현하기 힘들 정도였다. 아버지는 매일 이 집 저 집 품팔이를 하시고, 어머니는 이웃집 방아를 찧어주신 삯으로 등겨를 얻어와 겨우 식구들 목숨을 이어갔다. 등겨에 작은 싸리기라도 조금 섞여 있으면 '상미(上味)'라 하는데, 그것은 우리 형제에게 먹이시고, 부모님은 순전한 등겨만 드셨다.

아침은 겨밥, 저녁은 소나무껍질범벅으로 연명하는 생활이 계속되자, 심한 변비로 인해 우리 형제는 아파서 우는 날이 많았다. 그 때마다 어머니가 송곳으로 우리의 똥구멍을 파주시며 눈물을 흘리곤 하셨다. 그 시절의 기막힌 형편을 생각하면 지금도 눈물이 앞을 가린다. 이 얼마나 애달픈 노릇인가. 그토록 고달픈 광경은 이루 다 헤아릴 수 없을 만큼 많다.

4. 학창 시절

4223년(1890) 처음 학숙(學塾)에 들어갔다. 입학 동기가 하도 이상하여 여기에 적어보기로 한다.

우리의 가정 형편은 이처럼 극도로 빈궁하여 자식들을 글방에 보낼 수 없었다. 그래도 낮에는 땔나무를 해오고, 밤이면 아버지께 천자문을 배워서 자식으로서 부모에 대한 도리, 제자로서 스승에 대한 도리, 그리고 신하로서 군주에 대한 도리까지는 배웠다.

그러던 어느 날, 나는 지게를 지고 앞들 길가에 있는 작은 귀퉁이 밭에 나가서 떨어진 콩잎을 긁고 있었다. 그때 같은 성씨인 김동이(金童伊)와 친구 박동이(朴童伊)가 책을 옆구리에 끼고 도시락 주머니를 어깨에 맨 채 내 앞으로 지나가면서 말하기를, "야, 이놈아. 너 나무하지 말고, 서당에 가자. 서당에 가면 놀기도 좋고, 글도 읽고, 얼마나 좋으냐? 왜 먼지 마시면서 나무만 하고 있느냐?" 했다.

그렇지 않아도 서당에 가고 싶어서 어머니께 조르던 참인데, 동무들이 권하니 나도 마음이 들떴다. 그래도 간신히 가라앉히고 이렇게 대답했다. "얘들아, 내 말 좀 들어보렴. 나도 서당에 가고 싶은 마음이야 간절하지만, 가지 못하는 이유가 세 가지 있다. 첫째는 내가 나무를 하지 않으면 아침저녁 밥을 익힐 수가 없고, 둘째는 책이 없고, 셋째는 이 지게와 갈퀴를 어디다 두겠느냐?"

　　그러자 그들이 하는 말, "야, 이 자식아, 그런 걱정일랑 하지마라. 네가 나무를 하지 않아도 굶어죽지는 않을 것이다. 책은 우리 것을 함께 보면서 배우고, 지게와 갈퀴는 여기 두었다가 올 때 가지고 가면 될 것 아니냐? 쓸데없는 말은 집어치우고 우리와 같이 서당으로 가자."

　　나도 서당에 가고 싶은 마음을 걷잡을 수 없어서, 긁어놓은 콩잎 속에 지게와 갈퀴를 묻어두고, 헝클어진 머리를 몇 번 쓰다듬고, 옷을 털어 단정하게 하고, 그들을 따라 '조산재'(造山齋)라는 서당으로 갔다. 서당 안에 들어가서 다른 아이들과 함께 선생님께 절을 했다. 선생님은 내가 잘 아는 백선명(白善鳴)씨였다.

　　선생님이 "너는 오늘 어째서 여기에 왔느냐?" 물으셨다. 나는 "저도 글을 좀 읽어 보려고 왔습니다."하고 대답했다. 선생님이 또 말씀하시기를 "네 부모가 가라고 하시더냐? 그리고 네가 글방에 오면 나무는 누가 할꼬?"하셨다. 이렇게 잠시 대화를 한두 마디 나눈 다음, 글공부가 이어졌다.

　　그 날은 동무들과 함께 글방에서 하루 종일 글을 읽고, 해질 무렵에 돌아오면서 콩잎을 지고 집에 돌아왔다. 어머니께서 깜짝 놀라시며 "얘, 이놈아. 어디를 갔다가 지금에야 오느냐? 오늘 너를 찾느라고 온 동네가 떠들썩했다. 그런데 어디를 갔던 것이냐?"한다. 나는 솔직히 대답했다. "앞들 귀퉁이 작은 밭에 가서 콩잎을 긁어모으고 있었는데, 김동이와 박동이가 글방에 가면서 함께 가서 글을 읽자고 하기에 글방에 갔다 왔습니다." 나를 찾으러 갔던 셋째 누나는 곁에서 웃고만 있었다.

그 날 저녁, 아버지가 일터에서 돌아오시고, 식사가 끝난 뒤에 어머니가 그 사실을 말씀하셨다. 아버지는 한참동안 아무 말씀도 없으시다가 나더러 물으시기를 "너 오늘 글방에 가서 글을 읽으니까 나무하기보다 좋더냐?"하셨다. 그래서 "예, 나무도 해야겠지만 동무들이 글방에 다니는 것이 무척이나 부러워요."라고 대답했다.

아버지는 한숨을 쉬시면서 "그래, 네 말이 옳다. 내가 조상의 종손(宗孫)으로 늘그막에 얻은 자식인데, 그런 너에게 글을 가르치지 못하고 나무짐을 지우는 것이 오죽이나 원통하겠느냐?"하시며, 어머니께 "저 애가 저렇게 글방을 가고 싶어 하니 어떻게 할까?" 물으셨다.

어머니는 "글쎄요. 내가 작년에도 글방에 보내자고 하였지만 생활이 여의치 못했잖아요. 우리가 종손으로서 저놈을 무식자로 만들면 선조께 불효가 아니겠어요? 기왕 곤란한 생활은 마찬가지니, 나무는 내가 간간히 보태더라도 저 아이 소원대로 보내봅시다."하고 대꾸하셨다.

어머니의 말씀이 끝나자 아버지가 나를 바라보시면서 이렇게 말씀하셨다. "네가 그렇게도 글방에 가고 싶어 하니, 내일부터 가서 글을 배워라. 그러나 네가 오늘 한 짓은 잘못이야. 글방에 간 것이 잘못이 아니고, 너도 알다시피 엊그제 절골 백장의 집 일곱 살짜리가 늑대에게 물려가지 않았느냐? 나무하러 간 놈이 종일토록 돌아오지 않으니, 집에서 얼마나 놀랐겠느냐? 이후부터는 어디를 가든지 반드시 집사람들에게 말을 하고 가야 한다."

이런 대화가 오고간 뒤 다음 날 정식으로 학동이 되어 글방에 다녔다. 그 해부터 4230년(1897, 18세)까지 8년 동안 글방 선생이 여섯 분이나 바뀌었다. 그 분들의 성함은 백인거, 조성극, 김지관, 최봉일, 홍석우, 조효증이다. 그 사이에 글을 외우고 짓고 하면서 옛 사람의 글귀를 뽑아서 시문을 지으며 열심히 공부를 하다가, 18세 때에는 어떤 탈선행동으로 부모님께 걱정을 끼쳐드린 일도 있었다.

여하튼 8년 동안 공부를 하면서 겪었던 어려움은 한두 가지가 아니다. 특히 학용품이 부족한 것은 이루 말할 수 없는 어려움이었다. 그 때의 교과서라는 것은 십구사략(十九史略), 자치통감(資治通鑑), 사서삼경(四書三經) 등인데, 목판으로 인쇄한 것들이었다. 살림이 넉넉한 집에서는 개인이 책을 샀지만, 그렇지 못한 집에서는 여러 집이 합자하여 책계(冊契)를 조직해 곗돈으로 책을 구입했다. 계원의 자제들이 돌아가면서 그 책으로 공부할 수 있게 하려는 것이었다. 그러나 계원이 아닌 집 아이들은 책을 빌릴 수조차 없었다. 그래서 가난한 집 아이들은 자기 손으로 직접 책을 필사해 보는 수밖에 없었다.

나도 책을 필사할 종이와 붓 값을 마련하는데 많은 어려움을 겪었다. 13살 되던 해부터는 내 힘으로 어려움을 극복해 보려고 밥 먹는 시간을 단축하여 짚신을 삼기도 하고 돗자리를 짜기도 했다. 하루 두 번씩 후다닥 밥을 먹고 나서 짚신을 한 짝씩 삼으면 한 켤레가 되었다. 아버지께서 밤에 그것을 잘 손질하시면 짚신 한 켤레 값으로 엽전 3푼이나 4푼이 모였다. 당시 종이 한 장 값이 1푼 반 내지 2푼이었고, 붓 한 자루는 2전 5푼 혹은 3전씩 했다. 돗자리는 12일이면 한 장을 짜는데, 15전에서 20전까지 받을 수 있었다. 한편, 봄과 여름에는 어머니가 산에 가서 참나무 잎을 뜯어다 깨끗이 닦아서 다듬어 주시면 종이 대신 그 위에 글을 쓰곤 했다.

팔년 동안을 이런 식으로 공부했는데, 주로 시나 글을 짓는 공부에 힘썼다. 15세 되던 때에는 셋째 누나가 같은 면에 사는 당후동(堂後洞) 김병직(金丙稷)과 혼인했고, 17세 되던 해(병신년)에는 내가 결혼했다. 그리고

10월에는 우리 가족이 광상동(廣上洞) 김문일(金文一)의 집에 딸린 작은 방으로 이주하였다가, 이듬해 봄에 광하동 선영 아래 오랫동안 길러온 나무들을 베어내고 그곳에 아버지와 자형 문용덕이 협력하여 초가삼간을 짓고 이사했다. 그러니까 내가 태어나서 17년 만에 처음으로 우리집을 장만한 것이었다.

4232년(1899, 기해년, 17세)부터는 시를 쓰고 글을 짓는 공부를 버리고, 경전의 뜻을 연구하는 경의학(經義學) 공부에 뜻이 있어, 같은 군에 위치한 월화면(月華面) 진음동(秦音洞) 소재, 조국동(趙菊東)선생이 주재하시는 증곡재(曾谷齋: 운암(雲菴) 박문일(朴文一)의 영정을 봉안한 곳)로 가서 그분을 스승으로 모시고 경의학 공부에 전념했다. 증곡재에는 서북 각도의 청년학도 700-800명이 모여 성학(공자교)을 연구하면서 나라 일을 토의했다.

4233년(1900, 경자년, 20세) 3월 중순, 성인에게 제사하는 정일(丁日)에 박운암 선사의 춘향(春享)을 받들기 위해 원근각지의 선비 유생과 청년 학도 수백 명이 증곡재에 모여서 제사를 드린 뒤, 나날이 어려워져가는 국정을 걱정하게 되었다. 조국동 선생은 국정의 어려운 상황을 통탄하면서 이렇게 말씀하셨다.

> "우리는 섬나라 일본 놈과 4백 년 동안 원수인데 지난 을미년에
> 저들이 우리 국모 명성황후를 참시하였으니 우리 국민은 왜노
> 와 불공대천지원수이며, 더욱이 우리처럼 학문을 하는 사람들
> 로서는 의롭게 일어나 왜적을 토벌하는 것이 당연한 의무이다.
> 충청도, 전라도, 경상도 3남(三南)의 학자들은 곳곳에서 일어나
> 혈전하는데, 우리 지역의 인사들은 침묵으로 일관하여 움직임
> 이 없으니 이런 수치가 어디 있는가?"

그분이 눈물을 흘리며 말씀하실 때, 같은 고향 유교계의 원로 장원섭(張元燮)옹도 그 자리에 함께 계셨다.(장원섭은 을미년에 조국동과 함께 창성(昌城)에서 의병을 일으켜 왜병과 혈전하신 분이시다.) 장원섭 옹 역시 같은 어조로 청년 학도들에게 의기로써 일어날 것을 암시(暗示)하면서 "우리는 산중에서 유교 경전만 크게 소리쳐 읽고 경전 이론만 연구하는 것보다, 빨리 군사를 양성하여 왜적과 맞서 싸울 것을 준비하는 것이 급선무인데, 국내에서는 군인을 양성할 곳이 없으니, 불가불 서간도에서간도(不可不 西間島)에 건너가서　건너가서 지점을 물색하며, 중국 군벌들과 손잡고 준비하는 것이 필요한 일이다."고 확신 있게 담대히 말씀하셨다.

　　나는 청년 학자 중 한 사람으로 이 말씀들에 귀를 기울이며 마음속으로 그 일을 실행하여 보리라 결심했다. 말하자면 서간도로 가겠다고 다짐한 것이다. 막상 결심이 서자, 봄과 여름을 지내는 동안 공부할 마음보다는 같은 학도들 가운데서 나와 뜻을 같이할 사람을 물색하는 일과 이 일을 실행하는데 드는 경비를 마련하는 데 열중하게 되었다.

　　그 해 9월 쯤 의주군 진리면 탑동에 살고 있는 고종사촌 고효겸(高孝謙)을 찾아가 서간도로 갈 뜻을 타진했다. 그랬더니 그의 생각에 내가 어려 보였던지, 대번에 나를 책망하면서 "자네는 아직 배우는 시기이니, 그런 망상은 하지 말고 공부에나 전념하라."고 야단을 치는 것이었다. 그 말이 매우 불쾌하여 금방 돌아서려다가 그가 극구 만류하기에 부득이 그 날은 그의 집에서 묵기로 했다. 저녁을 먹고 나자, 그가 나를 데리고 집 뒤 산꼭대기로 올라갔다. 그러더니 왜 서간도로 가려고 하느냐고 물었다. 나는 솔직하게 지난 3월 중곡재에서 수백 명의 원로 선비들이 모인 가운데 조국동, 장원섭 두 선생님이 하신 말씀을 자세하게 전했다. 그랬더니 그는 나를 칭찬하면서 "그대의 뜻을 이루고자 하는 의지가 매우 장하니 나도 찬성할 뿐만 아니라, 함께 가보려는 생각이 드네. 또 조국동, 장원섭 두 선생님은 우리가 존경하는 분들인 즉 의리를 복종치 아니할 수가 있겠는가? 그러나 막연하게 서간도로 간다면 실패할 것이 분명하니, 그대가 생각해두었던 계획과 방법을 대강이라도 말하라."고 한다. 그래서 나는 이렇게 말했다.

"듣자 하니 서간도는 본래 우리나라 강역인데, 우리가 포기했기 때문에 지금은 청국에서 관리한답니다. 백여 년 전부터 우리나라 빈민들이 건너가 농사지으며 시작한 것이 지금은 수만호에 이를 정도라는데, 그 지역을 나선국(羅鮮國)이라고 한다고 합니다. 그곳은 사람들의 마음이 순박하고 인정이 많고 곡물이 풍부하여서 누구라도 가기만 하면 먹고 입을 것은 공급하여 준답니다. 그리고 그곳에서 사는 중국인 왕교란(王鮫蘭)이라는 장수가 원래는 향마적(餉馬賊) 수괴로서 중국 정부에 귀화하여 수만 명 군사를 거느리고 있다 하며, 또 그곳 사람 전체를 거느리는 통령(統領) 한병화(韓秉華)란 사람은 본래 조선 사람이라는 소문도 있고, 혹은 그 어머니가 조선인이라 하기도 하는데, 재산이 수만이라 합니다. 왕교란과 한병화 두 사람이 나선국을 관리하고 있는데, 한통령은 조선인이 찾아가기만 하면 후대할 뿐만 아니라 청구하는 대로 수응(酬應)하여 준다더군요. 그래서 제 견해로는 이 두 사람을 찾아가 우리나라 형편을 알리고 교섭을 잘하면 그 곳에서 군대를 양성할 거점을 빌릴 수도 있을 듯하고, 잘 되면 군사를 양성할 물자도 의뢰할 수 있으리라고 자신합니다." 하였다.

그랬더니 그는 반신반의(半信半疑) 하면서도 호기심이 생겨 자기도 같이 가본다고 하면서, 10월 10일에 그의 넷째 동생 고효일(高孝鎰)이 경영하는 옛 의주 성내에 위치한 용산약국에서 만나기로 약속했다.

5. 첫 번째 압록강을 건너다

어느덧 10월 초순이 되었다. 나는 공부하러 간다는 핑계로 부모님께 작별을 고하고 집을 나섰다. 옛 의주에서 고종형을 만나 서간도를 향해 출발했다. 압록강을 거슬러 올라가 벽동군(碧潼郡) 벽단진(碧丹鎭)까지 간 뒤, 강을 건너 대황구(大荒溝)에 있는 중국인 소와상(燒窩商) 보성태(寶盛泰)의 집에서 하룻밤을 자게 되었다. 그날 밤에 소고풍(小古風) 일절을 읊었는데, 시법은 잘된 것이 아니지만 그 뜻은 엿볼 수 있을 것이다.

聞道羅鮮國(문도나선국)
新開別乾坤(신개별건곤)
妄想遊說計(망상유설계)
今渡鴨綠江(금도압록강)
王韓兩巨頭(왕한양거두)
不識何許人(불식하허인)
外敵跋扈廷(외적발호정)
士當投筆時(사당투필시)

듣건대 나선국이

새로 별천지를 열었다 하니

포부를 떨칠 생각으로

지금 압록강을 건너노라.

왕교란, 한병화 두 사람을

알지는 못하지만 과연 어떤 인물일까.

외적이 나라를 뒤흔드니

마땅히 선비가 붓을 던지고 병기를 잡을 때로다.

사흘 만에 환인현(桓仁縣) 차구(岔溝, 차거우) 뒷골 협피구(陜皮溝, 재피가우)라는, 길이가 80리에 이르는 긴 계곡에 도달했다. 이곳은 크고 작은 계곡이 좌우로 백여 리나 널려 있는데, 우리 동포들의 초가집들이 여기저기 올망졸망 모여 있었다. 그 가운데 비교적 큰 집을 찾아갔다. 주인은 한씨로, 이 동네의 백가장(百家長)이며 이름은 정민(正民)이라 했다. 다소 학식이 있어 보이는 그는 우리를 반갑게 맞아주었다. 그러나 사실은 일종의 협잡배인 듯싶었다.

그곳에서 사흘간 묵으며 '나선국'에 대해 물었다. 그랬더니 그곳이 바로 '나선국'이라는 것이었다. 내친김에 왕교란과 한병화의 거처도 물었다. 더러는 '모른다'고 하고, 더러는 이곳은 '남나선국'이고, 한통령이 있는 곳은 '북나선국'이라고 알려주었다.

그 근방의 작은 계곡을 두루 다녀 보았는데, 주민이 수백 호에 이르렀다. 가는 곳마다 이웃 동포들이 찾아와 서로 자기 집으로 가서 며칠씩 묵어가라고 간청하여 골고루 찾아가 보았다. 작은 협피구의 백가장 홍순백(洪淳伯)의 집에서 가장 길게 머물렀는데, 그는 의주군 미산(美山) 홍씨로, 학식이 있을 뿐만 아니라 애국사상이 투철해서 뜻이 통하는 데가 있었다. 거기서 27일간 머물다가 북라선국 한통령을 찾기 위해 길림성 방면으로 향했다.

환인현 횡도천(横道川)에 도착했다. 그곳은 사통오달한 소도시로, 물론 산골짜기에도 우리 동포들이 많이 살고 있겠지만, 시가지에도 몇 집 있었다. 그곳의 백가장은 김윤혁(金允赫)이라는 중년 남자가 그 지역의 유력자였다. 그의 집에서 사흘간 머물며 인근의 상황을 요모조모 알아보았다. 그의 말에 따르면, 그곳에서 70여리 되는 '발내'에 우리 동포가 100여 호나 거주한단다. 사람이 살지 않는 깊은 산골을 새로 개척한 곳이어서 농사가 잘된다는 것이었다. 하지만 물과 토질이 좋지 않아 운 나쁘게 풍토병에 걸리면 노약자들이 많이 죽게 되므로 각자 살 곳을 찾아 갈라져 나가는 추세란다. 자기도 그 곳에서 살다가 이곳으로 이주했다는데, 다음해 봄에는 처음으로 논농사를 지어보겠다고 덧붙였다.

그곳을 떠나 환인현성으로 가서 북쪽에 있는 오녀산(五女山)에 올라, 그 옛날 졸본부여(卒本扶餘)의 고적(古蹟)인 운예궁(雲霓宮)을 구경했다. 그리고 같은 현에 있는 앵앵구(鶯鶯溝)로 가 조선인 김경봉(金瓊鳳)씨 댁에서 여러 날 머물며 북라선국 한통령에 대해 수소문해 보았다. 하지만 거의 다 모른다는 대답이었다. 겨우 홍씨 노인으로부터 한통령이 있다는 데는 길림성 화전현(樺甸縣)이고 왕교란은 봉천성 임강현(臨江縣)에 있다는 소식을 얼핏 들은 기억이 난다는 말을 전해들을 수 있었다.

앵앵구 지역은 백두산 서쪽 산기슭에서 발원한 물줄기가 임강현, 통화현(通化縣)을 지나 내려오는 파저강(婆猪江)과 부강(富江, 비류강)과 합쳐지는 곳이다. 서북으로는 오녀산을 등지고 있고, 앞쪽에서 두 강이 합류한다. 이곳은 산이나 들이 모두 비옥한 곳이라, 산에는 밭을, 들에는 논을 개간해

농사를 지을 수 있었다. 그리하여 여기서도 금년에 첫 논농사를 시작했다고 한다.

동포들의 호의로 난생 처음 하얀 쌀밥을 먹었다. 4-5일을 머무르다가, 통화현으로 향하는 도중에 두도구(頭道溝, 투투거우), 이도구(二道溝, 일도거우)를 지나 삼도구(三道溝, 싼도거우), 사도거우(四道溝, 쓰도거우)에 이르렀다. 그곳 산골짜기에는 동포들의 집이 70-80호 정도 있었는데, 생활이 비교적 풍족해 보였다. 내년 봄에는 앞에 있는 벌판에 강전자(江甸子)라는 황무지를 논으로 만들겠다고, 벌써부터 계곡물을 끌어들이는 공사를 하고 있었다. 그곳에서 또 한통령과 왕교란의 소식을 물었더니, 문씨 성을 가진 노인이 말하기를 "한통령의 거취를 알려면 통화현 성내의 중국인 약방 동인당(同仁堂) 주인 고수산(高秀山)을 찾아가라."고 알려주었다. 드디어 그를 찾을 수 있는 단서를 얻게 되었다. 피곤이 싹 가시면서 새 힘이 솟는 것 같았다.

즉시 통화현으로 갈 채비를 서둘렀다. 그러자 문 노인이 말리며, 지금 의화단(義和團) 사건이 일어나 통화현 성내 통행이 곤란하니, 한 3개월쯤 지나 난리가 평정되면, 그때 떠나는 것이 좋겠다는 것이었다. 하지만 우리는 마음이 급해서 그렇게 오랫동안 기다릴 여유가 없었다. 문 노인의 만류를 듣지 않고 곧바로 출발해서 구십 리나 되는 통화현성에 3일 만에 도착했다.

성내는 과연 전시 상태였다. 계엄령이 내려서 행인들에 대한 단속이 심해 성내로 들어갈 수조차 없었다. 하는 수 없이 하남의 조선인 촌락을 찾아가 하룻밤 머물며 동인당 고씨가 사는 곳을 알아보았다.

이튿날 그 지역에 사는 동포를 길잡이로 삼아 성내에 들어가서 고씨 약방을 찾았다. 약방은 남관에 있었다. 주인은 육십 대 노인이었다. 인사를

하고, 글을 쓸 수 있는 종이와 붓을 청하여 필담으로 대화를 나누었다. 필
담의 요지는 이랬다.

주옹문(主翁問), "아간양위객인시조선인(我看兩位客人 是朝鮮人),
주재심마지방(住在甚麼地方), 유하귀간(有何貴幹), 도차폐지마
(到此敝地麼)"

주인 노인이 묻기를, "내가 보기에는 두 손님이 조선사람 같은데, 어느
지방에서 무슨 용무로 이곳까지 왔습니까?"

아등답(我等答), "아양인진시조선인(我兩人眞是朝鮮人), 유조선
의주지방래적(由朝鮮義州地方來的), 금천래방선생(今天來訪先
生), 유일점타청적사아(有一點打聽的事兒), 청선생위아문명교(請
先生爲我們明教), 불시별적사(不是別的事) 아문양인향길림성지
방(我們兩人向吉林省地方) 요방한통령병화 화왕장군교란양위적
(要訪韓統領秉華 和王將軍蕕蘭兩位去的), 아문재본국청설((我們
在本國聽說) 타양주재봉길양성(他兩住在奉吉兩省) 흔유능력지
방적사건(很有能力地方的事件) 물론대소능좌우적(勿論大小能左
右的) 소이아문양(所以我們兩) 방타문양위래적(訪他們兩位來的)
금천특별배방선생(今天特別拜訪先生) 망수선생위아문작벌(望須
先生爲我們作伐) 청교청교(請教請教)"

우리가 답하기를, "우리 두 사람은 조선인이 맞고 조선 의주 지방에서
왔습니다. 오늘 선생님을 찾아뵙고 한 가지 여쭙고자 합니다. 다름이 아니

오라, 우리 두 사람이 길림 지방으로, 한병화 통령과 왕장군 왕교란 장군을 찾아가려고 합니다. 우리가 듣기로는, 그 두 분이 봉천성과 길림성에 있으면서 지방의 일은 물론이요 주변의 크고 작은 일을 처리하는데 능력이 많다고 하기에, 우리가 그 두 분이 계신 곳으로 찾아가려는 것입니다. 오늘 특별히 선생을 찾아 인사드리기를 바라오니, 우리를 그 두 분과 연결시켜 주시기를 간청합니다."

주옹(主翁), "사사(謝謝) 양위하문한왕양위마(兩位下問韓王兩位麼) 폐인몰유접면(敝人沒有接面) 아역청설(我亦聽說) 타양재봉길지방(他兩在奉吉地方) 소유세력(少有勢力) 현하군민양정타양능좌우적(現下軍民兩政他兩能左右的) 아간니문양위객인(我看你們兩位客人) 불시농가(不是農家) 역불시상인(亦不是商人) 위시유특별적의사(爲是有特別的意思) 방타거적(訪他去的) 연이유심마호대적사건(然而有甚麼好大的事件) 현하거불료(現下去不了) 접불료타양인료(接不了他兩人了). 인위심마니(因爲甚麼呢) 현하폐국내유의화단난리(現下敝國內有義和團亂離) 거국내대유혼란(擧國內大有混亂) 국가흥망 재차일사니(國家興亡 在此一事呢) 비특차사(非特此事) 재봉길양성지방(在奉吉兩城地方) 교통두절(交通杜絶) 촌보난주(村步難走) 니문양위백의지인(你兩位白衣之人) 능주득료기백리적도로마 설혹주득료적 (能走得了幾百里的道路麼 設或朱得了的) 능접득료타양인(能接得了也兩人) 능설득료니문적의사마(能說得了你們的意思麼) 아간양위객인(我看兩位客人) 잠정행보(暫停行步) 회거본국(回去本國) 재등태평이후(再等泰平以后) 재론대사건(再論大事件) 호사호사(好似好似), 차국

가대사(且國家大事) 국여국간교섭적호(國與國間交涉的好) 개인
개인간교섭 불대성공(個人個人間交涉 不大成功). 청양 위객인 원
량원량(請兩位客人 遠諒遠諒)"

그러자 주인 노인이 답하기를, "미안합니다. 당신들이 물어 본 한병화
와 왕교란 두 분을 저도 대면한 적이 없고, 저 역시 그 두 분이 봉천과 길
림 지방에 있다는 말만 들었습니다. 게다가 지금 그 두 분의 주변에는 군사
쪽으로나 민간 쪽으로나 세력이 별로 없습니다. 당신들은 농사꾼이나 장사
꾼이 아니라, 어떤 특별한 뜻을 품고서 그 분들을 찾아가고자 하는 듯한데,
그러나 어떤 중요한 일이 있어도 지금은 갈 수도 없고 그 분들을 만나 볼
수도 없습니다. 나라 안에 의화단(義和團) 변란이 벌어져 나라 전체가 큰
혼란에 처해 있기 때문입니다. 국가의 흥망이 달려 있을 뿐만 아니라, 이 사
태로 인해 봉천성과 길림성 지방의 교통이 두절되어 조금도 움직이기 어려
우니, 평범한 당신들이 몇 백리나 되는 길을 어떻게 갈 것이며, 설혹 그 두
분을 만난다한들 당신들의 뜻을 어떻게 설득시키겠습니까? 제 생각에는 당
신들이 잠시 행보를 멈추고 본국으로 돌아가서, 이 나라가 태평해진 뒤에나
다시 일을 꾸미는 것이 좋겠습니다. 또 나라의 큰일은 국가와 국가 간에 교
섭하는 것이 좋고, 개인 간의 교섭으로는 일을 이룰 수 없습니다. 청컨대 두
분께서는 깊이 헤아려 주십시오."

아등(我等), "사사(謝謝) 아문지득선생적의사료(我們知得先生的
意思了) 아문청설타한통령(我們聽設他韓統領) 시중국인마 조선
인마(是中國人麼 朝鮮人麼)"

이에 우리는 "감사합니다. 선생님의 뜻을 잘 알아들었습니다. 그런데 우리가 들은 그 한통령이 중국인입니까? 조선인입니까?"하고 물었다.

주옹(主翁), "타성한적(他姓韓的) 명명시중국인(明明是中國人) 타적모친(他的母親) 시귀국적인니(是貴國的人呢) 타재가적시후 (他在家的時候) 조선국적객인래방적흔다흔다(朝鮮國的客人來訪 的很多恨多) 타특별환대(他特別歡待) 유심마사건요청마(有甚麼 事件要請麼) 타적모친권타수웅니(他的母親勸他酬應呢) 아지득 니문양위방타거적의사료(我知得你們兩位訪他去的意思了) 유심 마사건(有甚麼事件) 현하거불료(現下去不了) 접불료타니(接不了 他呢) 저현성외(這縣城外) 거불료일리지지니(去不了一里之地呢) 청회가재래파(請回駕再來罷)"

주인 노인이 대답했다. "그 한씨 성을 가진 이는 중국인입니다. 하지만 모친이 조선인이었다고 하더군요. 그가 집안을 일으킨 뒤 조선국 손님들이 아주 많았는데, 그는 그들을 특별히 환대했습니다. 무슨 일을 요청하면 모 친이 나서서 거들어주어 마침내 그가 들어주었다고 합니다. 나는 당신들이 그에게 가려는 뜻을 알고 있지만, 무슨 일이 있어도 지금은 갈 수가 없고 그를 만날 수도 없으며, 이 현(縣)의 성 밖으로 조금도 갈 수가 없으니, 돌 아갔다 나중에 다시 오시지요."

하는 수없이 그 노인과 작별하고 다시 하남숙소로 돌아왔다. 앞으로 어떻게 해야 할지, 두루 물으며 타진해 보았으나, 모두 불가능하다는 말만 할 뿐이었다. 우리는 몹시 낙심하여 돌아가기로 결정하고, 즉시 길을 떠나서 집안현(輯安縣)으로 가, 고구려 광개토대왕이 누비던 옛 도시의 터와 거대한 비석을 구경하고 초산군(楚山郡)으로 향했다. 4234년(1901, 신축년) 3월 상순의 일이다. 6개월 만에 다시 압록강을 건너오면서 시 한 수를 읊었다.

所營行路不如意(소영행로불여의)
撫劍東歸恨未禁(무검동귀한미금)

경영 하려고 갔던 길 뜻대로 되지 못하였으니,
검을 쓰다듬으면서 동쪽으로 돌아오매 한탄을 참을 길이 없구나.

우리 일행은 초산을 경유해 구곡면(九曲面)에 닿았다. 고종형은 고향으로 바로 가고, 나는 그곳 당암리(唐岩里) 친척 석규(錫奎)네 집에서 3일간 머물다가 의주군 옥상면(玉尙面) 상하경동(上下庚洞)으로 갔다. 집안 친척들이 모여 사는 마을에서 5-6일간 더 머물다 집에 돌아왔다. 부모님과 동생들은 내가 무사히 돌아온 것을 기뻐하면서도, 간간히 원망의 화살을 날렸다.

3월 13일은 어머니의 회갑 날이었다. 친척들과 회갑연을 지내고, 며칠 뒤에 증곡재로 가서 소국동 선생께 문안인사를 올렸다. 선생님과 동문들 모두 놀라움을 금치 못하며 그동안 어디 가서 무슨 공부를 했느냐고 물었다. 급작스러운 질문에 대답하기가 난처하여 머뭇거리다 사실대로 고백했다.

지난 해 봄 시국 모임에서 국동 선생과 장원섭 옹의 말씀에 감동 받은 일, 서간도로 가서 군인 양성할 곳을 물색하여 뜻을 펼칠 요량으로 고종형과 함께 10월 초순에 서간도로 건너간 일, 소위 나선국을 찾느라고 압록강을 건너 여러 곳을 다니다가 통화현까지 가서 동인당 약방의 고씨 노인을 만나 필담을 나눈 일, 의화단 난리로 교통이 두절되어 북나선국까지 가지 못하고 할 수 없이 되돌아온 일 등을 1시간가량 늘어놓았다. 선생님과 동문들은 내 말을 재미있게 들어주었다. 그러고 나서 선생님이 입을 여셨다.

"청년 선비가 그와 같이 대담한 행동을 한 것은 가상하지만, 너무나 무모하고 신중하지 못했던 것이 실패의 원인일세. 그래, 설사 한통령과 왕장군을 직접 만났다 한들, 그들이 자네 개인을 보고 그런 중대한 일을 허락할 줄 아는가? 그런 일은 국가와 국가 간이나 혹은 어떤 단체를 통해 교섭해야 하는 것이지 개인의 교섭으로 될 수 없는 일일세. 여하튼 의기(義氣)는 장하고, 수고도 많이 하였네. 나선국이라! 나선국이 어디 있나? 동요에 불과한 말이니, 그런 말은 믿지 말고 공부에나 힘쓰다가 좋은 기회를 만나 실현하게 되면 자네가 선봉이 되게."

그러시더니 이어서 "여러 선비들, 저 김석사(金碩士)의 이번 행동이 비록 성공은 못하였으나, 그 담대한 의지는 우리가 본받을 것이요." 하며 치하하셨다. 그 후부터는 동문들이 나를 '나선국 선비님'이라고 불러 그게 나의 별명이 되었다.

지금 생각해보면, 이것이 내가 처음으로 만주 땅을 밟게 된 동기이다. 막연하게나마 나라 일을 바로 잡아보겠다는 거룩한 뜻에서 출발한 일인데,

또 한편으로는 내 일생이 만주 땅을 이리저리 떠돌아다니게 될 조짐이었던 것 같다.

6. 곡기를 끊고 다시 학업에 열중하다

이튿날부터 나는 다시 공부에 매진하기로 했다. 그러나 식량을 어떻게 마련하느냐 하는 것이 첫 번째 당면 과제였다. 증곡재 재실(齋室)에서 밥을 먹으려면, 매달 좁쌀 세 말과 반찬값으로 돈 오십 전을 내야 하는데, 우리 집에서는 그만한 쌀을 지급할 여력이 전혀 없었다. 월화면(月華面)에 사는 자형은 벌써 몇 번이나 쌀을 대어준 일이 있으니, 또 다시 곡식을 보내달라고 하기도 미안한 일이었다. 그러나 다른 데는 어디 한 군데 손 벌릴 곳이 없었기에 염치 불구하고 자형에게 갔다. 자형은 쭉정이쌀 한 말을 내어주면서, 공부만 잘 하겠다면 혼자서 밥 끓여 먹을 수 있는 만큼은 양식을 대어 주겠다고 약속했다. 당시 한 말이면 한 개월 반 동안 자취할 양식이 되었다. 그럭저럭 한 해를 증곡재에서 생활했다.

4235년(1902) 2월, 나는 함께 생활하던 김상현(金商鉉), 백의범(白義範)과 의논하여 농사와 집안일을 포기하고 공부에만 전념하기로 결정하고, 조용한 산사를 찾아가 독서하기로 했다. 그리하여 국동 선생께도 말씀드리지 않고, 일행 셋이 각각 좁쌀 한 되 씩, 흰 소금 3합(合, 30홉) 씩을 가지고 3월 중순에 옛 영삭면(寧朔面) 일령삭(一寧朔)이란 절을 찾아가, 소나무잎, 풀뿌리, 쌀가루 등으로 생식하면서 공부에 전념했다. 처음 18-19일에서 22-23일까지는 온몸에 살이 다 빠지고 뼈만 앙상하게 남아서 일어나 걷기도 곤란하게 되었다. 그래서 각자 자리에 누운 채로 책을 보니까 기억력이

비상히 좋아졌다. 이렇게 두 달을 지내고 나니, 높은 산 험한 봉우리에 올라가도 숨 차는 일이 없이 몸이 건강해져서 자신감이 붙어 '이러다가 혹시 신선이 되는 것이 아닌가' 생각할 정도가 되었다.

그러던 차에 증곡재의 동창인 김경하(金景河)가 찾아와 국동 선생의 말씀을 전하면서 하산하기를 재촉했다. 곡기를 끊고 생식만 하다가는 잘못하면 정신 이상이 생기기 쉬우니 중지하라는 것이었다. 우리가 아무리 안전하다고 대꾸해도 막무가내로 하산하란다. 선생의 명령이라 거역할 수 없어서 부득이 하산하게 되었다. 생식을 그만둔다는 말을 선생님께 전달하고, 본 동네 절 골짜기 광제암(廣濟庵)에 들어가서 몰래 1년 동안 생식을 계속했다.

4236년(1903, 계묘년, 23세) 장남 성률이 태어났다. 그해 가을에는 인근 학부형들의 요청으로 광토동(廣土洞) 광제재(廣濟齋)에서 아이들을 받아들여 가르치게 되었다. 글방 선생 급료로 1년에 2백 원을 받았다.

7. 박사 시험을 치르다

4237년(1904, 갑진년, 24세) 봄에는 서울[京城]에 있는 학부(學部)로부터 한문 학사(漢文學士) 시험이 있다는 소식이 있었다. 이때 36개 항목으로 이루어진 경의학 시험문제가 각지에 반포되었는데, 합격하는 사람에게는 학사학위를 준다는 것이었다. 나는 학동들을 가르치는 틈틈이 36조의 시험 문제에 답을 달아 학부로 보냈다. 그랬더니 우연히 당선되었는데, 같은 해 8월 한문 박사 시험을 서울에서 실시할 테니 임시 상경하라는 통지를 받았다. 바로 그 무렵 러일전쟁이 발발하여, 서북지방에 대소동이 일어났다. 나는 학당 선생 자리가 7월로 만료되어 퇴임하고, 8월에 상경할 채비를 하고 있었다.

그러던 어느 날, 광제재에서 함께 수학하던 조상국(趙尙國)이 찾아와 산책을 가자고 했다. 그래서 그와 함께 집 뒤에 있는 광제봉(廣濟峯)으로 올라갔다. 걷다 보니 광제재 뒷산까지 오르게 되었다. 우리는 바위 위에 앉아 한가롭게 이야기를 나누었다. 그러다가 우연히 내가 앉아있는 바윗돌 아래로 이상한 것이 보였다. 꽃도 아니고, 풀도 아니었다. 하도 신기하여 내려가서 꺾으려고 하는데, 조군이 무엇을 하느냐고 물었다. 나는 그 식물을 가리키며 꺾으러 내려간다고 했다. 조군이 그것을 유심히 살피더니 산삼이라고 하는 것이 아닌가. 자기가 수년 전에 친구 할아버지가 삼을 심는 것을 보았는데, 그 모양이 이 식물과 똑같고, 가을이 되면 빨간 열매가 생기더라고 하면서 같이 캐어보자고 했다.

두 사람이 한 시간 동안이나 낑낑 대며 캐 보니 삼이 분명했다. 벌레가 노두를 파먹었지만 뿌리는 온전했다. 조군이 말했다. "선생께서 상경하는 여비를 걱정하시더니, 이것이면 여비가 될 것입니다. 아마 산신께서 특별히 주시는 것이니 이번 박사시험에 반드시 급제하실 것입니다." 나는 삼에 대해 잘 알지 못하기에 그것을 친구인 백의학(白義學)에게 보였다. 그러자 그가 용천에 사는 그의 외숙 이좌수(李座首)에게 감정을 의뢰했다. 산삼인 것은 틀림없지만 애석하게도 노두에 벌레가 먹어서 적당한 값은 받을 수 없을 것이리며, 자기가 금일석량(金一石兩)을 주고 사겠다는 답이 돌아왔다. 나는 흡족한 마음으로 그 돈을 받아가지고 집에 돌아왔다. 부모님께 돈을 마련하게 된 연유를 말씀드리고는, 그것으로 상경 여비 밑천을 삼고, 또 동무들과 친지들의 보조를 받아 총금액 금이석량(金二石兩)을 마련하여 8월 초에 서울로 출발했다.

먼저 용천군(龍川郡) 용암포(龍巖浦)에서 기선(汽船) 의주호(義州號, 일본에서 구입한 노후 된 배)를 타고 인천으로 향했다. 가는 도중에 풍랑을 만나 고생 끝에 7일 만에 인천에 도착했다. 배에서 멀미하느라 시달린 터라 하루 동안 쉰 다음에 이튿날 서울로 가서 구리개(수피다리)에 있는 평안도 식주인 곽산 사람 전병도(全秉燾, 前注書)의 여관(旅館)에 투숙하면서 박사시험 치를 날을 기다렸다.

4237년(1904) 8월 17일 전국에서 경의시험(經義試驗)에 합격된 유생들을 대상으로 한문 박사과 시험이 치러졌다. 이번에 당선유생(當選儒生)으로 시험을 보기 위해 서울로 상경한 사람이 360명인데, 대부분이 50세에서 70세 사이의 나이든 선비들이고, 오직 나만 서른 살 미만의 청년이었다. 이 무렵 학부대신(學部大臣) 이재곤(李載坤)이 일본에 갔으므로, 차관(次官) 고영희(高永熙)가 서리로 출석하고, 학무국장 윤치오(尹致旿), 장세기(張世基) 두 사람이 수석 시험관으로 참관했다. 그 외에 10여 명의 시험관이 배석하였는데, 시험 방식은 면강(面講)이라 한다. 원래 시험 방식에는 배강(背講)과 면강 두 가지가 있는데, 배강은 시험관이 경권(經卷)을 들고 수험생에게 어느 책 어느 장을 책을 보지 않고 외우게 하는 것이요, 면강은 사서를 펴놓고 응시생으로 하여금 읽게 하는 것인데, 토를 옳게 읽으면 시험관이 통자 패를 내어놓고 서리가 "통이요" 크게 외치고, 읽는 것이 조금 부족하면 약자 패를 주어 "약이요"라고 외치며, 전혀 읽지 못하면 불자 패를 주며 "불(不)이요"하고 외친다.

나는 첫째 날 논어 면강에서 통자 패를 받았다. 셋째 날 시험과목은 경의(經義) 작문(作文) 시험이었다. 글제는 논어의 '박학이상설지장이반설약(博學而詳說之將以反說約)'이다. 나는 여섯 번째로 응시 작문을 마치고, 식주인 집으로 돌아왔다.

같이 유숙하는 철산군(鐵山郡) 사람 정항준(鄭恒俊)이 말하기를 "오늘 학부대신 집에 가서 들으니, 황제께서 조칙(詔勅)을 내리셨는데, '금번 박사과에 의주군에서 온 응시생이 있으면 그 사람에게 박사 한 자리를 특선(特選)하라'고 하였으니, 그것은 임진왜란 때에 공로가 있는 곳이어서 그러하신 듯하다."고 하면서, 나에게 김 석사는 금번 박사에 당선될 것은 기정사실(旣定事實)이며, 이렇게 덧붙였다. "게다가 김 석사는 임란공신(壬亂功臣)의 후예라지요? 이번에 의주에서 온 유생이 두 분 뿐인데, 그 중 한 사람 윤창룡(尹昌龍)은 직분이 없는 무직자로 어제 면강에서도 불자 패를 받았으니, 박사는 김 석사의 차지가 분명한 것 아니겠소. 그러나 요즘 정계(政界)가 그리 공정한 것도 아니니, 꼭 믿을 수도 없는 일입니다."

　　이튿날 정항준이 다시 나를 찾아와, "내가 오늘 학무국장 장세기 댁에 갔더니, 의주의 윤대과(尹大科) 영감(윤창룡의 아저씨 벌 되는 친척)이 그 댁에 와서 장 국장과 무슨 귓속말을 하더니 5천 냥 어음 수표 한 장을 내어 놓는 것을 장 국장이 받지 않고 거절하는 것을 보았소. 그러자 윤대과는 나가고, 내가 장 국장을 보고 '이번 박사과에 의주 유생에게 박사 한 자리를 주라는 조칙이 내렸다지요? 의주에서 유생 두 사람이 왔는데, 그 중 김 석사라는 사람이 저와 한 여관에 묵고 있습니다. 행동이 유생답고, 임진란 때 공신의 후예일 뿐만 아니라 학식도 박학(博學)하여 전일 면강에서 통자 패를 받았는데, 후일 작문 시험에도 자신이 있는 듯합니다. 그 초고를 저도 보았지만, 다른 선비들도 보고 모두 칭찬하고 감탄했습니다.'라고 하였지만, 장 국장은 아무 대꾸도 없더군요. 다른 이들의 말이 아마 이번 박사는 윤창룡에게로 갈 듯하다 하니, 김 석사는 잘 생각해서 어떻게라도 힘을 좀 써 보시오. 윤창룡이 5천 냥을 쓴다면, 김 석사는 그 반액(半額)만 써도 될 것이오. 장 국장이 그 어음 수표를 거절했던 것은 뒤에 무슨 말썽이 생기면

답변이 곤란하여 그랬을 것입니다. 만일 김 석사가 반액을 쓸 의사가 있다면, 내가 나서서 장 국장에게 말을 하여 보겠소. 혹여 김 석사가 현금이 없으면, 내가 내려갈 여비를 빌려드릴 테니 의향이 어떻소?"한다.

정항준이 이런 말을 할 때 그 자리에 앉아있던 다른 사람들도 나의 허락을 권한다. 당시 나는 순진한 학자라 벼슬길이 무엇인지도 모를 뿐만 아니라 금전을 써가면서 벼슬한다는 것은 무슨 큰 죄나 짓는 줄 알던 터인데, 더구나 내 수중에는 돈이 없어서 이번 상경 여비도 겨우 모아가지고 올라온 터인데, 어디서 무슨 수단으로 2천 5백 냥이라는 거금을 만들어 낸단 말인가? 하도 기가 막혀서 아무 대답도 못하고, 속으로 생각하기를 '정항준은 매관매직(賣官賣職)하는데 흥정을 붙이는 사람이구나.'하고 짐작했다.

그날 밤 여관 주인 전 씨가 나에게 말하기를 "이번 과거에 김 학사가 박사가 될 것은 틀림없는 일이오. 집안형편이 어떠한지는 모르겠으나, 뇌물을 좀 써 보시오."고 권했다. 나는 이렇게 대답했다. "저는 집이 가난하고 노부모까지 모시고 있어서 한두 냥도 제 마음대로 쓸 수 없습니다. 설사 돈을 쓸 여유가 있다 하더라도, 돈을 주고 박사를 살 생각은 전혀 없습니다. 또 황제께서 의주 유생에게 박사를 주라는 조칙이 계셨다니, 주시면 감사하게 받을 뿐, 어찌 다른 수단을 쓰겠습니까?" 했다. 이리 말했음에도, 그 자리에 있던 여러 사람들은 서로 무슨 공론들을 많이 하는 모양이었다.

그런 일이 있고 나서 이럭저럭 5일이 지난 후에 시험 성적을 발표하는 날이 되었다. 학부 앞에 가서 광고판을 보니 의주인 합격자가 윤창룡이었다. 그날 밤 정항준, 전병도(全秉燾) 등 여러 사람들이 나더러 '바보 천치'라고 말했다. 이튿날에는 경상도, 충청도, 전라도 유생 4-5인이 찾아와서 학부에 항의하러 가자고 했다. 이번 시험 선발이 불공정하여 무식한 자들이 한문

박사의 학위를 받았으니, 이것은 학계의 큰 수치이므로 작문 시험을 다시 보게 해달라고 청원하자는 것이었다.

나 역시 불공정하다는 생각이 든 까닭은, 윤창룡은 불학무식한 사람으로서, 첫날 면강 때 논어 첫 구절을 통독하지도 못한 사람이 한문 박사 학위를 받았으니 천부당만부당한 일이기 때문이다. 분노한 마음이 일어 정항준을 중재자로 삼고 장세기 학무국장을 찾아갔다. 정항중의 소개로 장 국장을 면회하여, 금번 과거에 착오가 있으니 과거시험을 취소하거나 그렇지 않으면 윤창룡과 나를 대면시켜 다시 시험을 치게 해주거나 하라고 항의했다. 장 국장은 노기가 가득한 얼굴로 "과거시험을 취소하라니 무슨 말이며, 재시험은 또 무슨 말이냐"고 거절하기에 나는 정색을 하고 이렇게 말했다.

> "재시험을 보게 해달라는 데는 두 가지 이유가 있습니다. 첫째로 당선유생 윤창룡은 제1일 면강 때 논어 1장 1절도 읽지 못하여 '불'자 패를 받은 인물이기 때문입니다. 둘째로 그는 작문 시험 문제의 뜻조차 모르는 사람입니다. 이는 자기가 지었다는 작문을 해독하게 해보면 알 것이니, 저와 윤창룡, 두 사람을 한 자리에 앉혀서 작문 재시험을 치게 해 주십시오."

정항준이 곁에 있다가 장 국장에게 귓속말로 뭐라 속삭이자, 그제야 장 국장은 화평한 기색으로 나를 향해 말했다.

> "김 학사의 요구도 일리가 있겠지만, 그러한 요구는 도저히 응낙할 수 없는 일이오. 다른 방법이 있기는 한데, 김 학사가 들으면 다행이고, 듣지 않으면 불행할 것이오. 사실상 이번 박사시험은

늙은 선비들을 위해 시행한 것이라오. 김 학사는 응시자 중 가장 젊은 청년이 아니오? 앞날을 개척하려면 그까짓 박사 학위 정도로는 헛된 명예에 불과할 것이오. 그러지 말고 학교에 입학해서 앞날을 위해 실속 있는 지위를 얻도록 힘쓰는 것이 좋지 않겠소? 내가 기꺼이 소개하여 줄 테니 한성고등사범학교(漢城高等師範學校)에 입학하는 것이 어떻겠소? 이 학교의 본과 1년 6개월 과정이나 속성과 6개월을 졸업하면 박사보다 훨씬 낮은 정규 학교 교원으로 취직할 수 있으니 그렇게 하는 게 어떻소?"

그러자 정 씨도 그 말에 찬성하면서, 그렇게 하는 것이 나의 앞날을 위해 가장 좋을 것 같다며 맞장구를 쳤다. 그리고는 장 국장에게 "국장 영감이 사범학교 입학을 소개하신다면 김 학사의 요구는 본인이 책임을 지고 취소하도록 하겠습니다."라고 하면서 나더러 그만 물러가자고 하는 것이었다. 나도 이전에 들은 적이 있는데, 고등사범학교 입학은 학부 당국의 소개가 아니고서는 할 수가 없다고 한다. 그래서 아무 말도 못하고 있는데, 정항준이 일어나면서 가자고 재촉하기에 나도 일어나면서 다음 날 다시 오겠다고 장 국장에게 인사하고 나왔다.

8. 한성사범학교와 교원생활

그 날 밤 윤대과가 찾아와서 회유하기를, 김 학사는 아직 청년이니 이번 박사는 자기의 친척 조카 윤창룡에게 양보하라고 간청했다. 윤대과는 조국동 선생의 친우일 뿐만 아니라 내가 수학하던 증곡재에서도 여러 차례 인사한 일이 있어서 거부하기도 곤란하여 가부를 말하지 않았다. 이튿날 장 국장이 관청 직원 한 사람을 보내 나와 정항준을 초청했다. 함께 따라갔더니, 반갑게 영접하며 연회를 차리고 진수성찬으로 대접하는데, 동석한 사람들은 장 국장과 주사 등 두 사람과 윤대과, 정항준, 그리고 나, 이렇게 다섯 사람이었다.

장 국장은 사서(四書) 한 질, 산술 책 1권, 교육방침 1권을 주면서 말하기를 "이것은 김 학사에게 상품으로 드리는 것이니, 이번에 박사가 되지 못한 것에 조금도 낙망하지 말고, 고등사범학교에서 1년 반만 수업하면, 이름뿐인 박사 지위보다 훨씬 나을 터이니, 내 소개장을 가지고 학교에 입학하십시오."라고 권했다. 함께 자리한 사람들도 이구동성으로 나의 승낙을 재촉했다. 나는 백방으로 생각하다가 결국에는 그리 하겠다고 승낙하고 돌아왔다. 그리고는 며칠 후 정항준과 함께 장 국장의 소개장을 가지고, 한성고등사범학교장이면서 현 교육국장인 윤치오를 찾아가 전했더니, 그가 사범학교 교관 김달하(金達河)에게 사적인 편지를 써 주었다.

그렇게 해서 4237년(1904) 8월 25일 사범학교에 입학했다. 당시 학생은 나처럼 갓망건에 두루마기를 입었으나, 머리를 자르고 양복을 입은 이들도 제법 많이 있어서 형형색색 복장이 제각각인 것이, 지금 생각하면 참으로 가관이다. 당시 교관으로서 지금까지 기억에 남는 이는 한문에 김달하, 산술에 유일선(柳一宣), 교육법에 최광옥(崔光玉) 등이다. 사범학교에서 13개월을 지내고 나니 학비도 떨어져 가는데다가 별로 배울 것도 없고 부친의 회갑도 멀지 않아 중도에 퇴학을 하고, 이듬해(1905, 을사년, 25세) 9월에 집으로 돌아왔다. 그 시절 퇴학은 학생의 자유였다.

집에 돌아와 부친의 회갑을 간소하게 치렀다. 그 이후 어느 날, 같은 동네에 사는 한국영(韓國英) 영감이 나를 찾아와 부모님까지 불러 앉히고 말했다. "그대는 한문 학식이 넉넉할 뿐만 아니라, 사범학교에서 배운 실력도 상당할 것인데, 노부모를 모시며 동생을 돌보는 것도 곤란할 터이니, 내가 아는 곳에 가서 교사 생활을 해보지 않겠나? 증남포(甑南浦)에서 물임객주 (物賃客主)를 하는, 약연(躍淵)이라 불리는 김하양(金河陽) 영감이 손자를 위해 가정학교를 설립하고 교사를 구하는데, 그대를 초빙하여 달라고 나에게 부탁하였네. 그대가 서울에서 고향으로 돌아오는 길에 익후(益厚) 장곽산(張郭山)과 함께 그 댁에서 하루 머물 때 그대의 행동과 학식을 흠모하였다는 것일세." 하면서 부모님께 가부를 여쭈었다.

부친은 나의 의사에 맡긴다 하시고 모친께서는 "부모가 연로한데 또 멀리 떨어져야 한다니 섭섭한 일이다마는 할 수 있겠느냐? 아버지의 의향대로 하라."고 하셨다. 결국 부친의 승낙을 받고 한 노인과 동행하여 증남포로 가서 김하양 댁의 가정교사로 일하게 되었다. 학생이라고는 김하양의 손자인 일석(日錫)과 월석(月錫), 그리고 함께 일하는 박만화의 아들 기준(基俊)과 그 외에 2명이다. 나를 가정교사로 청한 본 뜻은 김하양의 손자들을 일본으로 유학시키려 하는데 한문 실력이 부족하니, 1년 동안 한문을 가르쳐 주고, 그 후에는 손자들을 데리고 일본으로 가서 함께 유학하라는 것이다. 그 댁에서 한 달 여쯤 지낼 무렵, 모친의 병환이 위중하니 속히 집으로 돌아오라는 편지가 왔다. 즉시 양해를 구하고 길을 떠나서 6백 여리나 되는 길을 밤낮으로 걸어 이틀 반나절 만에 집에 도착했다. 모친의 병환은 조금 나아지셨다고 하나 여전히 위중하셨다. 백방으로 약을 구해 병구완을 하고 최후약(最後藥)까지 써 보았지만 한 열흘 가량은 차도가 있으신 듯했으나, 불행히도 10월 27일에 세상을 하직하셨다. 5일장을 치르고, 아버지가 살아 계실 때 어머니가 돌아가신 경우의 예법대로 13개월 만에 탈상(脫喪)했다.

9. 두 번째 압록강을 건너다

4239년(1906, 병오년, 26세) 겨울이 되었다. 하루는 의주군 향교에서 나더러 오라는 공문이 왔다. 읽어보니 의주 향교의 지도자들과 유생 수십 인이 모여서, 향교 재산(鄕校 財産)과 관우(關羽)의 영을 모신 사당인 관제 묘(關帝廟)의 재산을 타지역으로 빼돌리려는 자가 있기에 그 소유권을 확보 하자는 의논을 하자는 것이었다. 그 상세한 내용은 이랬다. 의주 유생의 한 사람으로, 이름은 응량(應亮)이고 장도천(張道薦)이라고도 불리는 인물이이 어떤 음흉한 뜻을 품고 본읍(本邑)에 '구시'(求是)라는 교명을 단 일어학교 (日語學校)를 설립한 뒤, 교사로 일본인 금금려(錦金麗)를 불러들여 청년들 에게 일어를 가르치는데, 많은 돈을 금금려에게 쏟아 부어 재정이 곤란하 게 되자, 향교 토지에서 추수한 곡식 수백 석(섬)을 향교 당국의 허락도 없 이 매각하여 소비하고 향교 토지까지 매각하려고 했던 것이다. 이에 맞서 향교 직원과 유생들은 성내에 있는 관제묘 건물을 이용, 의성학교(義成學 校)를 설립하고 조국동 선생을 학장으로 추대하니, 마침내 향교 재산을 둘 러싸고 투쟁이 일어났던 것이다. 향교 측에서는 구시학교의 문서 장부를 조 사하여 향교 곡물 대금의 용도를 밝히자 하는데, 구시학교 측에서 이에 불 응함에 따라, 의주 군수에게 기소까지 하였으나 결말이 나지 못했다.

그 날 나를 오라고 한 이유는 의주 유림과 향교 지도자들을 대표하여 서울로 올라가서 학부에 소장(訴狀)을 제출하여 구시학교 문서 장부를 조 사할 수 있게 하기 위함이었다. 나는 아직 상중인 관계로 상경할 수 없다 고 정중히 거절했으나, 향교 측에서 받아들이지 않고 이 일에 내가 책임 있 는 역할을 해 주어야 한다고 강권했다. 더 이상 거절할 도리가 없어 부득이 상경을 준비하고 있던 즈음, 구시학교 측에서 낌새를 알아차렸던 모양이다.

학부에서 학교 문서와 장부를 조사하면 자신들이 부정 지출한 사실이 밝혀질 것을 우려하여, 책임자 장도천이 문서와 장부를 가지고 서울로 도망을 친 것이다.

이 사실을 눈치 챈 유림 측에서 장도천을 추적하여 중도에 문서와 장부를 탈환하는 등, 사건은 괴상망측하게 전개되었다. 결국 장도천이 상경한 뒤, 유림(儒林) 측 정성록(鄭性祿)이 장도천을 찾아갔는데, 장도천이 정성록을 상대로 구타 상해죄로 엮어 당시 한성지방검사국(漢城地方檢査局)에 고소를 제기했다. 검사국에서는 정성록의 거처를 탐문하다가 내가 묶고 있는 서울 숙소에서 정성록을 발견하고, 나도 공범이라며 함께 구속시켰다. 그래서 한성지방법원 구치감(拘置監)에서 석 달을 지내게 되었다. 하지만 그러는 동안에 학부가 구시학교의 장부들을 검열한 결과, 부정 지출 사실이 허다하게 발견되어 장도천은 견책을 당하고 우리는 석방됨으로써, 사건은 무사히 해결되었다.

4240년(1907, 정미년, 27세) 여름, 헤이그 밀사 사건으로 광무황제께서 양위 당하고, 왜적의 협박 아래 소위 '7조약'이 체결되었다. 이에 국민이 분노하여 칠적(七賊)의 가옥을 불태우는 등, 여러 가지 큰 사건이 일어나서 서울이 떠들썩하게 되었다. 나도 분노한 군중을 따라 종로 등 시내 곳곳으로 다니면서 배일(排日) 강연(講演)을 하다가, 사흘째 되던 날 왜병에게 붙잡혀 평리원(平理院) 구치감(拘置監)에 수감되었다. 배일 소동 죄목으로 석 달 간 감옥생활을 하다가, 당시 평리원 검사 유동조(柳東祚)에게 매를 10대 맞고 출감했다. 그 후 의주 향교 재산 유지와 의성학교 설립에 힘써 이를 완성시켰다.

같은 해 8월 나는 신민회(新民會)에 가입하고, 비현면(枇峴面) 면감(面監)이 되었다. 9월에는 고향 의주군 극명사범학교(克明師範學敎) 교감으로 부임했다. 그리고 그 해에 큰 딸 영회(榮洄)가 태어났다.

10. 일장기 반대운동을 벌이다

4241년(1908, 무신년, 28세) 융희황제(隆熙皇帝) 순종이 서쪽 지방을 순행하실 때, 나는 친목학교(13개 학교가 병합한 학교) 학생 천여 명을 인솔하고 신의주로 환영인사를 나갔다. 그 때 국적(國賊) 이등박문(伊藤博文)이 황태자(皇太子) 사부(師傅)란 명목으로 황제를 모시고 따라 다니면서 태극기와 일본기를 함께 게양하도록 명령했다. 임금의 순행을 맞이할 책임을 맡은 각 지영반(祇迎班)에서는 일장기 게양에 반대했다. 나는 구의주, 신의주를 왕래하면서 일장기 든 사람들을 설득하여 대열을 흩어지게 하다가 신의주 왜병에게 체포되어 이틀간 무수한 악형을 받았다. 극명학교(克明學校) 교사 이승근(李承根)과 체육 담당 박형권(朴亨權)도 같이 형을 당했다.

4242년(1909, 을유년, 29세)부터 나는 고향에 있는 명의학교(明義學校) 교사로 부임했다. 이 해 11월에 둘째아들 성철이 태어났다. 그 해 여름, 하얼빈역에서 안중근 의사가 국적 이등박문을 사살한 후로, 경찰서에는 매일 내가 가르치는 학교에 와서 안의사 사건을 트집 잡아 따져 물으며 무슨 모종의 관계라도 있는가 하여 허다한 질문으로 괴롭게 할 뿐만 아니라, 심지어 학부형들에게 "김승학 같은 불온분자에게 교육을 받으면 선량한 자제들까지도 불량자가 된다."고 이간질을 하고 위협했다. 그러면서 나를 교육계에서 몰아내려고 백방으로 모략하는 한편, 관직에 나서라고 회유하기도 했다. 결국 나는 왜적의 세력이 미치지 못하는 외국으로 도피할 계획을 세우게 되었다.

4243년(1910, 경술년, 30세) 8월 일본 제국주의가 우리 조국을 병탄(併吞)했다. 이제야말로 국내에 더 머물러 있을 수 없게 된 것이다. 나는 집과 나라를 떠나 만주로 가기로 했다. 그래서 용천군(龍川郡) 북중면(北中面) 연당촌(蓮塘村)에 사시는 세정(世正) 장탁립(張卓立: 의병장 유의암(柳毅菴)의 제자이며 나의 스승 조국동 선생의 벗이시다.) 선생을 찾아가, 조국이 병합된 망극한 말씀을 여쭙고 외지(外地)로 망명하여 나라를 회복하기 위한 독립운동을 하겠다는 뜻을 아뢰었다. 내 말을 다 들으신 선생은

"나라가 망했으니 국권을 회복하기 위하여 헌신하는 것은 선비의 당연한 의리다. 나는 연로하고 무력하여 외국으로 나갈 수도 없고, 설사 나간다 하더라도 활약할 자신이 없으니, 자네는 만주로 가서 조국동 선생을 보좌하여 활동하라. 이 늙은이는 아무 힘도 없지만, 국내에서나마 있는 힘을 다하여 돕겠노라."

고 눈물로 맹세하셨다.

그 해(1910년) 10월, 혼자서 압록강을 건넜다. 봉천성(奉天省) 서탑(西塔)에 있는 한인상회(韓人商會) 동익풍(同益豊)과 힘을 합쳐 일곱 명을 끌어 모아 반산현(盤山縣) 대청퇴자(大靑堆子)에서 논을 개간했다. 그러나 가뭄이 들어 실패했다. 이듬해에는 마적들이 들이닥쳤다. 하는 수없이 논농사를 접을 수밖에 없었다.

4245년(1912, 임자년, 32세), 동삼성(東三省) 관립 군사학교 강무당(講武堂)에 김탁(金鐸)이라는 가명으로 입학했다. 6개월 속성과를 마치고, 만

주 오지에 있는 한국 의병단에 들어가 만주와 몽고 등 각지에서 활동(活動)하였다. 4246년(1913년, 33세) 10월에 셋째 아들 성준이 태어났다.

4252년(1919, 39세) 3월 1일, 국내에서 독립운동이 일어났다. 이에 호응하여 만주에서는 각지에 있던 의병단(義兵團), 향약계(鄕約契), 농무계(農務契), 포수단(砲手團)들을 통합(統合)하여 대한독립단(大韓獨立團)을 조직하였고, 나는 재무부장에 선출되어, 국내(國內)에 잠입(潛入)하여 활동(活動)할 것을 계획(計劃)하였다.

11. 국내 지하운동

4252년(1919) 8월 초, 동창생인 백의범(白義範), 백기준(白基俊) 두 사람을 유하현(柳河縣) 삼원포(三源浦) 대화사(大花斜) 독립단도총재부(獨立團都總裁府)로 초대했다. 국내에 들어가서 실행할 계획, 곧 독립단 지부를 설치하는 계획에 대해 상의하기 위함이었다. 우리의 계획은 도총재(都總裁) 박장호(朴長浩), 박화남(朴華南) 선생의 결재를 얻게 되었다.

그 뒤 평안북도 특파원의 임무를 띠고 국내로 들어가던 도중에 관전현(寬甸縣) 향로구(香爐溝) 소재 평안북도 독판부(督辦部) 독판(督辦) 국동(菊東) 조병준 선생을 방문했다. 때마침 독판부에서도 특파원을 은밀히 파견한다 하여, 나는 독판부 특파원의 직무까지 겸임하고 압록강을 건넜다.

백의범과 백기준은 고향에 잠복하고, 나는 우현(禹鉉) 신자운(申紫雲)과 함께 각 군을 차례로 방문했다. 우리는 우선 월화면(月華面) 화합동(和合洞) 북곡(北谷)에 있는 동창생 고경집(高景楫)을 찾아 5-6일 쉬면서 각종 선전문구를 정비했다. 그 뒤에 귀성군(龜城郡) 관서면소(館西面所)로 가서 동창생인 홍문산(洪文山, 혹은 홍식(洪植)), 배준호(裵俊浩) 두 사람에게 구성군 일대의 조직 책임을 위촉했다. 그 다음 태천군(泰川郡)을 거쳐 박천(博川)으로 가서 박승무의(朴勝武: 후에 변절하고 북경에서 독립군을 감시하는 일본 헌병대의 비밀정탐 고등경찰이 되었다.) 안내로 박천군 덕안면장 박모를 만나 임시정부 연통제(聯統制) 기관과 독립단(獨立團) 지부를 조직했다. 또 우리는 영변군(寧邊郡) 매전리(梅田里)로 가서 강규묵(康圭默), 명이항(明以恒) 등 6-7 명을 만났다. 그리고 그들과 함께 연통제 기관과 독립단 지부를 다섯 곳에 조직했고, 그들로 하여금 책임을 맡게 했다.

그런 다음 운산군(雲山郡) 북진(北鎭)에 서양인이 운영하는 광산으로 가서 광부 신씨의 집에 10여 일 간 머무르며 광부 수백 명을 만나 그들을 결집시켜 연통제와 독립단 두 기관을 조직하고, 유사시에 각각 맡은 일을 책임지도록 했다. 말하자면 무력 행동은 독립단원이, 선전 등 행정적인 일은 연통제에서 맡도록 한 것이다. 그 때는 백성들의 가슴속에 독립을 해야 한다는 열기가 불타오르고 있는 때였으므로, 천여 명의 광부가 모두 단원이 되었다. 이런 상황에서 어느 날 밤에는 광부 수십 명이 나를 찾아왔다. 이들은 열의에 찬 모습으로 "우리가 오늘 밤으로 이 곳 일본 경찰서를 습격하고, 도시 전체를 점령할 터이니 우리를 지휘하여 달라"고 말했다. 나는 그들에게 여러 가지 일의 형세와 시기가 적절하지 않음을 설명하고 아주 힘들게 설득하여 돌려보냈다.

여기까지 함께 일을 진행한 뒤에, 나와 신자운은 각자 지역을 나누어 활동하기로 했다. 이튿날 신자운은 희천(熙川), 강계(江界) 방면으로 가고, 나는 그 외 각 군을 돌기 위해 떠났다. 당시 북진경찰서 경부(警夫)로 일하던 김영걸(金永杰)은 나의 친척동생이었는데, 일본 경찰의 앞잡이로 알려진 악명 높은 경부였다. 나는 그의 행동을 살펴서 정보를 캐내려고 그 집을 방문했다. 그는 나를 반갑게 맞이해 주었다. 서로 안부 인사를 나눈 후 그가 이런 말을 했다.

"저도 조선 사람이요 또 형님의 제자가 아닙니까? 한 10여 년 만에 뵙는 것 같습니다. 외국에 가서 계신다더니 오늘 이렇게 뵈올 줄은 꿈에도 생각지 못했습니다. 그동안 북진 광부들의 태도가 이상하게 돌변한 것을 의심해 왔는데, 형님이 이곳에 오신지는 꽤 여러 날 되셨지요?"

들자하니 나를 떠보는 것 같았다. 나는 정색을 하고 대꾸했다.

"그런 근거 없는 소문에 대해서는 전혀 모른다. 다만 나는 볼 일이 있어 경성까지 갔다가 돌아오던 길에 자네가 여기에 있다기에 한 번 만나고 싶어서 방문한 것뿐이다."

그는 자기가 이곳에 부임해 온 지 3년인데, 머지않아 구의주 지방 경찰서로 옮겨가게 될 것 같다고 하면서, 나에게 속히 이곳을 떠나라고 했다. 그러더니 술과 안주를 내어 대접하고는 사복 경찰을 불러서 박천 맹중리역(孟中里驛)까지 잘 배웅해 드리라고 말했다. 그제야 나는 나의 정체가 발각되었음을 짐작하고, 곧 출발하여 영변읍까지 가서 나를 배웅하던 경찰을 돌려보냈다. 당시 북진, 영변에서는 행인들에 대한 검문이 매우 심했다.

그 길로 개천군(价川郡) 모퉁이에 사는 현기정(玄基正)을 찾아가 그의 친척 동생의 한약방에서 하룻밤 묵었다. 그런 다음 안내인을 데리고 10리쯤 되는 궁(弓)씨 촌으로 가서 궁학자(弓學者, 이름 미상)를 찾았다. 주인은 노인이었는데, 그의 집안에 장례가 있었다. 그 집을 떠날 때 그가 자기 조카(弓承武)를 안내인으로 딸려 보냈다. 나는 그의 안내를 받으며 덕천(德川)으로 향했다.

개천과 덕천을 나누는 경계에 당도하자, 하늘에 닿을 듯한 예일령(曳日嶺, 혹은 알길령)이라는 높은 고개가 길을 막는다. 그 고개 정상까지는 50여 리나 되거니와 길도 갈 지(之) 자 형으로 열 두 구비나 된다. 고개를 넘으면 그 아래 일본 헌병대가 있다. 우리는 간신히 고개를 넘어서 10리쯤 되는 박씨 한약방을 찾아가 저녁을 먹게 되었다. 그런데 난데없이 헌병 2명(일본인 1명, 조선인 1명)이 들어오더니, "수상한 손님 두 분이 오셨다는데 그들이 누구냐?"고 주인에게 묻는다. 주인은 우리 일행을 가리키면서 이 사람은 나의 친척인데 개천에 사는 사람이고, 저 사람은 영변에 계시는 묘 자리 잡아주는 지관(地官)인데 우리 부모님 묘 자리를 잡으려고 모시고 왔다고 둘러댔다. 나는 졸지에 지관으로 가장하게 되었다. 헌병들은 안심한 듯이 그 집에서 저녁을 먹었다. 나는 그 틈에 재빠르게 바깥으로 나가 몸에 지니고 있던 휴대용 총과 서류 등을 몰래 감춰두었다. 그런데 저녁식사를 마친 헌병들이 우리더러 일단 헌병대까지 같이 가자는 것이 아닌가.

우리는 태연하게 그들을 따라서 10리나 되는 헌병대로 향했다. 때는 음력 10월쯤이라 눈도 부슬부슬 내리고 날도 저물어서 먼 곳에 있는 사람이 보일락 말락 했다. 조금만 더 가면 헌병 주재소다. 마침 산모퉁이를 돌아가는데, 일본인 순사가 앞장서서 산모퉁이를 막 돌았고, 조선인 헌병만이 우리 가까이에 서서 데리고 가던 중이었다. 나는 아무리 생각해도 헌병대에 가면 우리 신분이 탄로 날 것만 같았다. 그래서 최후 수단을 쓰기로 했다.

우선 소변을 본다는 핑계를 대고 슬며시 길가로 비켜섰다. 무기로 쓸 만한 돌멩이를 줍기 위해서다. 소변을 보면서 주변을 살펴보니 쓸 만한 돌이 눈에 들어왔다. 나는 어물쩍거리며 그 돌멩이를 주어서 명주수건에 싸 가지고 돌아왔다. 그리고는 잠시 숨을 돌린 다음에 그 놈의 얼굴을 인정사 정없이 후려쳤다. 그러자 "아야!"하며 비명과 함께 그가 기절해버렸다. 그 틈을 타서 우리는 제각기 도망쳤다. 궁 씨는 남쪽 산으로, 나는 북쪽 산으 로 달렸다. 뒤를 돌아보니 앞서 가던 일본인 헌병이 비명소리를 듣고 따라 오고 있었다. 나는 있는 힘을 다해 산 위로 올라갔다. 그렇게 해서 일본 헌 병대가 있는 뒷산에까지 이르렀다.

위에서 내려다보니 헌병대 전원이 동원되어 우리의 행방을 찾느라 분주 히 움직이고 있었다. 그러나 날은 이미 어두워져 캄캄한 밤이 되었고 눈까 지 쌓인 산길이라, 어떻게 우리를 추적할 수 있겠는가. 나는 산 위에 베어 놓은 나뭇단을 의지하고 밤을 지새웠다. 간간히 산 아래 쪽을 살펴보니 일 본 헌병들이 잠이 든 듯 조용했다. 나는 궁씨에게 나의 위치를 알려주기 위 해 성냥불로 암호를 보냈다. 남쪽 산에서도 궁씨가 불빛으로 자기 위치를 알려 왔다.

나는 긴 밤을 나뭇단 속에서 뜬 눈으로 지새우고, 새벽 두시 쯤 되어 몰래 산에서 내려가 박씨 집을 다시 찾아갔다. 박씨 부인이 자다가 나오면 서 자기 남편은 왜 오지 않느냐고 물었다. 주인 박씨도 붙들려간 모양이었 다. 나는 주인 양반도 함께 오다가 누구를 찾는다고 다른 데 들렀다고 임시 로 꾸며대며 위로했다. 그리고는 박씨 부인이 내준 찬밥을 한 그릇 얻어먹 은 뒤, 숨겨 두었던 휴대용 총과 서류를 급히 파내 가지고 덕천 방면을 향 해 떠났다. 나중에 들어서 안 일이지만, 이후 궁씨마저 붙잡혀 들어가 박씨 와 함께 평양에서 감옥살이를 했다고 한다.

나는 그 길로 덕천군 남산 연당(蓮塘) 경의재(經義齋) 주인 정모씨를 찾아가서 사흘을 묵으면서 독립단 지부를 조직했다. 그리고 정학자의 소개로 맹산(孟山)으로 가서 남창시장(南倉市場) 박문주(朴文周)의 집에 머무르면서 천도교도 53인을 학살한 사건을 조사했다. 그런 뒤에 이번에는 박씨의 소개로 강동(江東)과 성천(成川)으로 가서, 전에 경성에서 알게 된 김완종(金完鍾), 이명선(李明善) 등 2인을 찾아 독립단 기관을 조직했다.

그 다음 이씨의 소개로 평양 칠성문 안에 있는 주재명(朱在明)의 집으로 갔는데, 여기서 그만 일본 경찰들에게 포위당하여 위험한 상황에 놓이게 되었다. 그러나 한밤중에 일본 경찰의 포위망을 뚫고 탈출하여 황주를 거쳐 재령까지 갔다. 그런데 이곳에서는 소개하는 사람이 없이는 도저히 더 이상 진행해 나갈 수가 없었다. 생전 처음 와 보는 지역이라 아는 사람 하나 없고 믿어주는 사람이 없으니, 누구에게도 안심하고 마음을 나누고 뜻을 전할 수가 없었던 것이다. 할 수 없이 발걸음을 돌려 강서, 삼화, 용강, 순안, 숙천 등지를 지나고, 성천, 강동, 맹산, 덕천을 거쳐 영변으로 돌아왔다. 그 때는 배추씨 장수로 변장하고 다녔다. 처음 출발할 때는 지관 행세를 했고, 붓 장사를 가장하며 돌아다니기도 했는데, 돌아올 때는 배추씨 장수인 체 했으니, 스스로 생각해 봐도 참 우스운 일이었다.

다시 예일령을 지나게 되었다. 예전에 도망쳐 지나간 일본 헌병대가 있는지라 이른 아침에 조심조심 지나갔다. 그런데 일본 헌병 10여 명이 나를 향하여 고개 위쪽으로 올라오고 있는 것이 아닌가. 이 고개는 매우 높고 험하며, 길은 갈 지(之) 자 형으로 꾸불꾸불 열 두 구비나 되는 깊은 골짜기다. 또한 이곳은 다른 골짜기로 빠져나갈 길도 없어서 일본 헌병을 피할 도리가 없었다. 나는 막바지 수단을 썼다. 총을 꺼내어 헌 덧버선 속에 넣어서는 그것을 한 손에 들고, 또 한 손에는 긴 담뱃대를 든 채, 버적버적 걸어 내려갔다. 간이 콩알 만해져서 얼마나 진땀이 났는지 모른다. 그런 나를 보고는 일본 헌병이 무엇하는 사람이냐고 물었다. 나는 배추씨 짐을 풀어보였다. 그들은 반신반의하면서 좀 쉬어가라며 나를 앉으라고 했다. 나는 태연하게 단포가 들어있는 덧버선을 깔고 앉아서 그들에게 성냥을 빌려 담배를 한 대 피워 물었다. 그러자 그들은 안심한 듯이 고개로 올라갔다.

나는 곧바로 영변 독립단 조직책임자 강규묵(康圭默)의 집으로 갔다. 강규묵은 깜짝 놀라면서 "지난달에 신문 보도를 보니 노형이 일본경찰에게 붙들렸다고 하던데, 어찌된 일입니까?"라고 물었다. 아마도 예일령 사건으로 박씨를 취조한 결과, 나의 이름이 노출되어 체포된 것처럼 신문에 실린 듯했다. 여하튼 나는 그곳에서 4-5일을 쉬면서 박천의 박승무를 불러 길잡이로 삼고 안주(安州) 방면으로 향했다.

박천 신읍에 들렀을 때 일본 경찰이 나를 뒤쫓고 있다는 비밀정보를 듣게 되었다. 그래서 외촌(外村)으로 방향을 틀었다. 그런데 일본 경찰은 외촌까지도 나를 추적해 온 모양이었다. 나는 하는 수 없이 박승무과 함께 그날 밤 세 곳이나 피신해 다녔다. 잠을 한숨도 자지 못하고, 산중에서 나뭇단 속에 숨어 지새웠다. 우리는 동이 트기 전에 일찍 내려와 박천 구읍에 들러 술 한 잔씩을 마셨다. 그런 다음 안주로 향하던 길에 선돌모루라는 조그만 시내 거리를 지나게 되었다. 우리가 삼거리 어느 주점 앞에 닿았을 때, 누런 복장을 한 헌병 두 명이 술집 문 앞에서 세수를 하고 있었다. 같이 가던 박군이 바로 통과하려는 것을 내가 멈추게 하고, 날씨가 차니 술이나 한 잔 먹고 가자고 했다. 두 사람이 그 주점에 들어가니 방안에도 헌병 2명이 있었다. 그들은 지나가는 사람들을 검문하기 위해 그곳에 주둔하고 있는 듯했다.

우리는 주인을 불러 술을 시켜놓고 태연하게 윗목에 자리를 잡고는 헌병들에게 술을 같이 마시자고 권했다. 하지만 그 놈들은 사양하며 술은 입에도 대지 않은 채 우리 모습과 행동을 유심히 관찰했다. 우리는 순진한 시골 사람의 행색을 하고 있었다. 갓을 쓰고 목후양 쓰고 손에는 긴 담뱃대와 덧버선까지 들고 있었다. 물론 버선 속에는 총알이 재어 있는, 구멍이 여섯인 권총이 들어 있었다. 우리 두 사람에 대해 별로 의심할 만한 구석이 없었던지, 그들은 아무 말도 하지 않았다. 우리는 술값으로 30전을 주고 유유히 그곳을 빠져나왔다.

우리는 서로 마주보고 웃으며 청천강을 건너 안주 성내에 사는 오덕연(吳德衍)을 찾아갔다.(오씨는 8⊠·15 해방 이후에 월남하였으나, 6·25 사변 때 소록도로 피신했다가 피살되었다.) 나는 그의 소개로 비밀장소에서 유숙하면서 연통제 기관을 여러 곳에 조직했다. 박승무는 박천으로 돌려보내고, 나는 오씨의 소개를 받아 단독으로 영유, 숙천, 순안 등지로 다니면서 연통제 기관을 조직했다. 그런 다음 다시 평양으로 갔다. 기자릉(箕子陵) 동편 어느 민가에서 봉변을 당할 뻔 했으나, 계속해서 연통제 기관을 조직해나갔다. 당시 민심은, 도시이거나 예수교인이 많은 지역은 연통제를 환영했고, 유교나 천도교인이 많은 곳에서는 독립단 조직 설치를 환영했다. 그러니까 여러 곳을 돌아다니며, 어느 곳에서는 연통제 기관만을, 또 어느 곳에서는 독립단 지부만을 따로 조직한 것은 그 지방의 민심을 따른 것이었다. 나는 다시 강서, 용강 등지로 가서 두 기관을 동시에 설치했다. 안주 성내에 돌아와 보니, 그 동안 오덕연도 많은 활동을 하여, 기관도 조직하고 동지들도 많이 모아 놓았다.

기미년(1919)에는 평안도 일대가 가뭄으로 인해 흉년이 들었다. 농민들이 만주에서 들여온 좁쌀로 생계를 유지할 수밖에 없어 좁쌀 장수가 많았다. 그래서 안주, 박천 등의 상업가들은 거의가 만주 좁쌀상인이었다. 나는 오덕연에게 부탁하여 나를 그곳 상인들에게 소개시켜 달라고 했다. 이때 오씨의 소개로 알게 된 어느 미곡상인은 좁쌀이 많이 생산되는 만주 사평가

(四平街)에서 농장을 크게 경영하며 미곡상을 겸하고 있었다. 나는 그 좁쌀 상인이 왕래하는 편에 비밀연락을 하기로 마음속으로 작정하고 좁쌀 장수로 가장하여 만주로 건너가기로 했다. 내 소지품은 오씨에게 맡겨두고 좁쌀상인들의 행렬에 섞여 안주역에서 만주행 기차에 올라탔다. 이때가 경신년(1920) 1월 초순이었다.

선천(宣川) 근처 지방을 지나갈 때 차 안에서 이동경찰의 검문을 받기도 했으나, 안동역까지 무사히 도착했다. 나는 동행하던 미곡상에게는 사평가시(四平街市) 남가(南街) 복순량잔(福順粮棧)에서 다시 만나기를 약속하고 안동역에서 내렸다. 복순량 길목 주인 우경산(于景山)은 내가 잘 아는 중국인이었다.

그 날 밤 안동현에 있는 우리 조직체인 칠도구(七道溝) 비현정미소(枇峴精米所)로 갔다. 주인인 김재엽(金載燁)이 내게 보고하기를, 국내 각 조직에서 많은 청년들이 찾아왔고, 금전도 수만 원이 모금되었다고 했다. 모금된 군자금을 동삼성(東三省) 정부은행 발행 십원 권으로 바꾸니 그 금액이 적지 않았다. 나는 그곳에서 다시 관전현(寬甸縣)으로 가는 이주민으로 가장하고, 마차로 관전현성까지 가서, 군자금은 중국 물품과 돈을 취급하는 복순잔(福順棧)에 맡겼다. 다음날 같은 현 남모우전자(南母牛甸子)에 있는 독립단 관서지단(寬西支團)으로 가니, 총단, 지단의 동지들이 많이 모여 있었다.

나는 총단에 금전 일부를 보조하고, 다시 같은 현 향로구에 있는 평북 독판부를 방문했다. 독판 조국동 선생이 여전히 일을 맡아 하고 계셨다. 신자운(申紫雲), 백기준(白基俊) 등 여러 동지들도 무사히 돌아와 있었다. 나는 조국동 선생에게 독판부 경비로 금전 약간을 드렸다. 그 부근에는 청년단연합회(靑年團聯合會) 직원인 안병찬(安秉瓚), 김찬성(金贊聖), 김승만(金

承萬) 등 여러 동지들이 여기저기서 활동하고 있었다. 신자운에게 들으니, 자신은 희천, 강계, 초산, 위원, 벽동, 창성, 삭주, 의주 등 8군에 21개 기관을 조직했다고 한다. 또한 홍문산(洪文山), 배준호(裵俊浩), 최지관(崔志寬), 백의범(白義範), 박이열(朴利烈) 등이 조직한 기관이 16곳이라고 했다. 내가 조직한 52곳의 기관을 합하면, 이번에 국내에 설치한 두 단체의 기관은 모두 89개소였다. 아래는 당시 국내에 설치한 연통제 기관과 독립단 기관을 도표로 나타낸 것이다.

나는 이번 방문 길에 자신감이 넘쳤다. 국내에 설치한 각 기관의 직원들과 청년들이 독립에 대한 강한 의지와 소원을 가지고 있음을 보았기 때문이다. 그들은 무기 대금은 자기들이 무슨 수를 써서라도 마련할 테니, 각 기관에 무기만 마련해 달라고 했다. 그리고 몇 월 며칠 일시에 행동하라는 명령만 내려 달라는 것이었다. 그러면 자기들이 거주하는 지방의 헌병대, 경찰서, 군청, 면사무소 등을 습격, 파괴하고, 행정사무를 점령하겠다는 것이다. 각 지역의 직원과 청년들이 한결같이 호언장담을 했다.

나 또한 그러한 호응에 자신이 만만하였던 것이다. 국내에서 그와 같이 파괴운동을 실행한다면, 그 결과 세계 각국에 우리의 독립의지를 널리 알리는 기회가 될 것이며, 3·1운동 때 보다 더 많은 생명이 희생될 것이다. 그런 반면에 국외 운동의 측면을 본다면, 우선 남만주만 하더라도, 독립운동을 표방한 단체가 우후죽순 격으로 제각기 이름을 들고 나와서 상호간에 알력이 있을 것이다. 지금의 현상으로 보아도 유하(柳河), 통화(通化) 등지에 독립단과 한족회(韓族會)가 나란히 설립되었고, 또 각 지방에 각기 자신들의 기관을 설립하려고 서로 경쟁을 벌이고 있는 상황이 아닌가.

사방 경계	기관총수 (機關總數)	연통제기관 (聯通制機關)	독립단기관 (獨立團機關)
삼화(三和)	1	1	0
영유(永柔)	1	1	0
순안(順安)	2	1	1
숙천(肅川)	1	1	0
안주(安州)	3	2	1
희천(熙川)	2	1	1
강계(江界)	3	1	2
초산(楚山)	2	0	2
벽동(壁潼)	2	0	2
위원(渭原)	1	0	1
창성(昌城)	2	0	2
삭주(朔州)	3	1	2
영원(寧遠)	1	0	1
의주(義州)	16	6	10
용천(龍川)	3	1	2
철산(鐵山)	3	1	2
선천(宣川)	5	3	2
정주(定州)	2	1	1
태천(泰川)	1	0	1
박천(博川)	2	0	2
귀성(龜城)	5	1	4
영변(寧邊)	5	1	4
운산(雲山)	5	1	4
개천(价川)	3	1	2
덕천(德川)	3	0	3
맹산(孟山)	3	0	3
강동(江東)	1	0	1
성천(成川)	2	1	1
강서(江西)	1	0	1
평양(平壤)	2	2	0
황주(黃州)	1	0	1
재령(載寧)	1	1	0
용강(龍岡)	1	1	0

〈표 9〉 각 국별 연통제와 독립관 기관

12. 만주지역 여러 단체 통합 활동

그 무렵 만주 각 지방 우리 동포가 거주하는 곳에서는 어느 단체의 지단(支團)이니, 어느 회의 지부(支部)니 하면서, 제각기 지방에 자기 측 조직의 수를 늘리는데 혈안이 되어 있었다. 멀지 않는 장래에 독립운동 단체들 사이에 큰 분쟁이 일어날 것이 분명했다. 따라서 우선 각 단체를 통합하는 것이 무엇보다 가장 시급한 일이었다. 그런 생각에서 나는 평북 독판부와 청년단연합회 직원들을 찾아다니면서 단체들을 하나로 통합해야 한다고 앞장서서 부르짖었다. 그랬더니 그들 모두가 독립단체를 통합하는 것이 지금 가장 우선적인 일이라고 찬성하며 동조했다. 그리하여 각 단체 통합을 위한 유세단을 조직하니, 평북 독판부 대표로는 조국동, 김승만(金承萬)이 선출되었고, 청년단연합회 대표로는 안병찬(安秉瓚), 김찬성(金贊聖)이 독립단 대표로는 내가 선출되었다.

우리는 4253년(1920, 경신년, 40세) 음력 1월에 각 단체의 지도자들을 방문하기 위하여 길을 떠났다. 첫 번째로 관전현(寬甸縣) 소아하(小雅河)에 있는 독립단 부총재 온당(溫堂) 백삼규(白三圭)를 방문하여 각 단체 통합에 대한 승낙을 받았다. 그런 다음 유하현(柳河縣) 삼원포(三源浦) 서구지역 독립단 도총재(都總裁) 장호(長浩) 박화남(朴華南) 선생을 방문하여 그곳에 오게 된 뜻을 말했다. 그 역시 통합을 적극적으로 찬성했다. 그리고 같은 지역 북구에 있는 한족회(韓族會) 간부 이탁(李沰),김동삼(金東三), 안동원(安東源), 이탁(李鐸) 등을 방문하고 남만주 각 단체의 통합안을 제안했다. 그들도 원칙으로는 통합에 찬성하고 동의했다. 그러나 각각의 단체는 총회를 소집하여 결의를 얻지 않고서는 단체의 해산을 단행할 수 없기 때문에, 우선 각 단체의 행동을 통일하기 위해 압록강 근처에 통일기관을 설치하도록 했다. 그런 다음 국내에서 군자금을 모집하는 일과 일제의 기관을 파괴하는 일을 할 때는 일치하여 행동을 같이 하자는 의견 등에 합의했다. 통일기관의 간부로는 한족회(韓族會) 대표 이탁(李鐸), 독립단 대표 김승학, 청년단연합회 대표 안병찬 등 3인이 선출되었고, 아래와 같이 5개 항을 결의했다.

1. 각 단체의 행동 통일기관을 설치하고 국내에 있는 일제의 행정기관 파괴를 단행하되, 각 단체 개별의 이름으로 하지 말고 반드시 상해임시정부에서 지정하는 이름으로 할 것.

2. 연호는 '대한민국' 연호를 사용할 것. (그때에 독립단에서는 '기원' 연호를 사용했다.)

3. 상해임시정부에 대표를 파견하여 이 사실을 보고하고 통일된 법적인 명칭을 요청할 것.

4. 통일기관은 국내와 맞닿아 있는 압록강 연안의 적당한 곳에 설치할 것.

5. 위의 통일기관의 경비는 원칙적으로 각 단체가 평균하게 부담하되, 국내에서 오는 특별 수입금은 통일기관의 군사비에 충당할 것.

이 결의안이 각 단체 간부회의의 승인을 얻은 뒤, 대표들은 관전현으로 가서 통일기관을 설치하고 행동을 시작하기로 했는데, 안타깝게도 안병찬이 중일(中日) 군경에게 체포되었다. 그러나 안병찬은 10여 일 만에 관전현 지사 황조안(黃祖安)의 특별 알선으로 석방되어 이탁(李鐸)과 함께 상해로 탈주했다.

나는 다시 국내에 들어가 의주, 선천, 귀성(龜城)의 각 기관을 돌아다니다가 안동현(安東縣)에 돌아왔다. 이때 국내로부터 들어온 많은 청년들이 있었고, 군자금도 상당히 모여 있었으므로, 나는 청년들과 함께 군자금을 가지고 관전현으로 돌아왔다. 그러나 이 무렵 독립단 내부에서는 큰 변동이 생겼다. 종전에 국내에서 건너온 청년들과 삼원포 도총재부와의 사이에 연호 문제로 분열이 일어난 것이다.

당시 독립단 총단장 조맹선(趙孟善)은 청년들에게 군사훈련을 실시하기 위해 하얼빈의 러시아 백색당 그레고리 세메노프의 군중(軍中)에 가 있었고, 도총재부에는 노장들만 있었으므로, 이 노소간에 생긴 의견 충돌을 조정할 만한 인물이 없었다. 노장 측에서는 '기원' 연호를 고집했고, 청년파에서는 '민국' 연호를 써야 한다고 주장했다. 의견이 합치되지 못하자, 청년층에서는 '민국' 연호를 사용하기로 결정하고 노장파와 분립함에 따라, 독립단은 결국 기원파(紀元派)와 민국파(民國派)로 갈라지게 되었다.

그 후 민국파에 속하는 청년 다수가 나를 찾아 관전현으로 모여들어서, 조국동 선생을 총재로, 신자운을 단장으로 모시고 별개의 사무기관을 설치한 것이다. 나는 이 일이 불행이라고 생각했지만, 청년층의 주장은 국내 기관의 의견이 반영된 것이므로 반대할 수도 없었다. 그래서 두 계파 간 분쟁이 더 이상 확산되지 않기를 신신당부하고는 상해 방문을 준비하고 있었다.

그 때 유하현 도총재부에서 국내 출장에 필요한 무기를 구입하여 보내라는 통지가 왔다. 국내에서 모금되어온 군자금 가운데 독일제 모젤 권총 3정, 단발총 3정 대금으로 만원을 신자운에게 맡기고, 통일기관(統一機關) 무기 구입을 목표로 상해 방문을 떠났다. 바야흐로 4253년(1920년, 40세)

2월의 일이니, 이것이 제1차 상해 방문이다. 이 길에 독립군의 성쇠와 개인의 흥망이 달려 있었다.

김창의(金昌義)와 내가 길동무가 되어 안동현에 도착했다. 당시 임시정부 교통부(交通部) 기관이 안동현 영국 상점인 이륭양행(怡隆洋行) 안에 비밀리에 설치되어 있었다. 나는 이륭양행 안에 있는 교통국(交通局)을 찾아가서 국장 양헌(梁憲)과 장덕로(張德魯), 두 사람을 만났다. 그리고 이들을 통해 군자금 전액을 양행주인 소지열(邵志悅:아일랜드인)에게 맡겨, 상해 이화양행으로 보내게 했다. 이 군자금은 무기 구입을 위해 국내에서 나와 몇 명의 동지들이 독립단 조직과 연통제 기관을 설치하며 모금한 것이다. 내가 직접 그 돈을 몸에 지니고 다니기보다는 서양물품 상점인 이륭양행 주인 소지열에게 맡기는 것이 훨씬 안전할 터였다. 배 안에 어떤 사람이 타고 있을지 모르기 때문에 나름대로는 가장 안전한 방법을 택했던 것이다. 그런 뒤에 나는 안동현에서 상해로 왕래하는 기선에 몸을 실었다.

13. 첫 번째 상해방문

안동현에서 상해로 가는 이륭양행 소속 배에 올라타니 한인(韓人) 부인 두 명과 아동 두 명이 먼저 배를 타고 있었다. 알아보니, 그 중 한 사람은 백범 김구 선생의 부인 최씨(崔氏)로 장남 인(仁, 3세)을 데리고 가는 중이었다. 또 한 사람은 백범과 같은 고향사람 김모씨의 부인으로 역시 장남을 데리고, 각자의 남편을 찾아 상해로 가는 길이었다. 나는 이륭양행 주인 소씨의 특별 우대로 뱃삯도 내지 않고 일등실로 인도되었다.

배가 떠났다. 항해 중에 우스운 일이 있었다. 식사 시간이 되었는데 서양 요리가 나왔다. 나는 태어나서 한 번도 서양 음식을 먹어본 적이 없어서, 어떻게 먹어야 할지를 몰라 멀뚱히 앉아 있었다. 이때 접대하는 청년들이 눈치를 채고 선장에게 말한 모양이다. 선장이 오더니 중국 요리를 먹겠냐고 물었다. 나는 고개를 끄덕이며 그리 하겠다고 대답했다. 그 다음부터 나한테는 중국 음식이 나왔다. 매일 삼시세끼 중국 요리를 먹으면서, 73시간 만에 상해 법조계(法租界) 황포탄(黃浦灘) 마두(碼頭)에 도착했다. 나는 소지열에게 맡겨두었던 돈을 안전하게 돌려받은 뒤, 선장의 주선으로 무사히 육지로 내려와, 법조계(法租界) 보창로(寶昌路) 보강리(寶康里)로 가서 50호 집에 유숙(留宿)하게 되었다.

보강리는 임시정부가 있는 곳이다. 50호 집은 임시정부의 지정숙소나 다름없다. 주인은 임정(臨政)의 외교총장(外交總長) 박용만(朴容萬)의 당숙이었다. 국내 천도교 대표단 신숙(申肅), 최동오(崔東旿), 김홍선(金弘善), 장소석(張素石), 네 분이 나와 함께 머물렀다. 내가 그곳에 도착한지 이틀 만에 마침 도산 안창호(安昌浩) 선생이 방문했다. 나는 도산 선생에게 이번에 상해에 온 사명을 알리고, 안병찬과 이탁의 소식을 물었다. 그러자 도선 선생이 이렇게 대답했다.

"그들이 2-3일 전에 이곳에 왔는데, 안씨는 관전에서 붙잡힐 때
독극물을 먹은 탓에 인후가 상하여 지금 병원에서 치료 중이고,
이씨는 중국 여관에 머무르며 김승학 동지를 기다리는 중이오."

우리는 잠시 동안 간단한 대화를 나눈 다음, 함께 중국 여관으로 가서 이탁을 만났다. 그 뒤 도산 선생이 청하여, 중국 요리를 하는 영안공사(永

安公司)로 가서 점심을 먹게 되었다. 그런데 공교롭게도 또 서양 요리가 나왔다. 나는 이번에 상해로 오는 배에서 서양 요리 먹는 법을 몰라 망신을 당했던 일을 털어놓았다. 그러자 도산은 웃으면서, "음식을 먹는 예법이 각국이 서로 달라, 처음에는 피차간에 모두 그러한 실수를 하게 되는 것이니 망신이랄 것도 없소."라고 말했다. 그리고는 자기가 먼저 포크와 나이프를 들기에, 나도 그가 하는 대로 따라 했다. 식사를 마치고, 다시 우리 세 사람은 안병찬이 입원한 병원으로 가서 위문했다.

　삼일 째 되는 날에는 이탁(李鐸)과 함께 임시정부 내무부로 가서 남만주의 운동단체들을 통합한 사실을 보고(報告)하고, 통일기관의 법명을 요청하는 신청서를 제출(提出)하였다. 그 뒤 얼마 있다가 미국 국회의원단이 동양 시찰을 온다는 신문보도(新聞報道)가 있었고, 동시에 남만주의 독립단에서 통지가 왔다. 이번 미국 국회의원단이 상해를 경유할 때 독립단 대표로서 환영하고 우리의 실정을 진술하라는 내용이었다. 비단에 금 글씨로 수놓은 진정서도 함께 보내왔다. 나는 그 진정서를 내무부장 도산에게 보였다. 다 읽고 나더니 도산이 다음과 같이 의견을 내놓았다. "진정서 내용이 너무 길고 장황하니, 중요한 구절만 골라 영문으로 번역해 각 의원에게 한 통씩 주는 것이 좋겠소. 그리고 수놓은 원본은 정부에 보관하는 것이 좋겠습니다." 나는 그의 말을 따라서, 황진남(黃鎭南), 여운홍(呂運弘)에게 번역을 맡겼다. 그리고 나서 의원단이 도착했을 때, 여운형의 소개로 그 진정서를 전달했다.

　당시 임정 요인들은 대통령을 포함, 여러 사람이 미국 또는 기타 각지에서 아직 도착하지 못했고, 취임하여 시무하고 있던 분들은 안창호, 이동녕(李東寧), 이시영(李始榮) 등과 몇 사람의 차장들뿐이었다. 군무총장 노백린(盧伯麟)도 자리를 지키지 못했다. 다만 차장 김희선(金羲善, 민국 3년 변절귀국)만 취임하여, 군무부 산하에 속성과정으로 무관학교(6개월)를 설립하였는데, 생도의 수는 오륙십 명 정도라 했다.

우리는 남만주 각 단체 대표들의 이름으로 임정 직원과 무관학교 생도들, 독립신문사 임원들과 민단직원(民團職員) 등 약 150여 명을 영안공사 연회당(宴會堂)으로 초대하여 위로연을 베풀고 하루 동안 서로 격려했다. 이 일이 있고 나서 법조계 일대에는 남만주에서 어떤 인물이 와 거액의 돈으로 무기류를 사들인다는 헛소문이 퍼지게 되었다. 또한 많은 사람들이 나를 찾아와서 한결같이 돈을 꾸어달라는 것이었다. 나는 숙소를 비밀리에 옮기고, 무기와 관련해서는 일행에게도 말하지 않은 채 극비리에 구입을 진행했다. 이렇게 조심했음에도 거짓으로 남을 속이는 협잡배들에게 사기도 몇 번 당하고, 위협을 당한 일도 한 두 번이 아니었다.

우리는 임정기관, 무관학교, 독립신문사 등 각 기관에 약간씩 기부했다. 그러나 통일기관 법명 신청 건은 수개월이 지나도록 결정이 되지 않아 두세 번 재촉하기까지 했다. 그러던 중 정부 내부에서도 의논이 속히 일치되지 않는다는 말을 듣고, 이탁과 함께 국무회의실로 쳐들어가 야단을 쳤다. 그 결과 2월에 제출한 안건이 6월 말이 되어서야 인가(認可)되었다. 그 내용은 다음과 같다.

1. 기관명: 광복군사령부(光復軍司令部), 광복군 참리부(光復軍參理部)

 - 광복군 사령부는 임시정부 군무부(軍務部) 직접관할로 남만주의 독립군 군정 일체를 관할 지휘함.

 - 광복군 참리부는 임시정부 내무부(內務部) 직접관할로 남만주 거주 교민을 통치하는 사무 일체를 관할 지도함.

2. 직제:

　- 광복군 사령부는 사령장 이하 7국을 설치함.

사령장(司令長)

참모국(參謀局)

군정국(軍政局)

군기국(軍機局)

군수국(軍需局)

군법국(軍法局)

소모국(召募局)

군령국(軍令局)

　- 광복군 참리부는 참리부장 이하 7사(司)를 설치함.

　　　참리부장(參理部長) 협찬(協贊)

　　　내무사(內務司)

　　　외무사(外務司)

　　　법무사(法務司)

　　　경호사(警護司)

　　　교통사(交通司)

　　　재무사(財務司)

　　　학무사(學務司)

　　　(이 외의 세세한 직제는 생략함)

4253년(1920, 경신년, 40세) 6월 나는 광복군 사령부 군정국장(軍政局長) 겸 군기국장(軍機局長)으로 지명되었다. 만주에서 함께 왔던 안병찬(安秉瓚)은 임시정부 법무차장(法務次長)으로 임명되어 상해에 머물게 되었다. 그리고 이탁은 광복군 사령부 참모장(參謀長)으로 임명되어, 폭탄제조 기술자인 김성근김성근(金聲根) 외 1명을 데리고 먼저 남만주로 출발했다.

　나는 7월 말까지 상해에 조금 더 머물면서 독일제 모젤 권총과 단발총 240정을 구입했다. 이 무기들을 남만주로 안전하게 보내기 위해 어떤 양행(洋行)에서 철로 만든 궤짝 4개를 사 내부를 개조하고, 그 속에 무기를 가득 채운 다음 새로 칠을 하고 나무 상자로 포장했다. 그 뒤 양행주인 한모 씨 소개로 중국인 장해봉(張海峯)을 만났다. 나는 그에게 "봉천성 관전, 환인 등지에는 누에고치가 많이 생산되니, 그 지방에 가서 누에고치를 무역거래 하면 이익이 많을 것이오."하고 일러 주었다. 그리고는 덧붙여 "기왕에 가는 길에 이 철 궤짝을 관전현(寬甸縣) 장음자(長陰子)에 있는 조모 씨에게 전달하면 조(趙)씨가 누에를 사줄 것이니, 거기까지 함께 운반합시다."하고 제안했다. 그는 그렇게 하겠노라 약속했다. 나는 그에게 안동현까지는 이륭양행 배편으로 가고, 관전현 하구(河口)까지는 목선으로 압록강을 거슬러 올라가, 배에서 내린 다음부터는 육로로 장음자까지 갈 것이라 일러주었다.

　그리하여 8월 초순, 중국인 장해봉(張海峯), 그리고 김해산(金海山), 이름은 문희(文熙)) 등 우리 일행은 이륭양행 증기선을 탔다. 배는 73시간 만에 안동현에 도착했다. 그런데 배가 이전에 정박했던 삼도랑두(三道浪頭)에 닿지 않고, 신의주와 안동현을 연결하는 철교 밑에 정박했다. 갑자기 이륭양행 주인 소지열이 헐레벌떡 올라오더니, 우리더러 하선하지 말라는 것이었다. 이 배를 일본 경찰이 특별 경계하여 삼도랑두에 정박하지 못하게 하고 경비정이 배 주위를 감시하고 있으니, 조선 사람은 절대로 육지에 내리지 말고 상해로 다시 돌아가란다.

나는 내가 맡은 중차대한 임무를 생각하지 않을 수 없었다. 그래서 소지열에게 철 궤짝 네 개를 사서 가지고 온 일과 중국인 장해봉이 누에고치 판매를 위해 함께 온 이유를 신중하게 털어놓았다. 내 말을 진지하게 경청하더니 소지열이 장해봉에게 말하기를 "그렇다면 배에 실고 온 물품은 일단 모두 이륭양행에 보관해 두었다가 23일 후에 가지고 가시오."라고 했다. 그러고 나서 우리 두 사람(나와 김해산(金海山)은 배 위에 절대로 나타나지 말고 선내에 잠복해 있다가 자기가 기별하면 내리라고 덧붙였다.

우리 둘은 배 안에서 그의 통지를 기다리며 조용히 잠복해 있었다. 어느새 5일이 지났다. 6일째 되던 날, 배가 다시 상해로 돌아간다는 소리가 들리는데, 그때까지도 배에서 내리라는 통지가 없었다. 그날 밤 나는 김해산과 상의하여 작은 중국 배 삼판(三板) 한 척을 빌려 큰 배 옆에 대놓고 있다가 다음 날 이른 새벽에 배에서 내리기로 약속했다. 그러고 있을 때 마침 배 주인 소지열이 와서, 돌아가는 상황을 말해주었다. 물품들은 모두 무사히 빼돌려 이륭양행 창고(倉庫)에 두었고, 장해봉도 양행에서 머물다가 이틀 전에 목선을 타고 하구포(河口浦)까지 갔다는 것이다. 이렇게 상황이 잘 마무리되었으니 우리더러 내리지 말고 곧바로 상해로 돌아가란다. 아마도 무슨 비밀 정보가 흘러나갔는지, 일본 경찰이 이번 배를 각별히 주목하고, 양행의 작은 운반선의 움직임에도 일본 경찰 경비선이 항상 따라 다닐 뿐만 아니라, 양행 문 앞에도 사복 경관이 주야로 지키고 있어 위험하다는 말이었다. 나는 소씨에게 그리하겠다고 말했다.

그러나 아무리 생각해 보아도 내가 배에서 내려서 직접 확인하지 않으면 여기까지 수송해온 무기가 관전(寬甸)까지 무사히 가게 될지가 걱정이 되었다. 설사 가게 된다 하더라도, 가는 도중에 무슨 일이 일어나게 될지 알 수 없었기 때문에 애가 탔다. 만일 이 수송 작전이 무엇 하나라도 잘못된다면, 우리 독립운동에 막대한 피해를 줄 뿐 아니라 내가 여태껏 해온 일이 모두 허사가 될 것이기 때문이다. 나는 차라리 나 한 사람이 희생되더라도 일을 확실히 해두는 게 좋겠다는 생각이 들었다. 그래서 김해산과 다시 상의하여 다음날 아침에 하선하기로 했다. 이 결심을 중국 수송선 선원에게 말한 뒤, 그로부터 그렇게 하겠다는 약속을 확실히 받아냈다.

　우리는 권총 한 자루씩을 휴대하고, 다음 날 아침 동이 트려 할 때 함장도 모르게 작은 배에 몸을 싣고 육도구(六道溝) 방면을 향해 줄달음을 쳤다. 마침 그 날은 바다 위에 안개가 잔뜩 끼어 사방이 잘 보이지 않았으므로, 뱃사람을 재촉하여 온힘을 다해 빨리 달렸다. 그런데 우리가 탄 배가 육도구 강기슭까지 3분의 2정도쯤 갔을 때, 뒤에서 통통거리는 소리가 들렸다. 돌아보니 일본 경비선 한 척이 쏜살같이 우리 뒤를 따라오고 있었다.

　뱃사공을 독촉해 내달리다 배가 강가에 닿자마자 김해산이 먼저 뛰어내렸다. 나도 그 뒤를 따라 뛰어내리려고 할 즈음, 순간적으로 배가 반동력에 의해 강 쪽으로 튕겨져 나갔다. 나는 그만 땅으로 뛰어 내리지 못하고 강물에 빠지고 말았다. 온힘을 다해 가까스로 언덕까지 올라오니 하반신은 흙투성이가 되었고 신발은 벗겨져 있었다.

　저 멀리서 경비선을 타고 온 일본 경찰들이 어느새 우리가 타고 온 배에 올라가 선부를 구타하는 소리가 들렸다. 김해산은 청년이라 재빨리 도주하여 북쪽 형제봉(兄弟峯) 쪽으로 이미 사라졌다. 그러나 나는 신발도 없고, 배를 타고 오면서 4-5일간 극심한 멀미를 해 기진맥진했던 터라, 아무리 애써도 빨리 달릴 수가 없었다. 꾀를 내 근처 옥수수 밭에 몸을 숨기려 하는데, 일본 경찰 네 명이 배에서 내려 고함을 치며 따라오고 있었다. 김군이 멀리 도망가 도저히 좇을 수 없게 된 것을 알아차린 그들이 내가 옥수수 밭 쪽으로 뛰는 것을 보더니, 나를 표적 삼아 추격하기 시작했다.

다행히 언덕에는 나무들이 많았기 때문에, 그들은 내가 있는 위치를 정확히 알지 못했을 것이다. 나는 무슨 일이 있어도 절대 잡혀서는 안 된다는 생각으로, 무조건 신속히 옥수수 밭으로 뛰어 들었다. 그런데 들어가면서 보니 밭고랑 사이에 콩을 심어놓아서 그 콩 넝쿨들이 서로 뒤엉켜 빠른 속도로 헤치고 나가기가 아주 곤란했다. 그래도 내 위치가 탄로 나지 않도록 옥수수와 콩 넝쿨이 가능한 한 흔들리지 않게 조심하면서 십여 개의 밭고랑을 넘어가서는 순간적으로 콩 포기를 안고 누웠다.

잠시 후 바깥을 슬며시 내다보니 경찰들이 밭 안으로 들어오지는 않고 내가 도주할만한 남과 북 양 방면을 지키고 있었다. 그런데 얼마쯤 지나자 난데없이 정찰견 두 마리가 사납게 짖으며 내 쪽으로 달려오고 있는 것이 아닌가. 저 개들은 틀림없이 훈련을 받았을테니 나를 발견하면 사정없이 물어뜯을 것이라는 두려움이 엄습했다. 그래서 죽기를 각오하고 콩 포기 밑에 숨겨둔 총을 빼어든 채, 개들이 가까이 오면 즉시 쏠 작정을 하고 있었다. 그러나 다행히도 그 개들은 내가 있는 곳으로는 더 이상 오지 않고, 잠시 동안 옥수수 밭 가운데를 이리저리 헤집고 다니더니, 이내 나가버렸는지 사방이 고요해졌다.

어느덧 해가 동쪽 하늘로 석자나 떠올라 있었다. 이제 그만 밭에서 나갈까 하는 마음이 들기도 했다. 그러나 동쪽과 남쪽은 압록강이요, 서북쪽은 경찰이 지키고 있었다. 이런 상황에서 도망을 치면 잡힐 게 불을 보듯 빤하기 때문에 어찌해볼 도리가 없었다. 결국 나는 약 3정보나 됨직한 옥수수 밭에서 이틀을 보내게 되었다. 간간히 바깥 동정을 살피니, 밤이 되면 서북쪽의 감시병들이 밤새도록 불을 켜놓고 지키면서 한 시간에 한 번씩 교대하는 모양이었다. 이렇게 숨어있는 동안 가장 곤란했던 일은 목이 말라 자주 기침이 나는 것이었고, 또 가장 질색이었던 일은 모기떼가 인정사정없이 달려들어 무는 것이었다. 물론 기침이 날 때는 얼른 입을 땅에 대고 기침을 하면 소리를 줄일 수 있었고, 모기떼가 달려들 때는 두루마기로 얼굴을 가리면 조금 덜 물렸다.

달리 할 일 없이 그저 숨죽여 숨어 있기만 하니 심심해서 한시 한 토막을 지어보았다. 상황이 상황인지라 글이라기에는 엉성하지만, 그 광경을 짐작하기에는 충분할 것이다.

첫째 날 밤,

不怕偵犬入(불파정견입)
最畏蚊群侵(최외문군침)

사냥개가 오는 것은 두려울 것 없지만,
모기떼가 덤벼드는 것은 그야말로 무섭구나.

둘째 날 밤,

渴舍自己水(갈함자기수)
飢餐玉蜀黍(기찬옥촉서)

목이 마르면 오줌으로 목을 축이고,
배가 고프면 날옥수수를 우적우적 씹더라.

이틀 밤을 간신히 넘기고 나니 셋째 날에는 어떻게 해서든 빠져 나가야 할 것 같았다. 그래서 경찰들이 감시하고 있는 뒤쪽으로 살금살금 자리를 옮기면서 엿보았다. 그들은 한 시간에 한 번씩, 북쪽에 있던 놈이 서쪽으로 이동하면, 서쪽에 있던 놈이 북쪽으로 가며, 서로 위치를 바꾸어 감시하고 있었다.

그런데 밤이 지나고 동이 틀 무렵이 되자 그 놈들이 잠시 졸더니, 아직 뿌옇게 날이 밝기도 전에 내 앞에서 보초를 서던 두 놈이 한꺼번에 서쪽으로 교대하러 가는 것이었다. 나는 이 기회를 놓치지 않고 살그머니 밭 도랑 둑을 넘어서 서북쪽 형제봉 쪽으로 힘껏 내달렸다. 그러다 잠시 후 형제봉 바로 아래 있는 어느 집 담장 앞을 지나게 되었다. 그 때 야속하게도 개들이 짖어대기 시작했다. 그제야 일본 경찰들은 내가 도망친 걸 알았던지, 양쪽에서 보초를 서던 네 놈이 동시에 고함을 지르며 따라왔다.

나는 황급하게 형제봉 위로 올라가기 시작했다. 그 놈들도 나를 좇아 올라오는 게 보였다. 중간쯤 올라갔을 때, 그 놈들이 더 이상 나를 추격하지 못하도록 인정사정 볼 것 없이 큰 바윗돌을 마구 굴려댔다. 바윗돌들이 가파른 산 아래로 굴러 떨어지자 벼락 치는 소리가 났다. 그것이 큰 위협이 되었던지, 그 놈들은 나를 따라 올라오기를 단념한 듯이 주춤거렸다. 그러더니 북쪽 골짜기를 따라서 산봉우리를 포위하려 하는 것 같았다.

형제봉 서북으로는 안동현 시가(市街)로 통하는 큰 길이 있다. 그 놈들 생각으로는 내가 안동현 쪽으로 갈 줄 알고, 중간에서 길목을 지키려는 모양이었다. 그 속내를 빤히 들여다보면서 나는 형제봉 꼭대기로 올라가 한동안 숨을 돌렸다. 그런 다음 그 놈들이 더 이상 보이지 않는 틈을 타, 다시 삼도랑두 방면으로 천천히 내려가면서 한시 한 토막을 읊조렸다.

兄弟峯頭層立石(형제봉두층입석)

一推直轉擊追兵(일추직전격추병)

형제봉 위에 높이 서 있던 바윗돌

한 번 차니 굴러 내려가 오는 적을 물리치네.

　이렇게 나는 일본 경찰들이 북쪽으로 갈 때 유유히 서쪽 골짜기로 빠져서 삼도랑두로 뚫린 큰 길을 넘었다. 그리고 앞에 있는 산골짜기를 십리쯤 걸었다. 그런데도 사람의 기척이라곤 하나도 없었다.

　산골짜기 바위 위에 앉아 한참 쉬면서 문득 내 몰골을 바라보니, 중국식 두루마기는 진흙투성이였고 신발은 온데간데없었다. 양말만 걸쳤는데, 그마저 바닥은 온통 헤어지고 발목만 남았다. 머리에 썼던 모자도 어디서 잃어버렸는지 행방이 묘연했다. 이런 몰골을 하고 마을을 내려가면 보는 사람마다 미치광이나 도망자로 의심할 게 뻔했다. 그렇다고 인가를 찾지 않으면 신발을 살 수도 없지 않은가. 더구나 어디가 어딘지 통 방향조차 알 수 없으니, 어차피 인가를 찾기는 찾아야 했다.

　나는 두루마기를 벗어서 접어들고 양말은 아예 벗어버린 채 맨발로 산밑 인가를 찾아 내려갔다. 한참 후에 어느 집 마당으로 들어갔는데, 마침 일꾼 너 댓 명이 탈곡을 하다가 둘러앉아 아침밥을 먹고 있었다. 집 주인을 찾았더니 그들이 깜짝 놀라며 누구냐고 물었다. 나는 임기응변으로 태연하게 말했다. "여기서 5-10리 쯤 되는 문가구(文家溝)에 사는 최 모(某)라 하오. 안동현에 가서 벼를 팔아가지고 집으로 돌아가던 길에 술이 취하여 이 산 동쪽 길거리에 누웠다가 그만 잠이 들었나 봅니다. 깨어 보니 몸에 지녔던 돈도 다 잃어버리고 모자도 신발도 사라지지 않았겠소? 이 모습을 하고 어찌 집에 돌아가겠소? 우선 신발 한 켤레라도 사다주시면 감사하겠소."

그들은 반신반의하는 눈치였다. 설상가상으로 그들 중 한 사람이 동료들에게 말하기를, "아무래도 수상해. 도중에서 도적을 만났다면 저 건너편에 있는 파출소(일본인 파출소, 삼도랑두에서 10여 리)에 가서 신고해야 하지 않나?"고 했다. 나는 시치미를 떼고 "내가 잘못해서 길에서 자다 잃어버렸으니 굳이 신고할 것까지는 없소."하고 대꾸했다. 내 말을 듣자 주인인 듯한 노인이 나를 한번 쳐다보고는 다시 일꾼들에게 시선을 돌리며 말했다. "우리는 우리 할 일이나 하자. 남의 일은 간섭할 것이 없지 않은가? 그냥 신발이나 한 켤레 사다주고 보내라."

그리고는 자기 아들을 부르더니 짚신 한 켤레를 가져오라고 했다. 잠깐 뒤에 아들이 짚신을 가져왔다. 나는 감사하게 받으며 그 값으로 20전을 주었다. 그런 뒤에 다시 주인 영감에게 길잡이 한 사람을 구해 달라고 청하고는, 그와 함께 가벼운 발걸음으로 문가구를 향해 떠났다. 그리고 문가구가 가까워지자 그 길잡이에게 돈 50전을 주어 돌려보냈다. 짚신을 산 곳 근처에 일본인 파출소가 있던데, 혹시라도 일본 경찰들이 내 소식을 듣고 추격하다가 그 길잡이를 찾아내 내가 잠적한 곳을 알아낼까 염려스러웠던 것이다.

나는 혼자서 문가구에 있는 우리 연락기관의 주인 이태원((李泰源, 나의 장남 성류의 장인)을 찾아갔다. 그의 주선으로 문성무(文成武)의 집에서 5일 동안 쉬면서 시 한 수를 읊었다.

怡和洋行汽船便(이화양행기선편)
輪送手槍數百杆(윤송수창수백간)

無恙穩着寬縣否(무양온착관현부)
我亦乘時間爾安(아역승시문이안)

안동현으로 가는 이륭양행 배편에
작은 총 수백 자루 실어 보냈네.
탈 없이 무사히 관전현까지 갔는지
적당한 때에 네가 간 곳을 물으려 하네.

문가구는 용천군(龍川郡) 양서면(楊西面) 하단(下端) 백암포(白岩浦)에 위치해 있다. 일본 헌병대와 압록강을 사이에 두고 건너편에 있는데, 안동현에서는 60리쯤 된다. 국내와의 교통이 빈번한 데 비해 왜적의 감시가 심하지 않던 곳이었다. 그러나 그 무렵 3-4일 동안은 사복경찰들이 모여들어 분위기가 예사롭지 않다는 정보가 들렸다.

6일째 되는 날, 나는 노동자처럼 보이게 허름한 한복으로 갈아입고 이태원을 길잡이로 삼아 안동현 칠도구(七道溝) 비현정미소(枇峴精米所)로 갔다. 주인 김재엽(金載燁)이 나를 보자마자 급히 밖으로 뛰어나와 말하기를, 일본 경찰들이 십여 일 째 매일 찾아와서 내가 상해를 벗어났다며 행방을 알아내려고 야단을 떨고 있으니 다른 곳으로 피하라고 했다. 나는 그렇게 하겠다고 말하고, 잠시 바깥채에 들어가 담배를 한 대 피워 물었다.

바로 그때 일본 경찰 네 명과 우리 이웃집에 살던 아편중독자 백인혁(白寅赫)이 그 집에 들이닥쳤다. 백인혁은 일본 경찰 두 명과 함께 안뜰로 들어가고, 다른 두 명(1명은 한인)은 내가 있는 방으로 들어왔다. 그 방에는 여러 사람들이 앉아 있었는데, 내 자리는 문 안쪽 첫 자리였다. 점잖게 앉아 있는데, 일본 경찰 두 명 중 하나가 나를 지목하더니 이름을 물었다.

김재엽이 말한 대로 나를 잡으러 온 것이 틀림없었다. 나는 그들이 내 정체를 전혀 의심하지 않도록 짐짓 태연하게 '외촌에 사는 최우경'이라고 가명을 둘러대고는 지금 벼를 가져와서 정미하는 중이라고 대답했다. 호랑이 앞에서도 정신만 똑바로 차리면 살아난다는 말이 있듯이, 그 악랄한 놈들 앞에서 지극히 태연하게 굴어 귀신도 모르게 위기를 모면했다. 일본 경찰들은 방안에 있던 7-8명에게 이름을 묻고는 이내 안채로 들어갔다. 나는 그 틈을 타서 은근슬쩍 밖으로 빠져나와 아무도 눈치 채지 못하게 재빨리 도주했다.

팔도구(八道溝)까지 가서 중국음식점에 들어가 점심을 시켜놓고 기다리고 있었다. 그런데 뜻밖에도 일찍이 안면이 있던 김효선(金孝善)이 들어오는 것이었다. 그는 나를 알아보고는 "아, 김 선생 아니오? 뵌 지 오래되었습니다. 어디서 오셔서 어디로 가시는 길이신지요?"하고 반갑게 인사했다. 그가 고등밀정(高等密偵)이 되었다는 말이 어렴풋이 떠올랐다. 아마도 나를 미행했던 모양이다. 이번에도 나는 태연히 반갑게 대하면서 점심을 같이 하자고 했다. 그러자 그는 "밖에 일행이 있으니 그를 보내고 돌아오겠습니다." 하면서 재빨리 밖으로 나갔다.

그의 행동이 어딘지 모르게 이상했다. 나를 절대로 놓치지 않겠다는 일념 아래 행동하는 것 같았다. 나는 몰래 뒤따라가 그의 행동을 가만히 엿보았다. 아니나 다를까 그는 곧바로 칠도구 방면으로 사라졌다. 일본 헌병대로 가는 것이 틀림없어 보였다 나는 지금이 삼십육계(三十六計) 줄행랑을 칠 적기라는 판단이 들었다. 그래서 점심도 먹지 못한 채 뒷문으로 빠져 나갔다.

그 후에 구도구(九道溝)에 있는 중국인 지인 집에 숨었다. 거기서 다른 곳으로 안전하게 이동하기 위해 입고 있던 한복을 중국인 복장으로 바

뭐 입었다. 나의 사명을 완수하기 전에는 무슨 일이 있어도 그 악랄한 놈들한테 잡히면 안 된다는 생각이 간절했다. 이런 다짐을 가슴에 품고, 이튿날 새벽 마차를 타고 관전현(寬甸縣) 장음자(長陰子)에 있는 조국동 선생의 집까지 무사히 도착했다. 4253년(1920) 음력 8월 보름쯤이었다.

그 때 조국동 선생은 향노구(香爐溝)에 있는 평북독판부와 광복군 참리부에 가서 집에 안 계시고, 장남 송산(松山)이 집에 있었다. 나는 안동현에서 무슨 물품이 도착한 게 없느냐고 물어보았다. 그러자 7-8일 전에 장해봉이라는 중국인이 철 상자 4개를 가지고 왔기에 잘 받아두었다고 한다. 그가 나를 기다리다가 3일 전에 떠나가면서 누에고치를 사달라고 하기에, 내가 오면 사서 보내겠다고 약속하고, 여비로 은 오백 원을 주었다는 것이었다. 이 말을 듣자, 상해에서 구입한 무기가 마침내 안전하게 목적지에 도착했다는 사실에 마음속으로 기쁨을 감출 수가 없었다. 그리고 장해봉에게 무한한 감사의 마음이 들었다.

이어서 나는 내가 돌아온 사실을 독립단 기관에 통지했다. 곧 이어 단장 신자운(申紫雲)과 청년 십여 명이 나를 찾아왔다. 나는 신 단장에게 상해를 다녀온 일과 무기를 사서 가지고 온 사실을 보고했다. 신 단장이 말하기를, 이번에 왔다간 장해봉은 상해에서 왔다고도 하고, 안동현에서 왔다고도 하는데, 하여튼 가지고 온 철궤는 안동 어느 양행에서 배로 강 하구까지 오고 하구에서는 마차에 싣고 왔다고 하더라, 오는 도중에 중국 경관에게 수차례 검문을 받았다더라, 그의 억양이 남방지역 말씨였기 때문에 여러 번 의심을 받아 뇌물로 들어간 경비 또한 적지 않았다고 하더라, 그래서 그가 썼다는 비용을 다 지불해 주고 여비도 넉넉히 주었다고 했다. 그러더니 그는 나에게 "철 상자는 무슨 용도로 네 개 씩이나 사왔습니까?"하고 물었다. 나는 웃기만 할 뿐, 대답하지 않았다. 그랬더니 신 단장도 더 이상 묻지 않았다. 그리고는 그 동안 이명세(李明世) 일행 아홉 명이 황해도까지 출장을 가게 되어 무기 6정을 사주었는데 대금은 내가 상해로 떠날 때 주고 간 만 원에서 지불하였다고 덧붙였다.

며칠 후에 조국동 선생이 돌아왔다. 광복군 사령부 간부들도 함께 방문했다. 그 날 밤 청년들로 하여금 대문 밖을 지키게 하고 철 상자를 뜯었다. 그 속에서 크고 작은 무기 240정과 탄환 수만 발이 나왔다. 내가 상해에서 구입한 무기들이 그대로 있었다. 그 자리에 모인 사람들 모두가 감탄하며 매우 놀라워했다. 청년들은 사기가 하늘을 찌를 듯했다. 그 기세에 나 또한 큰 용기가 솟아났다. 이리하여 우리는 이번 무기 수송을 계획한 상해 모 양행 주인 한 씨의 지략에 탄복했고, 안동현에서 이곳까지 무기를 싣고온 장해봉의 성실한 노력과 검문 때마다 발휘한 재치, 그리고 탁월한 교제능력을 칭찬했다. 아울러 이륭양행 주인 소지열의 주선 노력을 치하했다.(소씨는 아일랜드 사람으로 우리 독립운동에 협조한 공로가 커, 임시정부에서 이등훈장을 주고, 광복군에서 일등훈장을 주었다.)

우리는 이틀을 함께 지내고 난 뒤, 독립단원 수십 명을 동원하여 각 사람 당 총 10여 자루씩 휴대하게 했다. 그런 후에 야밤을 틈타 백 여리 되는 길을 걸어서 광복군 사령부 주둔지인 관전현 수혈립자(水穴砬子)로 무기를 운반했다. 거기서 사령부 소속 군인들에게 무기수여식(武器授與式)을 거행할 때 나는 다음과 같이 연설했다.

"우리 광복군 사령부는 대한민국임시정부 군무부에 직속한 군단이며, 임시정부 군무부를 대표하여 우리의 원수 일본왜적(日本倭敵)과 혈전하는 기관이요, 제군들에게 주는 무기는 국내 동포들이 피땀을 모아서 마련한 것이다. 이 무기 구입을 위해 나

뿐만 아니라 나와 뜻을 같이 한 동지들이 수차례 위험한 상황을 무릅쓰고 국내 여러 곳을 돌아다니며 군자금을 모집했다. 이후 나는 4천 리나 되는 상해를 왕복하며 바다와 육지에서 온갖 고난을 겪었다. 그렇게 값지게 구입한 무기들이다. 작년 7월에 독립단 도총재부 소재지인 유하현(柳河縣) 삼원보(三源甫) 서구(西構) 대화사(大花斜)에 간 적이 있다. 이때 청년들이 집단 훈련하는 것을 보았는데, 무기라고는 러시아 구식 장총 2정과 녹슨 쇠로 된 화승 총 2정이 있을 뿐이요, 그 외에는 모두가 목총을 메고 있었다. 나는 그때 청년들에게 말했다. '이번에 나는 여러분들이 무장할 만한 무기를 마련해줄 결심으로 국내 출장을 가게 된다. 무슨 일이 있어도 목적하는 바를 반드시 이루고 돌아올 것이니, 여러분은 무기 없는 것을 낙심하지 말고, 훈련을 잘 받고 있으라.'고 부탁했다. 다행히도 그 출장에서 무기 자금이 마련되어서 지난봄 황해도로 출정하는 군인들에게 다소의 무기를 지급해 주었고, 이번에 또 다시 여러분들에게 무기를 지급하게 되었다. 이 무기는 국내 동포들이 주는 것이며, 임시정부 군무부에서 주는 것이다. 그러므로 여러분은 이 사실을 명심하고 무기를 생명과 같이 사랑하여 탄환 한 발도 헛되게 쓰지 말고 한 발에 왜적 한 명씩을 잡기로 결심하여야 한다."

고 대강을 설명(說明)하였다.

14. 광복군 시절

각지에서 모여온 청년들은 그동안 무기도 없이 박달나무 뭉치를 가지고 적을 대항하고 있었다. 그런데 별안간 총을 갖게 되자, 그들의 사기는 하늘을 찌를 듯 높아졌다. 이때 사령장 조맹선은 하얼빈에서 청년들을 훈련시키느라 취임하지 못하고, 참모장 이탁이 군사 업무를 대신했다. 그 후부터는 광복군 사령부 군인들이 조직적으로 국내에 들어가서 적의 기관을 파괴하는 일에 전력하였는데, 약 3-4개월 동안 엄청난 전과를 거두었다. 그만큼 이번에 구입한 무기의 효력이 매우 크다는 것을 실감케 했다. 왜적의 기관에서 발표한 자료만으로도 그 성과는 이러했다.

　　교전(交戰) 횟수 78회
　　주재소(駐在所) 공격 56곳
　　면사무소 영림창(營林廠) 파손 20곳
　　경찰 사살 95명

　　이처럼 이번 교전에서 우리는 큰 공을 세웠던 것이다. 압록강 연안 일대와 평안북도 지역이 일시에 전쟁터가 되어 적들은 적잖이 당황(唐慌)하였다. 반면에 우리 측에서는 전사자가 13명, 부상자가 9명 발생했을 뿐이다.
　　그러나 불행하게도 남만주의 독립운동 단체들은 안에서부터 썩어들기 시작했다. 어느 단체의 욕심 많은 자가 다른 단체보다 무기를 더 많이 갖기 위해 권모술수를 부리는 일이 일어났다. 겉으로 드러난 것만 해도 그 단체가 사령부에 가입하여 무기를 상당량 차지했다. 또 내부적으로는 무기 사용권을 자기네 파에서 독점할 야욕으로, 불량배 김신택(金信澤) 등을 꾀어 아군을 해치는 악한 일까지 저질렀다. 이를테면 김신택 등으로 하여금 사령부의 제3영장(第三營長)인 최찬(崔燦)의 숙소를 야간에 기습하여 최영장을 죽이고 권총 2정을 탈취하게 하는 불상사가 일어난 것이다. 이 사건으로 인해 남만주에서는 동지간의 알력과 불신이 싹트기 시작했다.

나는 사령부에서 그 보고를 듣고 피를 토하는 심정으로 통곡했다. 그리고는 관전현 장음자 독립단 소재지로 돌아오자마자 병석에 앓아누웠다가 10여일 만에 겨우 일어났다. 이렇게 남만주 독립운동계의 장래를 위해 통탄을 금치 못하던 때에, 마침 광복군 사령부에서 비밀회의를 개최하겠으니 참석하라는 연락이 왔다. 나는 병든 몸을 억지로 움직여 이틀 만에 사령부 소재지인 수혈립자(水穴砬子)에 도착했다.

예정대로 광복군사령부와 참리부의 연석회의가 열렸다. 회의에서는 최찬 살해사건과 더불어 시베리아에서 철수하는 왜군의 한 부대가 북만주, 동만주, 남만주로 돌아오면서 우리 독립운동가들을 학살하고 있는 데 대한 대책을 함께 토의하였다. 우리는 우리 군대가 어떤 방식으로 대항하며, 교포들의 안전은 어떻게 하느냐 등의 문제를 놓고 여러 날 토론을 계속했다. 그 결과 다음과 같이 세 가지를 결의했다.

1. 최찬 살해사건과 무기 탈취 문제는 내부에서 발생한 일이니 상해 정부에 보고하여 법적 처분을 기다릴 것.
2. 왜적이 우리 동포를 학살하는 문제와 관련해서는, 우리 군대는 가급적 정면충돌을 피하되 사령부 소속 6개 진영 군대를 3부대로 나누어 각 책임자의 영도 하에 오지에 잠복시킬 것.
3. 교민 동포들은 각자가 적당한 방법으로 피난하여 살육을 면하도록 할 것.

    이리하여 군사를 세 부대로 나누게 되었는데, 나는 3, 4군영이 속한 두 번째 부대를 맡아 군인 전부를 국내로 보냈다. 한편, 사령장 대리 이탁은 폭탄제조기술자인 김성근 일행을 데리고 물품을 구입하기 위해 상해로 갔다. 그 무렵 일본 군대는 동북만주로부터 남만주 각 현으로 각기 나누어 들어오면서 대학살을 감행하고 있었다.

    나는 몇몇 동지들을 데리고 안동현 중국인 집에 잠복해 있으면서 왜적이 안동현까지 들어온 것을 확인했다. 곧이어 관전현 장음자로 돌아가면서 살펴보니, 가는 곳마다 차마 눈을 뜨고 볼 수 없는 참혹한 광경이 펼쳐져 있었다. 길가의 한인(韓人) 가옥은 모두 불타버렸고, 그곳에 살던 동포들은 종적조차 찾을 수 없었다. 또한 중국 민심은 돌변하여 누구를 막론하고 한인이라면 아예 접촉하려 하지 않았다. 계속해서 들려오는 소식마다 모두가 참혹하고 슬픈 소식뿐이었다.

    그 중에서도 가장 비통한 소식은 안동현(安東縣) 교통원(交通員) 차의용군(車義龍君)이 안동현에서 피살된 것과 국내로 출정한 홍문산(洪文山, 또는 문식), 고득수(高得秀), 백의범(白義範), 김용준(金用俊), 정신보(鄭信寶), 조시목(趙時穆) 6명이 의주군(義州郡) 비현면(枇峴面) 광상동(廣上洞)과 용천(龍川) 양광면(陽光面) 미륵동(彌勒洞)에서 적과 교전하다가 전사한 것이었다. 그런가 하면 김시형(金時馨) 군은 교전 중에 적탄에 맞아 체포되었고, 장학구(張學球), 박이열(朴利烈), 홍정규(洪正奎), 최지관(崔志寬), 김성엽(金聖燁), 문시정(文時禎) 외 4-5인이 구성 등지에서 체포되었으며, 배준호(裵俊浩), 박찬락(朴贊洛) 등 3인은 왜경에게 피습을 당해 순직했고, 그 밖에 동지들은 대오에서 이탈하거나 분산되었다. 이 얼마나 비참하고 원통(冤痛)한 일인가.

그런 와중에 참리부 직원들은 다행히 화를 면하여 하나둘씩 모였다. 각 처에 잠복하였던 군인들도 무사하다는 소식을 전해 왔다. 그러나 교통이 두절되고 왕래가 불편하여 함께 모이지는 못하고 그저 서로 간에 소식만 전할 뿐이었다.

차츰 겨울이 다가오고 있었다. 압록강이 얼어붙기 시작하자, 국내에 흩어져 활동하던 군인 동지들도 하나둘씩 돌아왔다. 그러나 예전과 같이 집단으로 주둔하기는 불가능한 현실이었다. 그래서 나는 관전현, 환인현 등지의 중국 경찰 분서(分署)와 민병대(民兵隊)와 교섭하여, 우리 청년동지들을 2-3명씩 그곳에 입대시켜 안전하게 근무하도록 조치했다. 또한 간부들은 각자 지방에 세력을 가진 중국인의 집에 잠복하여 시일을 보내었다.

15. 두 번째 상해방문

일본 군대에 의해 참혹한 학살을 겪은 만주 독립운동계는 일본 비밀경찰이 악랄하게 날뛰는 것을 소탕하는데 전력을 기울이지 않으면 안 되었다. 우리가 가까스로 조직했던 지역조직이 다시 일본 민단 세력과 소위 보민회(保民會) 관하(管下)로 돌아가게 되었다. 그래서 우리는 지역조직을 재정비하기로 했다.

나는 각 지역에 잠복한 청년들의 지휘권을 광복군 참리부와 독립단에 일임하고, 남만주를 떠나 상해로 갈 계획을 세웠다. 중국인 왕사수(王仕樹)를 길잡이로 삼아 영구(營口)로 가서 북경과 봉천을 잇는 철도를 타기로 했다. 우리 두 사람 모두 노동자처럼 행색을 꾸리고 봉황성(鳳凰城)을 지나 동대령(東大嶺: 해성(海城)과 봉황성의 경계에 있는 큰 고개)을 넘어 해성현 (海城縣)에 도착했다.

거기서 중국 객점에 유숙하려는 찰나, 그만 중국 경관의 검문에 걸리고 말았다. 겉으로는 노동자 옷을 입었지만, 속에는 신사복을 입고 있는 걸 운 나쁘게 들킨 것이다. 엎친 데 덮친 격으로 검문 중에 우리가 적지 않은 돈을 휴대하고 있는 사실도 발각되었다. 결국 우리는 그날 밤 해성현에 있는 중국 경찰서로 연행되었다.

나는 내 신상을 사실대로 다 밝히지 않는 것이 이롭겠다는 생각이 들었다. 당시 남만주 독립운동 상황이 상당히 복잡했기 때문에, 그 실상을 중국 측이 오해할 수 있겠다고 짐작했기 때문이다. 그렇게 되면 나를 일본 경찰에게 넘길 가능성도 있을 수 있다. 나는 차라리 상해 임시정부 직원이라고 말하는 편이 유리하겠다고 판단했다. 그래서 임정 직원 이세창이라고 가명을 둘러댄 뒤, 남북만주 독립운동 단체들을 시찰하러 왔다가 상해로 돌아가는 길이라고 말했다. 그리고 왕씨는 내가 안내인으로 데리고 온 사람이니 일본 영사관에 알리지 말아달라고 필담으로 이야기했다.

이튿날 아침, 해성현 지사(知事) 장화걸(張和杰)이 우리를 자기 집으로 불러 사실 관계를 물었다. 나는 역시 필담으로 지난밤에 중국 경찰에게 진술한 대로 대답했다. 그리고 우리를 일본 경찰에게 넘기면 사형을 받게 될 것이므로, 중국 국법에 의해 처리하되 일본 기관에는 알리지 말아달라고 덧붙였다. 그 때 이런 시 한 수를 끼적인 기억이 난다.

革命客從亡命路(혁명객종망명로)
宜令官憲起疑心(의령관헌기의심)

혁명객이 도망군의 길로 다니니

　　관헌(官憲)들의 의심을 받는 것도 당연한 일이라.

　　지사는 반신반의하며 상해 임정요인의 이름과 조직 체계를 상세히 물었다. 그리고는 자기가 가지고 있던 작은 책자와 나의 답변을 일일이 대조하는 것이었다. 그런 연후에 내 말에 착오가 없음을 확인하고 나서야 정체를 확인했다는 듯이 고개를 끄덕거렸다. 그는 순경을 부르더니 "이 사람은 한국 혁명객이 분명하다. 일본 영사관에서 알면 큰 일 나니 밖으로 새나가지 않도록 하라."고 엄명을 내리고는 우리더러 몇 일간 기다리라고 했다. 그렇게 해서 왕사수는 구치소로 보내지고, 나는 순경의 밀실에 있게 되었다.

　　어느새 한 달이 다 되어 가는데도 아무런 기별이 없었다. 순경에게 어찌된 일이냐고 독촉했지만, "상부에 보고했으니 그 회신에 따라 석방을 하든지, 일본 영사관에 인도하든지 하게 될 것이다."라는 원론적인 대답을 할 뿐이었다. 내가 먹는 식사비는 관비로 지급되는 모양이었다. 또 당시 봉천독군(奉天督軍) 겸(兼) 성장(省長)인 장작림(張作霖)은 북경에 가서 상장군 직위에 있었다.

　　해성현 중국 경찰서에 붙잡힌 지 40여일이 되었을 때, 현(縣)의 지사(知事)가 비로소 우리를 불렀다. "상부의 지시에 의거해 석방하니, 왕사수는 집으로 돌아가고, 이 군은 우리 경관의 인도를 받아, 가고자 했던 곳으로 가시오."

　　다음날 아침, 양봉산(楊鳳山) 경찰 관리가 순경 5명을 데리고 한림차(車) 2대로 영구하북전장태(營口河北田莊台) 기차역까지 호송해 주었다. 나는 그곳에서 기차로 천진(天津)까지 간 다음, 다시 배를 타고 상해로 갔다. 4254년(1921, 신유년, 41세) 3월 중순이었다.

그때 임시정부에는 주요 요인들의 신상에 변동이 있었다. 대통령 이승만(李承晚)은 상해로 와서 두 달 쯤 머무르다가 다시 미국으로 돌아갔다. 국무총리 이동휘(李東輝)는 중국 산동반도 북쪽 끝에 있는 위해위항(威海衛港)에 가 있으면서 한형권(韓亨權) 일행을 모스크바로 보내어 모종의 계획을 진행하고 있었다. 군부총장 노백린(盧伯麟)은 자신의 직무 외에 생계수단으로 취직을 했고, 차장 김희선(金羲善)은 국내로 투항했다. 그리하여 무관학교(武官學校)는 자금 부족으로 문을 닫고 말았다. 한편, 남만주에서 상해로 온 광복군 사령장 대리 이탁은 만주 소식을 듣더니, 자기의 직무지(職務地)로 갈 생각을 단념한 채 북경에 살림을 차리러 이주해 버렸다.

독립신문사 책임자인 이광수(李光洙)는 그 애인 허영숙(許英肅)의 유인으로 상해의 일조계(日租界: 각국(各國) 공동조계(共同租界))에 은거하여 국내로 투항할 준비를 하고 있었다. 또한 신문사 주간 이영렬(李英烈)은 이광수와 함께 일본 제국주의에 투항할 생각을 가지고 나에게 말하기를 "신문 발간할 종이 값이 부족하니, 금 5백 원만 빌려 달라."고 했다. 나는 그 당시만 해도 독립신문사의 정확한 내막과 이들의 본심을 잘 모르고 있었으므로 그가 하는 말을 그대로 믿고 금 5백 원을 빌려 주었다. 그런데 그들은 그 돈을 차비로 하여 국내로 투항하면서, 신문사 소재지와 삼일 인쇄소 비밀 장소까지 일본 영사에게 고스란히 일러바친 것이다. 도저히 있을 수 없는 일이 발생했다. 이 밀고 때문에 일본은 프랑스 영사관과 교섭하여 독립신문사를 봉쇄하고, 삼일 인쇄소 기구들은 프랑스 영사관에서 압수(押收)해 갔다.

나는 그 무렵 만주와 국내 정세 뿐 아니라 광복군 동지들이 왜적을 몰아내기 위해 국내에서 교전을 하다가 순국 또는 체포된 사실을 군무부에 상세하게 보고했다. 그러나 군무부에서도 여러 가지 어려움으로 인하여 특별한 방침이 없었다. 그 때 상해에 거주하는 동포가 2천명쯤 되었는데 모두 생활고에 허덕이고 있었다.

군무부에서는 나더러 군무부로 들어와 무관학교를 계속(繼續)하여 보라하고 독립신문사측에서는 신문사를 살려보자고 권(勸)한다. 나는 생각하기를, 무관학교는 그 성격으로 보아 상당한 설비 없이 단순히 속성과로 수백 명을 양성한다고 하여 별 효과가 없을 것으로 판단되었다. 그러나 상해는 동양 제일의 국제도시이므로, 우리가 일본 제국주의의 억압으로부터 해방되기 위해서는 이 같은 도시에 선전기관을 확실히 설치하는 것이 급선무겠다는 생각이 들었다.

지금은 범국가적으로 볼 때 그야말로 개인의 이익을 위하여 행동할 때가 아니다. 민족 공동의 이익을 위해 함께 일해야 한다. 일부 인사들이 개인의 사익을 위해 자신의 직무를 회피하기도 하고, 일본 제국주의로 투항하고 있기도 하지만, 우리는 독립을 쟁취하는 그 순간까지 싸워야 한다. 독립운동의 기초로서 무관학교를 운영하는 일과 독립신문사를 살려내는 일이 둘 다 필요한 일이다. 그러나 지금 상황에서 두 가지를 다 한다는 불가능하다. 둘 중 어느 하나라도 약간의 가능성이 있으면 그것을 해야 한다.

이런 근거에서 나는 독립신문사를 운영하고 싶었다. 우리나라의 독립운동의 진상을 온 세상에 널리 알리고, 국제 여론의 호응을 얻어 독립을 쟁취하는 데 헌신하고 싶었다. 그런 뜻을 품고 하루는 도산 안창호 선생을 방문하여 독립신문사가 어쩌다 봉쇄되었는지, 그 전말에 대해 물었다. 그는 이광수, 이영렬에 관한 사실은 상세하게 말해주지 않고, 다음과 같이 대강의 내력만 밝혔다.

"4252년(1919, 기미년)에 상해에 임시정부가 수립되고 독립신문사가 설립되어 대대적으로 국외에 선전하였습니다. 그러자 일본 정부가 프랑스 정부에 외교 활동을 펴서 상해의 프랑스 조계에 있는 조선인 임시정부와 신문기관을 없애라고 했지요. 결국 프랑스 정부에서 상해 영사관, 즉 공무국으로 훈령을 내렸답니다. 그런데 당시 프랑스 영사는 일본을 배격하는 사람으로 한국의 혁명운동에 동조하던 이였지요. 일본 영사에게 답하기를, '외국의 혁명당 보호는 국제 공법상으로 보아 용인된 것인즉, 한국 임시정부 수립을 금할 수 없습니다. 다만 《독립신문》이 만일 우리 조계 내에서 발행된다면, 그것은 금하겠습니다.'고 승복하는 척했답니다. 그리고는 우리 임시정부에게 알리기를, '귀국의 선전기관인 《독립신문》 발간 장소를 프랑스 조계로 표시하지 말아 달라.'고 한 것입니다. 그 후부터 《독립신문》지상에는 발간 장소를 남경으로 기재하였습니다. 그러나 얼마 전 일본 영사관에서 독립신문사가 프랑스 조계(租界) 보창로(寶昌路) 신량리(新良里) 몇 호 집에 있다는 것까지 알아내 프랑스 측에 연락해서 프랑스 영사관 측과 일본 헌병이 합동 수색을 벌였지요. 그 때문에 삼일인쇄소(三一印刷所)와 독립신문사(獨立新聞社)가 봉쇄되었습니다."

이 말을 듣고 나는 도산에게 이렇게 말했다. "프랑스 영사가 조선을 동정하고 우리의 독립운동에 공감하는 것이 사실이니, 지난번에 봉쇄당한 삼일인쇄소 기구가 중국인의 소유라고 핑계를 대봅시다. 그리고 기기(機器)등

물품도 그 중국인이 직접 철거할 것이라고 교섭하면 봉쇄를 해제할 가능성이 있을 듯합니다." 도산 선생도 나의 제안을 받아들였다.

며칠 뒤, 도산이 오라고 부르기에 그를 방문했다. 그는 나에게 그간 일어난 일을 말해주었다. "프랑스 영사관 측과 의논한 것이 잘 되었습니다. 그러니 중국인 명의로 보증인을 겸하여 봉쇄당한 물품을 반환해 달라고 신청을 하십시다. 그러면 인쇄소는 해제될 것이 아니겠습니까?"

나는 예전에 봉천성 군사학 강습학교에 입학할 때 중국인으로 입적(入籍)한 일이 있었기에, 즉시 내 명의, 곧 '김탁'(金鐸)이라는 가명으로 서류를 꾸며 프랑스 영사관에 신청했다. 그리고 2주가 지나자 삼일인쇄소 봉쇄가 해제되었다. 도산 선생의 안내로 프랑스 영사관 관리 세 사람이 내 숙소를 방문해, 다음과 같은 조건 아래 인쇄소와 신문사를 개방해 주겠다고 밝혔다.

1. 인쇄소 기구는 중국인에게 맡기고, 프랑스 조계 안에 두지 말 것.
2. 《독립신문》 발간 장소를 신문지상에 표기할 때는 프랑스 조계 대신에 다른 지역을 기입할 것.
3. 혹시 신문사를 프랑스 조계 안에 비밀리에 설치할 때는 그 장소를 프랑스 공무국에 보고할 것.
4. 프랑스 공무국에서 통지가 있을 경우에는 신문 편집국과 기타 기구를 24시간 내에 다른 곳으로 이전하여 일본 관헌에게 발견되지 않도록 할 것.
5. 신문사나 인쇄소의 비밀장소는 한인(韓人)이 많이 알지 못하도록 할 것.

이리하여 신문사와 인쇄소를 다시 살리게 되었으니, 때는 4254년(1921, 41세) 4월 중순(中旬)이었다.

16. 《독립신문》을 맡아 경영하다

상해에 있는 주요 인사들과 독립신문사 옛 직원들을 소집해 신문 속간 (續刊)에 대해 토의한 결과 다음과 같이 부서를 조직했다.

사장: 김승학(金承學)
주필: 박은식(朴殷植)
편집국장: 차리석(車利錫)
기자: 조동호(趙東祜) 김문세(金文世) 박영(朴英) 이윤세(李允世)
인쇄소 책임자: 고준택(高俊澤)

그 뒤로 4256(1923)년에 인쇄소(印刷所)는 주식회사로 독립시켜, 4264(1927)년까지 6년간 계속 《독립신문》을 발행했다. 그 사이에 인쇄소는 28번이나 장소를 이전해야 했다. 한 번 이전할 때마다 활자운반을 위해 마차 2대와 인력거 20여대가 동원되었다. 이 일은 매우 용의주도하게 이루어져야 했기에, 이전 후보지를 점찍어 두는 게 중요했다. 항상 빈 건물 한 동을 예비해 두었다가, 어느 때든지 수색하러 나온다는 통지가 오면 한밤중이라도 짐을 싸 신속히 이전했다.

인쇄소 소재지는 오로지 나와 고준택만 알 뿐, 신문사 직원들도 알지 못했다. 인쇄 물품을 구입하는 일도 내가 직접 담당했다. 인쇄용 잉크를 구입하거나 부족한 활자를 구입하는 일, 용지 구입 및 원고 송달 등 잡다한 일까지 모든 것을 내가 전적으로 책임지고 관할했다.

《독립신문》을 다시 출간한지 두 달쯤 지나, 4254년(1921) 9월에 세계혁명단체대표자대회(全世界革命團代表者大會)가 소련 영내(領內)의 어느 지역에서 개최될 것이라고 했다. 이에 우리 군부(軍部)에서는 군단(軍團) 대표를 파견하기로 했는데, 내가 임명되었다. 그 대회를 주관한 기관은 코민테른 극동비서부(極東秘書部)였고, 한국인 대표 선정을 담당한 부서는 극동비서부 산하 고려부(高麗部)였다.

나는 만주에 있는 독립단 대표로, 박희곤(朴熙坤)과 이웅(李雄)을 대동하고 9월 중순에 상해를 떠나 남경, 북경, 봉천, 하얼빈, 만주리를 경유해, 노령(露領) 적탑(赤塔, 당시 완충국 소재지)에 도착했다. 이 지역은 상해에서 모사과(莫斯科)까지 5만 리 여정의 절반쯤 되는 곳이었다.

국내 뿐 아니라 만주, 노령, 북경, 기타 유럽 각국에서 모인 대표가 100여 명에 달했다. 예정된 장소에서 회의가 열릴 즈음, 불편한 일이 생겼다며 돌연 회의 장소가 이시(伊市)로 바뀌었다. 이시에 갔더니 이번에는 또 다시 모사과로 옮겨졌다고 해, 모사과까지 가게 되었다. 그 때 적탑(赤塔:몽골국의 츠타)에서 커다란 흉보가 들려왔다. 대략 다음과 같은 내용이었다.

"1920년에 동만주의 독립군이 봉오동(鳳梧洞) 청산리전쟁(靑山里戰爭)을 치루고 노령(露領)으로 이주했다. 당시 독립군 3,000여 명이 중국 흑룡강성 흑하(黑河)라는 곳에 있다가, 소련 혁명군의 세력투쟁으로 인하여 억울하게 무장해제를 당하고 소련

적군(赤軍)에 포위되었다. 이때 전사자와 물에 투신한 자살자가
수백 명에 달했다."

나는 이시(伊市)에 갔을 때 그 현장을 두 눈으로 직접 확인했다. 우리
독립군들이 한 곳에 집단 수용되어 있었는데, 이청천(李靑天)이 재훈련을
담당하고 있었다. 식량이라고는 1인당 하루에 검은 빵 1근 74그램이 전부였
다. 영하 40도를 오르내리는 냉방에서 거처하니, 배고픔과 추위를 참지 못
해 우물에 뛰어들어 자살하는 독립군이 속출했다.

4254년(1921, 신유년) 12월 중순쯤 모사과에 도착했다. 여기서 드디어
코민테른 극동비서부가 주관한 정식 회의가 열리게 되었다. 나는 조동호
(趙東祜), 정광호(鄭光好) 등 여러 명과 함께 각 대표단 보고서(報告書) 수정
위원(修正委員)의 책임을 지고 대회에 참석했다. 이 국제 행사가 열리는 동
안, 나는 임시정부의 군무군단(軍務軍團)을 대표하여 한국 독립의 당위성을
세계 여러 나라 대표들에게 역설했다. 약 1개월에 걸친 긴 회의를 마치고
상트페테르부르크에서 폐회식을 거행한 뒤, 지역 상황을 시찰한 다음, 1922
년 3월에 상해로 돌아왔다.

그 사이에, 그러니까 4254년(1921, 신유년) 11월 16일에 고향에서 장손
이 태어났다는 소식이 들려왔다. 나는 새 아기의 이름을 계업(繼業)이라 지
어주었다. 나라를 회복하기 위한 독립운동을 이어가라는 뜻이다.

신문사는 자금이 부족해 겨우겨우 연명해 나가고 있었다. 엎친 데 덮친
격으로, 인쇄소를 함께 운영한 중국인 예씨(倪氏)가 농간을 부려 인쇄 기구
도 절반이나 손해를 보았다. 그래서 나는 신문사를 주식제(株式制)로 독립
시켰다.

그 무렵 임시정부 국무총리 이동휘가 소련에서 빌려준 돈을 횡령해, 국내외에서 공산당 선전비 명목으로 낭비한 뒤에 소련으로 가버렸다. 그러더니 정국수습 명목(名目)으로 국민대표대회(國民代表大會)를 개최하겠다고 알려왔다. 이 행사 역시 소련에서 보내온 40만 불을 가지고 진행했는데, 국내, 만주, 노령, 미주의 각 독립운동단체 대표자 100여 명이 모였다. 의제(議題)는 '임시정부를 개조(改造)하느냐, 창조(創造)하느냐' 하는 논의였다.

이 안건을 놓고 의견이 분분해 5-6개월이나 질질 끌었다. 그러다 결국 창조파(創造派)가 '조선공화국'이라는 이름을 만들어, 30여 명이 소련 쪽으로 넘어가 버렸다. 그러는 사이에 임시정부 의정원에서는 대통령 불신임안을 통과시키고, 대통령 대리로 국무총리 이동녕(李東寧)씨를 선출했다.

정계(政界)가 이처럼 어려움이 많고 뒤숭숭한 가운데 독립신문사는 오히려 남만주 독립군 단체들의 원조로 사업이 크게 확장되었다. 《독립신문》 순한문판(純漢文版)을 증설하고, 박은식 주필의 편집 책임 하에 중국인 장묵지(張墨池), 이동원(李東園) 등을 기자로 선정했다. 그리하여 신문을 순한문판과 국한문판 두 종류로 간행하여, 국한문판은 국내와 남부만주, 미국령 등지에 보내고, 순한문판은 중국 21성의 각 관공서, 사회단체, 교육기관 등에 무료로 배부했다. 그 결과 《독립신문》은 중국 각 계층으로부터 많은 동조를 받았을 뿐 아니라, 여러 곳에서 원조금을 보내온 탓에 두 종류의 신문을 발행하고도 넉넉하게 남았다.

나아가 신문사 부속사업으로 교과서편찬위원회를 꾸리고, 박은식(朴殷植), 조완구(趙琬九), 윤기섭(尹基燮), 김두봉(金枓奉), 정신(鄭信), 차리석(車利錫), 백기준(白基俊), 그리고 나를 책임자로 선정해 각자 일을 분담하여 편찬하기로 했다. 편찬지침으로는 한자를 제한하여 초등과는 1,500자, 중등과는 2,500자 이내로 사용하게 했다. 이렇게 해서 초등과 교과서는 완성을 보았으나, 경비 부족으로 출판은 하지 못했다. 그 무렵, 김적파(金赤坡)군을 시베리아로 파견하여 흑룡강성 흑하(黑河)의 독립군학살사건 진상을 조사하게 한 일도 여기에 밝혀둔다.

4256년(1923, 43세) 3월 나는 조선과 중국 두 나라 사람들이 양국의 우호 친선을 위해 만든 '중한호조사'(中韓互助社)의 선전부장으로 선출되었다. 이듬해인 4257년(1924, 44세) 4월에는 임시정부 의정원(議政院) 평안도 대의원으로 선출되었고, 같은 해 5월 26일에는 임시정부 학무부(學務部) 차장에 임명되었다. 그러다 다시 5월 31일에 학무총장대리로 승격했다.(임정의 직제가 대통령 대리는 총장을 임명하지 못하므로 총장대리로 임명된 것이다.)

4258년(1925, 45세) 남만주 독립군 간에 투쟁이 일어났다. 통의부(統義府)와 의군부(義軍部) 그리고 통의부의 후신인 정의부(正義府)와 참의부(參議府) 간에 유혈참극이 전개된 것이다. 이런 불상사가 발생하게 된 원인은 남만주의 독립군 5개 중대가 정의부에 가담하지 않고, 임시정부 직할로 참의부를 특별 설립했다는 애매한 혐의를 잡아, 그 책임을 독립신문사와 임시정부에 돌렸기 때문이다. 이들은 자기들 관내에서 《독립신문》 구독을 금지하기까지 했다. 이처럼 임시정부를 반대하는 운동이 만주 정의부 내에서 한동안 전개되었던 것이 사실이다. 그 상세한 내용은 생략한다.

그 즈음 신문사에서는 동경 대지진 때 한인(韓人)을 대학살한 사건이 내외에 전파되고 있음을 알게 되었다. 나는 명고옥잡지사(名古屋雜誌社)에 있는 한세복(韓世復)군을 동경 등지에 특파하여 학살의 진상을 조사하게 했다. 그는 동경에 도착한 뒤 〈산더미 같은 동포의 송장〉이라는 제목을 붙여 서한을 보내왔다. 그 내용은 아래와 같다.

　　〈산더미 같은 동포의 송장〉

독립신문사 사장 희산 선생님께

선생님께 인사를 올리고 떠나온 지 10일 만에 저희는 천신만고 끝에 지진으로 초토화 된 동경에 도착했습니다. 그리고 각자 책임을 맡은 지역으로 가기 위해 서둘러 헤어졌습니다. 흩어져서 조사를 하다 보니 어느덧 가을은 다 지나고 하얀 눈이 날리는 이때에야 겨우 각 지역의 보고를 종합하여 제1차로 중요한 내용만을 적어 올립니다. 더 자세한 내용은 다음 편을 기다리시고 우선 답답한 마음부터 푸시기 바랍니다. 짐작하시다시피 저희들의 생활이 매우 부자유스럽고 정처 없이 떠도는 상황인 데다 통신은 불편하기 짝이 없어 길게 아뢰올 겨를이 없사오니, 이 점도 깊이 양해하여 주시기를 바랍니다.

희산 선생님!

적국(敵國)의 수도 동경의 참혹한 꼴은 가련하다기보다는 오히려 기뻐해야 하겠습니다. 그 놈들이 우리를 학살한 것을 생각하면 더욱 분하고 이가 갈리며, 적의 땅이 전멸되지 않은 것이 원통할 따름입니다.

희산 선생님!

그러나 한편으로 저는 피가 끓고 살이 떨리며 가슴이 두근거리고 눈물이 앞을 가려서 차마 붓을 들지도 못하겠습니다. 이 모습을 보는 우리 동포들 가운데 누가 그렇지 않으리까마는 곳곳에 쌓여 있는 산더미 같은 우리 조선 청년들의 시신을 보니 가슴이 아려서 죽을 지경입니다. 불타고 남은 시신들의 흔적은 또 말해 무엇 하겠습니까? 두 눈으로 그 광경을 보니 몸이 마구 떨립니다.

아아! 천지가 다함이 있다 한들 우리의 쌓인 원한이야 다할 날이 있겠습니까? 슬프고 또 슬픕니다. 이 원수를 누가 과연 갚을 수 있겠습니까? 밝은 달밤에 인적 없는 산에서 두견새가 슬피 울거든 칠천 명의 우리 동포들의 넋이 머물 곳 없이 떠돌고 있음을 잊지 말아야 할 것입니다. 궂은비가 시름없이 내리며 번갯불이 번쩍거리는 캄캄하고 고요한 그믐밤에 멀리서 우레 소리가 들리거든 왜놈들 땅에서 원혼이 된 칠천, 아니 그보다 더 많은 영령들이 원한에 사무쳐 구천을 떠돌고 있는 줄 알아야 할 것입니다.

아! 아! 이제부터 몇 번이나 더 봄바람이 불고 가을비가 내려야 이 한이 풀리겠습니까? 다만 원하기는, 원수를 멸망시켜 한 맺힌 영혼들을 위로해줄 우리의 붉은 마음 한 조각이 남아있기를 바랄 뿐입니다.

내가 참석했던 세계혁명단체대표자회의에 관한 자료도 여기에 남겨두고자 한다.

〈세계혁명단체대표사회의에 관한 문헌자료〉

조사자: 김송뢰

세계혁명단체대표자대회는 극동 여러 나라의 혁명운동을 촉진할 목적으로 1921년 소련에서 열린 국제적 대회이다. 이 대회는 원래 소련 크레믈린 궁전에서 열리기로 되어 있었다. 그러나 그 후 주최국의 사정으로 인하여 소련 모사과(莫斯科)에서 열렸다. 이 대회에 참석할 한국인 대표자 선정을 주도한 단체는 극동비서부였다. 극동비서부는 극동 여러 나라의 혁명운동을 촉진하고 도울 목적으로 1921년 1월에 이르쿠츠크시에서 설립되었다. 이르쿠츠크파 공산당 중앙위원회는 김만경을 필두로 상해에서 활동하고 있으며, 이 대회에 참석하게 될 한국인들의 대표자 선정을 주도했다.

이 대회에 참석한 이들은 동아시아의 각국 공산당뿐만 아니라 민족혁명 단체들이었다. 우리나라에서는 왕성하게 활동하는 독립운동 단체들이 초대되었다. 당시 우리나라 독립운동 단체 소속으로 상해에 기반을 두고 있으면서 이 대회에 참석하도록 위임장을 받은 대표들은 김승학 외에 임원근, 여운형, 김상덕, 정광호, 김단야, 그리고 김규식 등이다.

이 대회에 참석하기로 되어 있는 이들은 여러 반일 단체의 위임장을 휴대했다. 위임장을 발급한 단체는 김승학이 운영하는 독립신문사 외에도 고려공산당 중앙위원회 상해지부, 고려 공산청년회 상해회, 화동한국 학생연합회, 대한애국부인회, 이팔구락부 그리고 기독교연맹 등이었다.

17. 참의부에서 활약하다

4259년(1926, 병인년, 46세) 3월 나는 임시정부와 각 사회단체의 관공직(官公職)을 모두 사퇴하고, 북중국 수원성(綏遠省) 포두현(包頭縣)에 조국동 선생께서 일군 농장으로 은거했다.　그런데 같은 해 12월 임시정부로부터 육군 주만주참의부(駐滿洲參議府) 제4대 참의장으로 임명한다는 전갈이 왔다.　남만주동지상쟁조정(南滿洲同志相爭調停)의 사명을 맡아 달라며 여러 번 독촉했다.　그래서 4260년(1927, 정묘년, 47세) 3월 부득이 남만주로 가게 되었다.

　　가는 도중에 봉천성(奉天省) 영구현(營口縣) 전장태오지(田莊台奧地) 농촌에 들러, 집을 떠난 지 수십 년 만에 처음으로, 아니 마지막으로 아버지께 인사를 올리고 식구들을 만났다.　우리 가족은 국내에서는 일본인들과 불량배의 멸시(蔑視) 때문에 제대로 생활할 수 없어서 몇 년 전 이곳으로 이주했다.

　　식구들과 헤어져 다시 환인현(桓仁縣) 참의부 소재지로 갔다.　당시 정의부와 참의부 사이의 알력은 전(前) 참의장 백암(白巖) 윤세용(尹世茸) 선생의 조정으로 잠시 멈춘 상태였다.　그러나 정의부 측에서 마적단의 침입을 받아 삼도구사변(三道溝事變)이 일어나는 바람에 군무책임자 신팔균(申八均)이 부하 유모씨와 함께 순직했다.　또한 참의부에서는 제1대 참모장이었던 채찬(蔡燦), 백광운(白狂雲)이 정의부 소속의 어느 부대 중대장 문학빈(文學彬)의 부하들에게 야간 기습을 받아 원통하게 순직했다.　야간 습격이 있기 전에 문학빈 중대장으로부터 백광운 대장에게 최후통첩이 있었다.　일주일 내로 정의부에 항복하지 않으면 화전자(華甸子)에서 백광운을 사살하고 군대를 몰살시켜 버리겠다는 내용이었다.　그런데 이 최후통첩을 보낸 뒤 3일 만에, 그러니까 아직 일주일이 되지도 않은 시점에 정의부에서는 변만리(邊萬里) 등 3-4명의 군인을 보내어 백광운을 사살해 버린 것이다. 사살 임무를 마치고 문학빈 부대로 돌아온 그들은 그 공로를 인정받아 즉시 소대장으로 승진되었다. 당시 정의부의 군사위원장은, 신팔균이 순직한 뒤라, 오동진(吳東振)이 맡고 있었다. 이런 불상사로 인해 남만주의 민심은 흉흉할 대로 흉흉했다.

제2대 참의장인 최석순(崔錫淳)은 환인현(桓仁縣) 고마령(古馬嶺)에서 일본군의 습격을 받았다. 이 때 독립군 30여 명이 전사했다. 독립군의 사기는 땅에 떨어지고, 지방 민심도 사나워져 민족정신이 약화되었다. 어느 관내(管內)를 막론하고, 농민 가운데 조금이라도 재산을 가진 사람들은 척박한 오지를 벗어나 비밀리에 일제의 통치권 아래 있는 대도시로 도피하는 폐단이 생겼다.

이처럼 여러 면에서 민심이 동요되고 있던 때라, 민심부터 수습하는 일이 우선이었다. 그래서 먼저 참의부 관내의 군인을 감축시켜 지방 경비대로 개편하게 했다. 또한 민간인의 부담을 경감하는 등 제반 시설을 정돈했다. 그랬더니 불과 1년 만에 군인과 민간인 양쪽의 동향이 두드러지게 안정되었다. 그러나 일본군의 침입과 중국 토착군인들의 침해가 어찌나 세차고 사납든지, 나는 2년에 걸쳐 일본군과 중국 경찰에게 여러 번 공격을 받았다. 가까스로 화를 모면한 것이 한두 번이 아니나, 구구한 이야기는 생략하기로 한다.

과거를 회상해보니, 4233년(1900) 겨울 맨 처음 압록강을 건널 때는 대한제국을 부흥시켜 보겠다는 꿈을 가지고 활동하려고 했었다. 4243년(1910) 두 번째 압록강을 건널 때는 대한제국이 너무나 부패하여서 다시 회복할 여지가 없으므로 민주국가를 건설하여 보려는 마음으로 활약하였던 것이었다. 그리고 4252년(1919, 기미년) 3월 1일 이후 대한민국 임시정부가 설립된 후로는 임정의 기치 아래 헌신하며 일생을 바쳤다.

4261년(1928, 무진년, 48세)에 도산 안창호 선생이 남만주에 와서, 남북 만주 독립운동 각 단체의 통일과 한·중 농민 상호간에 서로 돕는 문제 등을 주제로 길림성에서 강연회를 개최했다. 그러나 일본 측의 농간으로 각계 유지 400여 명이 중국 경관에게 검거되었다가 무사히 석방되는 일이 발생했다. 그 뒤로 남북만주 독립운동 단체인 참의부, 정의부, 신민부 등 3개 단체 통합운동이 전개되어 서로 왕래하며 의논한 결과, 길림성에서 통합회의를 열기로 합의했다.

4262년(1929, 기사년, 49세) 7월 통합회의에 파견할 대표를 각 부에서 3 명씩 선출하게 되었다. 참의부 대표는 나와 장기초(張基礎), 박희곤(朴熙坤)이 맡았다. 정의부에서는 김동삼(金東三), 이청천(李靑天), 이관일(李貫一)이 뽑혔으며, 신민부(新民府)에서는 김좌진(金佐鎭), 정신(鄭信), 김동진(金東鎭)이 선출되었다. 그밖에 동만주 교민 대표로는 전성호(全盛鎬), 북만주 교민 대표로는 이응서(李應瑞), 주중(駐中) 청년 총대표로는 김상덕(金尙德)과 진공박(陳公博)이 각각 선출되었다. 여기에 더해 상해 교민 대료로 홍진, 길림성 교민 대표로 윤복영(尹復榮) 등 전체 25명이 길림에 모였다.

당시 정의부는 협의회(協議會)와 촉성회(促成會) 두 개의 파벌로 나뉘어 갈등하고 있었다. 촉성회 측에서는 대표를 파견한 반면, 협의회 측에서는 의견이 하나가 되지 못하여 대표를 파견하지 않았다. 참의부 안에서도 중앙 간부가 없는 상황에서 내분이 발생했다. 제3중대 재향군인인 심용준(沈龍俊) 등 몇 사람이 중앙호위대장 차천리(車千里)를 살해하는 괴변이 일어났다. 하지만 이제 막 통일회의가 시작된 마당이라 그 일은 덮어진 채 방치되었다. 이에 심용준 일파는 자기들의 범죄가 밝혀질 게 두려워 비밀리에 정의부 협의회 일파와 비공식 야합을 거쳐 '국민부'(國民府)라는 것을 조직했다.

　여하튼 공식적으로 열린 삼부통일회(三府統一會)에서는 이와 같은 비공식적인 야합을 불문에 부치고 계속 협상을 추진하여 4개월 만에 합의에 도달했다. 통일된 외곽단체 명의는 '군민의회'(軍民議會)라 칭하고, 내부의 당명은 '한국독립당'(韓國獨立黨)으로 결정했다. 나는 군민의회 민사위원과 한국독립당 최고위원에 선출되었다.

　같은 해 11월 말쯤 회의를 마치고 각 대표들이 흩어져 복귀하던 중, 김동진(金東鎭)이 중동선(中東線)에서 피살되는 사건이 일어났다. 정신(鄭信)은 화피전자(樺皮甸子) 부근에서 피살되었다. 김동삼은 하얼빈에서 체포되고, 김좌진은 중동선 산시에서 공산당 불량배에게 피살되었다. 그리고 나를 포함한 우리 일행은 통화현과 환인현 사이의 경계인 와니전자(蛙泥甸子) 사구(四溝)에서 중국과 일본의 연합군대에게 체포되었다.

　일본 군부는 길림성에서 통일회의가 개최된다는 정보를 이미 가지고 있었다. 중국 관청에 협조를 요청해도 별 효과가 없으리라는 사실도 알았다. 설령 중국 측에서 통일회의 대표단을 체포하더라도 자기들에게 인도하지 않을 것이라는 통지를 미리 받은 상태였다. 그래서 일본 경찰은 우리 대표들이 회의를 마치고 돌아가는 길에 직접 체포하려는 흉계를 꾸미고 각지에 매복해 있었던 것이다.

　우리는 통화현 일본 영사관에서 2주일 동안 문초를 받았다. 나에게는 상해에서 무기를 얼마나 구입했는가 하는 점과, 그간 수집한 독립운동사 자료들을 어디에 두었는가 하는 점을 집중적으로 심문했다. 그렇게 2주가 지나고 봉천의 일본 총영사관을 경유하여 신의주 일본 경찰서로 압송되었다. 도중에 압록강을 건너는데 시 한 수가 절로 나왔다.

去國離家卄有年(거국리가입유년)

檻車回見故鄉天(함차회견고향천)

愁雲應漠馬山下(수운응막마산하)

豪氣暫潛鴨水邊(호기잠잠압수변)

販鎗激動義軍勢(판쟁격동의군세)

史筆驚醒事大眠(사필경성사대면)

上林何日烏頭白(상림하일오두백)

回節韓廷國威宣(회절한정국위선)

나라를 등지고 집을 떠난 지 이십여 년 만에

죄인 싣는 수레로 돌아오며 고향 하늘을 보는구나.

수심 구름은 내 집이 있는 마두산 아래 아득하게 덮였을 것이
요,

호걸스러운 기운은 잠깐 동안 내가 갇히게 될 압록강 감옥에
잠기리로다.

무기를 많이 사드렸더니 의병들의 형세가 하늘을 찔렀고,

곧은 붓을 들었으니 사대주의 잠꼬대를 경계하여 깨웠도다.

상림(上林) 동산 어느 날에 까마귀 머리 희어져서

절숙(節銊·사신의 깃발)을 가지고 돌아오는 한나라 조정에

위엄 있는 가르침을 펼칠까 하노라.

18. 5년의 감옥생활

신의주 일본 경찰서에서 일본 사법부장 모근(牟根)의 손에 10여 차례 심문을 받았다. 이때도 주로 캐물은 것은 이전에 상해로부터 무기를 얼마나 사들여 왔느냐, 또 각지로 다니면서 독립운동사 자료 수집한 것을 어디에 감추어두었느냐는 것이었다. 그들은 입에 담지 못할 욕설을 퍼부으며 "당신이 만주에서는 불량배들에게 무기를 공급해 국경을 교란시키고, 상해에서는 불량 신문사를 통해 대일본제국에 대하여 수많은 모욕을 가하지 않았느냐?", 또 아주 표독스러운 얼굴을 해가지고는 "독립운동사 자료를 모집한다는 핑계로 허위 사실을 얼마나 모아가지고 다녔으며, 그것은 어디에 감춰두었느냐?" 심문했다.

위압과 모욕을 수없이 퍼붓다가 결국에는 온갖 악독한 형벌을 가했다. 나를 꿇어앉힌 뒤에, 지름이 3촌쯤 되는 긴 통나무를 내 다리 사이에 끼우더니 양쪽 끝에 두 놈이 올라타서 밟았다. 그러면 다리가 부러질 듯한 고통으로 기절하게 되는데, 그런 상황 속에서도 나는 끝까지 아무 말도 하지 않고 고문을 견뎌냈다. 그 때의 상처가 지금도 다리에 허옇게 남아 있으니, 이것은 나의 기념품이다. 경찰서에서 심문이 끝난 뒤에는 소위 재판소로 넘어가서 20개월 동안 미결수로 지냈다.

4264년(1931, 신미년, 51세) 10월 1일 스승 조국동 선생께서 북중국(北中國) 수원성(綏遠省) 포두현(包頭縣) 중탄(中灘) 자택에서 별세하셨다는 기별을 받았다. 설상가상으로 얼마 지나지 않아 11월 13일에는 아버지께서 비현면(枇峴面) 광하동(廣下洞)에서 별세하셨다는 부음을 하숙집 주인 박이열(朴利烈) 군에게 직접 전해 들었다. 그야말로 하늘이 무너지는 기분이었다. 도무지 가슴에 사무치는 한을 견딜 수가 없었다.

그날부터 문득 세상만사가 괴롭고 귀찮아서 아무것도 하고 싶지 않은 염세주의 병이 도져 단식에 들어갔다. 일본 간수들이 식사 때마다 와서 밥을 먹으라며 윽박을 지르고 설득을 하기도 했지만 귀를 막고 거부했다. 단식 6일째 되던 날, 일본인 간수장이 조선인 간수 한 명에게 나를 운동장으로 데리고 나가 운동을 시키라고 했다. 운동장 주위는 약 40-50간 되는데, 평상시에는 세 바퀴만 돌게 하더니 이번에는 다섯 바퀴를 돌도록 아무런 명령이 없었다. '나를 죽일 셈이로구나.', 그들의 의도를 파악하자 오기가 발동해서 일부러 한 바퀴를 더 돌았다. 그제야 그들은 정지 명령을 내렸다. 감방으로 돌아온 나는 '내가 죽지 않고 반드시 살아서 너희들 망하는 것을 두 눈으로 똑똑히 보리라.' 절절히 다짐했다.

　　세월이 흘러 4268년(1935년, 을해년, 55세) 4월 12일에 석방되었다. 4262년(1929, 기사년, 49세) 11월 말에 체포되었으니, 5년을 훌쩍 넘기고 풀려난 것이다. 이 날은 내가 두 번째 태어난 날이라고 해도 과언이 아니다. 밤과 낮이 있어도 그 의미를 조금도 감지 할 수 없는 곳이 바로 일본경찰의 감옥이다. 더욱이 이 감옥이 일본열도에 있는 것이 아니라 바로 우리나라 땅에 있었던 것이다. '하늘이 무심하다.'는 말이 있는데 그 말은 바로 우리 백성들이 일본에게 끝없는 고통을 당하고 있는 이런 한 맺힌 현상을 두고 한 말이 아니겠는가? 7년간 감옥생활을 하면서 나는 세상으로부터 단절되어 홀로 격리된 채로 온갖 고난을 당했다. 그 세세한 사정은 한구(漢口)에 있을 때 저술한 『옥중실기(獄中實記)』라는 순한문 백화본(白話本) 소책자에 담겨 있다. 그러므로 여기서는 생략하고, 다만 옥중에서 부친의 별세소식을 듣고 한시를 짓다가 발각되어 죄가 가중된 일이 있었는데, 그때 지은 한시를 생각나는 대로 적어본다.

先考別世(선고별세)의 凶音(흉음)을 듣고

向哭老師又哭親(향곡노사우곡친)

人倫罪惡重吾身(인륜죄악중오신)

鐵窓吊月因無色(철창조월인무색)

面目淚汗自濕巾(면목누한자습건)

處世忠心超凡老(처세충심초범로)

奉先誠力出天眞(봉선성력출천진)

雪夜霜朝山寂地(설야상조산적지)

誰能代我掃墳塵(수능대아소분진)

아버지의 별세 소식을 듣고

얼마 전 스승이 돌아가셨다는 소식에 울었더니,

오늘은 아버지가 돌아가셨다는 소식에 다시 울게 되노라.

인륜의 죄와 악이 이내 몸에 거듭되도다.

감옥 철창 밖에서 조상(吊傷)하는 달은 상심하여 빛을 잃고

두 눈에서 흐르는 눈물은 저절로 수건을 적시도다.

살아계실 때 나라에 충성하신 마음은 예사 노인과 다르고,

선조 받드는 정성과 성력은 하늘 참된 곳에서 나왔구나.

눈 오는 밤, 서리 내리는 아침, 깊은 산속 적막한 땅에서

누가 나를 대신하여 무덤 위에 티끌을 쓸어주리.

다음의 한시는 미결수로 있을 때 내 삶을 돌아보며 지은 것이다.

獄中寫我 (옥중사아)

(이것은 미결로 있으면서 내가 나를 돌아보며 그려놓은 것이다.)

我生我長素寒微 (아생아장소한미)

母織父耕妻拾薇 (모직부경처습미)

不事家生貧若洗 (불사가생빈약세)

衰侵鬢髮雪紛飛 (쇠침빈발설분비)

手植庭槐成棘蔭 (수식정괴성극음)

傳來墓幕斃柴扉 (전래묘막폐시비)

傍人莫笑行無跡 (방인막소행무적)

徐待公論定是非 (서대공론정시비)

옥중에서 나를 그리다

내가 나고 자란 것이 본래 가난하고 곤고하여 미약하였으니,

어머니는 삯 베를 짜고 아버지는 밭을 갈며 아내는 고사리를 캐
었다.

평생토록 집 살림살이를 일삼지 않았으니 가난하기가 물에 씻
은 듯하고,

쇠하기가 머리털을 침로하니 귀밑털이 희기가 눈 같더라.

내 손으로 심어놓은 회화나무는 가시덤불을 이루었고,

조상부터 전하여 오는 재실은 섶으로 만든 문짝이 해어졌더라.

곁에 사람들은 내가 해놓은 것이 없다고 비웃지 말라.

천천히 공의로운 의논을 기다려 잘잘못이 정하여 질 것이라.

우(又)

如昨生過五十年(여작생과오십년)

世情晩覺始知天(세정만각시지천)

六尺雖繫縲絏下(육척수계누설하)

方寸恒在舞臺邊(방촌항재무대변)

好事備嘗三國獄(호사비상삼국옥)

無功猥添兩朝恩(무공외첨양조은)

喪家亡國由何故(상가망국유하고)

總是未醒事大眠(총시미성사대면)

또 다시 쓰다

어제 난 아이 같았는데 50년을 지내었구나.

세상물정을 늦게야 깨달았으니, 지금에야 하늘 이치를 알았더라.

여섯 자 되는 몸은 비록 죄 없이 옥에 갇혀있으나,

한 치만한 마음은 항상 독립운동 하던 곳에 있도다.

일을 좋아하여 여기저기 참견하니 세 나라의 옥에 모두 갇혀 보았고,

공로 없이 외람되게 두 나라 은혜를 입었더라.

집을 잃어버리며 나라가 망한 것이 무슨 연고이던가.

모두가 다 우리가 외국을 의뢰하는 잠을 깨어나지 못한 탓이라.

다음의 한시는 옥중에서 짓고 난후 간수에게 발견되어 벌을 받은 시이다.

監獄署(감옥서)

定界紅墻遠揷天(정계홍장원삽천)
中建小國問幾年(중건소국문기년)
佩劍巨頭局中王(패검거두국중왕)
假仁老僧佛前眠(가인노승불전면)
自古帝君施毒處(자고제군시독처)
到今弱子滅身邊(도금약자멸신변)
若不打埋此等窟(약불타매차등굴)
大衆所願終難宣(대중소원종난선)

감옥에서

국경선을 가로지르는 붉은 벽돌담은 멀리 하늘에 닿았는데,
그 가운데 작은 나라를 세운지 몇 해나 되었던가.
긴 검을 찬 큰 대가리는 그 한 가운데 왕이 되었고,
착한 척하는 늙은 중은 부처 앞에서 졸고 있더라.
옛 부터 임금 된 자 독한 위엄을 펴는 곳이고,
지금까지 약한 자는 몸을 망하게 하는 곳이더라.

만일 이런 악굴을 쳐 묻어버리지 않으면

대중의 원하는 바를 마침내 펴볼 수 없더라.

19. 가족과 민족의 뼈아픈 상황

4268년(1935, 을해년, 55세) 4월 12일 평양부(平壤府) 암정(岩町)의 일제 형무소에서 출옥할 때 감옥문 밖에서 나를 기다리고 있던 사람은 단 두 명이었다. 하나는 나의 생질 문태욱(文泰郁) 군이 고향인 의주군 비현면 정산동에서 나를 맞이하러 왔고, 다른 하나는 예전에 상해 독립신문사에서 함께 고생한 고준택군(高俊澤君) 부인 박수만(朴秀萬) 여사였다. 그는 딸 병숙(炳淑) 양을 평양여자중학교에 입학시키기 위해 왔다가 내가 출옥한다는 소식을 듣고 찾아와 기다리고 있었다.

누가 보든지 얼마나 쓸쓸한 광경인가. 나는 그 날 함께 출옥한 5-6명의 사람들을 데리고 근처 음식점에 가서 술 한 잔씩 나누어 마시고 작별했다. 그 후 문태욱 군을 대동하고 그곳 동아일보사 지국과 조선일보사 지국을 방문해 출옥 인사를 한 뒤 하숙집에서 하루를 쉬었다. 그리고 다음 날 문군과 함께 고향으로 향했다. 비현역에 도착하니, 가족들과 체마시(替馬市) 유지(有志) 백 여 명이 나와 환영해 주었다.

비현면 일본 주재소에 가서 출옥 신고를 했다. 그런데 일본 경찰이 나를 한 시간이나 붙잡고 트집을 잡아 따져 물으며 내보내주지 않는 것이었다. 비현역에서부터 나를 따라온 군중들은 주재소 문 앞에 모여서 내가 나오기를 고대하고 있었다. 일본 경찰이 아무리 해산하라고 해도 더 많은 군중이 모여들어 나를 빨리 내보내라며 고함을 질렀다. 그러자 경찰들은 당황해서 소방펌프를 끌어다 군중을 향해 마구 물대포를 쏘아댔다. 이 광경을 보노라니 일본 경찰들이 우리 민족을 얼마나 악독하고 악착같이 대하는지 새삼 깨달을 수 있었다.

　그 날 밤 가족들과 함께 집으로 가서 아버지의 묘소를 찾았다. 묘소 앞에 엎드려 절을 하는데, 불효막심한 죄를 저질렀다는 비통한 마음이 천지에 가득한 것 같았다. 내가 4243년(1910, 경술년) 10월에 두 번째로 압록강을 건널 때에는 우리집이 비현면(枇峴面) 기봉동(岐峯洞)에 있었다. 그런데 그 후 26년 만에 돌아와 보니, 우리집은 비현면 광하동(廣下洞) 선영(先塋) 아래 묘막(墓幕)이었다. 지붕은 내려앉고 벽은 허물어진 것이 누추하고 딱하기 그지없었다. 우리 아들 삼형제 중 둘은 예전에 참의부가 있던 남만주 환인현 쪽으로 간 지 2년이 되었다고 한다. 남은 며느리 둘과 손자 손녀들을 늙은 아내가 거느리고 사는데, 생활 형편은 말로 이루 다 표현하기 힘들 정도였다.

　며칠 동안은 가까운 마을에 사는 친척들과 옛 친구들이 찾아와, 그들을 대접하느라 여념이 없었다. 그 가운데 어느 어르신이 말씀하시기를, 옥중에서 부친상을 당해 미처 예를 갖추지 못했을 테니, 자유의 몸이 된 지금 늦게나마 예를 행하는 것이 어떻겠냐고 했다. 어찌 보면 옳은 말씀이지만, 나는 조국이 완전히 독립하기 전에는 상주 노릇도 하지 않겠다고 대답했다.

　그럭저럭 한 달 동안 쇠약해진 몸을 돌보며 지냈다. 어느새 시간이 흘러 5월 단양(端陽)을 맞았다. 아이들은 명절이 왔다고 좋아하는데, 집안에는 쌀 한 되도 없어 차례 지낼 준비를 하지 못하는 건 고사하고, 아이들 쌀밥 한 끼 해 줄 양식조차 없었다. 아내가 나에게 "근처 아무개 댁에서 쌀을 파는데, 지금 우리 수중에 현금이 없으니, 당신이 직접 가서 외상으로 쌀 한 말만 달라고 하면 줄 듯하다"고 했다. 나는 선선히 아내가 시키는 대로 했다. 하지만 그 집에서는 자기네도 쌀이 없다며 야박하게 거절했다. 세상 인심을 몰라도 한참 모른 나 자신이 도리어 무안했다. 결국 우리 식구들은 단오절에도 굶을 수밖에 없었다. 그만큼 그 시절 우리 형편은 매우 좋지 않았다.

그 해(1935년) 8월 나는 두 아들을 찾기 위해 다시 남만주 환인현으로 들어갔다. 당시는 소위 만주국(滿洲國)이 건립되어, 예전의 만주가 아니고 딴 세상으로 변해 있었다. 아들이 있는 곳을 사람들에게 물어물어 찾아가 보니, 몇 개월 전에 환인현 일본 영사관으로 체포 되어간 뒤 소식을 알지 못한다는 것이었다.

아들의 행방을 알기 위해 환인현(桓仁縣) 성리(城裡)로 갔다. 예전에 독립군 간부로 명성을 날리던 김 아무개, 고 아무개, 문 아무개, 박 아무개, 최 아무개, 변 아무개 등 여러 명이 활개를 치며 성 안팎을 휘젓고 다니면서 선무반(宣撫班)이라는 단체를 만들어 세력을 부리고 있었다. 선무반이 하는 일은 과거 독립운동가들을 만주국에 귀화시키는 사업이었다.

나는 예전에 안면이 있던 김이대(金履大)를 찾아가 아들에 관한 소식을 물었다. 그가 대답하기를, "선생님의 자제인 영달, 영저 형제가 수년 전에 이곳 환인, 통화 경내에 들어와, 겉으로는 농업을 하노라 하면서, 실제로는 선생의 옛 동지들과 연락하여 비밀 음모를 계획한다는 보고가 있었지요. 그래서 제가 그들을 은밀히 만나 고향으로 돌아가라고 일러 주었습니다. 하지만 그들은 제 말을 듣지 않고 계속해서 모종의 음모를 꾸몄답니다. 그러다가 지금은 영사관에 갇히는 신세가 되었지요." 했다. 그리고는 이어서 "지금이라도 선생님이나 자제분들이나 선무반에서 저와 같이 활동하신다면 무사할 것입니다." 라고 덧붙였다. 나는 아무 대답도 하지 않고 여관으로 돌아왔다.

이튿날 봉막돌(奉莫乭)이라는 청년이 여관으로 나를 찾아왔다. 그는 환인현 동영영구(東英英溝)에서 백가장(百家長) 일을 보던 봉태주(奉泰周)의 차남인데, 과거에 영영구(英英溝) 보안대원(保安隊員)으로 활동했다. 그러나 지금은 만주국 선무반에서 저들과 함께 독립군 귀화(歸化)를 독려하고 다니는 모리배로 전락해 있었다. 내가 왔다는 말을 듣고 의도적으로 왔는지, 아니면 다른 누군가의 심부름으로 왔는지는 모르겠지만, 내가 보기에는 순진한 옛정과 양심이 되살아나서 찾아온 듯했다. 그가 나에게 이렇게 말했다.

"선생님이 오셨다는 말을 듣고, 이렇게 찾아와 절을 올립니다. 죄송하오나 천번 만번 용서해 주십시오. 저는 선생님이 아시는 바와 같이 노부모를 모시고 근근이 지내던 사람입니다. 그런데 선생님이 체포되신 다음 해에 아버지가 돌아가셨습니다. 그 뒤로 노모를 모시고 지내던 중 만주국이 건립되었지요. 이와 함께 사회가 크게 변동되어 독립군은 모두 먼 곳으로 피신해 가버렸습니다. 각 지방의 자활(自活) 행정기관(行政機關)도 할 수 없이 만주국 치하, 곧 일본 영사관의 지휘 아래로 들어가게 되었고요. 그래서 저도 보안대 직책을 포기하고, 지금은 선무반에서 밥벌이를 하고 있습니다. 어젯밤 우리 선무반 책임자인 김검군(金劍君) 신생의 말을 통해 선생님이 오셨다는 소식을 전해 듣고 이렇게 찾아왔습니다. 감옥에서는 언제 나오셨으며, 이곳까지는 무슨 일로 오셨습니까?"

그의 말에 나는 간단히 대답했다.

"선친께서 별세하셨다니 참 안 된 일일세. 마음이 매우 슬프고 아프네. 그리고 지금 자네의 처지는 시대의 흐름에 따라 변화된 것일 뿐, 잘잘못을 따질 일은 없지 않겠는가? 나는 금년 봄에 출감하였네. 여기에 온 이유는 우리 아들들이 영영구(英英溝)와 만용배(灣龍背)에서 농사를 짓다가, 무슨 일이 있었는지 수개월 전에 이곳 일본 영사관에 체포되어 아직까지 붙잡혀 있다고 하네. 그래서 어제 이곳에 와서 자네의 상관인 김검군을 만나 사실 관계를 확인하는 중일세. 자네도 혹시 우리 아들들에 관해 아는 바는 없는가?"

봉막돌이 대꾸했다.

"저는 그분들과 직접 만난 일은 없지만, 선생님의 자제가 되신다는 말은 들은 적이 있습니다. 그러나 아직도 여기에 있는지는 몰랐습니다. 그런데 오늘 아침에 영사관 문 앞을 지나다가 우연히 영사관 경찰들이 청년들 서너 명을 마차에 태우고 북관으로 압송해 가는 것을 보았습니다. 어쩌면 그 일행 중에 선생님 자제분들이 있지 않을까요?"

나는 마음이 급해져서, 그 마차가 통화현 쪽으로 갔는지 아니면 봉천 쪽으로 갔는지 물었다. 그는 거기까지는 알지 못한다고 말했다. 그 때 문밖에서 여관 주인이 봉막돌에게 넌지시 누가 와서 찾으니 나와 보라고 했다. 봉 군은 다시 오겠다고 말하고는 얼른 밖으로 나갔다. 나는 직감적으로 누군가가 나더러 그 자리를 뜨도록 기회를 준 것이라고 생각했다. 그래서 신속히 아침식사를 하고는 길을 떠나 통화현으로 향했다. 얼마나 빨리 걸었는지, 190리나 되는 길을 3일 만에 도착했다.

전에 안면이 있던 조○○의 여관을 찾아 하룻밤을 묵었다. 그러면서 그 지역의 형편을 살펴보니 성 안팎으로 살기가 등등했다. 일본군들이 사방에서 독립운동자와 만주군에 반대하는 사람들을 잡아다가 일본 영사관에 구금하고 갖은 악형으로 고문을 가하고 있었다. "아야 아야" 하며 부르짖는 처절한 비명이 여기저기서 들려왔다. 굳이 눈으로 직접 보고 귀로 듣지 않아도 그 참상을 충분히 알만했다.

그래도 나는 여관 주인 조 씨에게 이것이 무슨 소리냐고 물어보았다. 그가 대답하기를, 일본 영사관에서 죄인을 취조하는 소리라고 했다. 나도 모르게 눈물이 흘렀다. 나는 조 씨에게 이곳에 온 연유를 말하고, 요사이 2-3일 사이에 환인현 일본 영사관에서 죄인 서너 명을 압송하여 온 적이 있는지 조사해 달라고 부탁했다. 그러자 그는 환인현 죄인은 직접 봉천으로 보내지, 통화현으로는 오지 않는다고 했다. 그래서 나는 과거에 내가 환인현에서 체포되었을 때도 통화현을 경유하여 봉천으로 갔었다고 말해주었다. 내 말에 조 씨가 대답하기를, 그때는 환인현이 통화영사의 분관이었으니까 그랬지만, 만주국이 건립된 후로는 환인현 영사관이 독립되었으므로, 환인현 죄인은 직접 봉천으로 보낸다는 것이다.

이튿날 나는 통화현을 떠나, 전에 주둔하였던 만용배 지방으로 갔다. 그리고 과거에 여기저기 맡겨두었던 독립운동사 자료를 찾았다. 그런 다음 그것을 가지고 봉천으로 가다가 도중에 무순현(撫順縣) 천금채(千金寨) 지방(地方) 어느 친지 집에 맡겨두었다.

봉천에 도착해, 서탑(西塔)에 있는 조국진(趙國珍) 냉면옥(冷麵屋)에 머물면서 일본 영사관이 어찌 돌아가는지 상황을 살펴보았다. 과연 5-6일 전에 환인현에서 내 자식을 포함해 다른 죄인 3-4명이 압송되어 왔다는 소식을 들을 수 있었다. 조금은 안심이 되었다.

2-3일 후에 면회를 신청했다. 다행히 면회가 승인이 되어, 장남 영달을 면회했다. 영달의 말을 들으니, 영저는 환인현에서 석방되어 고향으로 돌아갔다고 한다. 영달은 자기가 체포된 이유도 말해주었다. 환인현 만용배 농장에서 일하고 있었는데, 하루는 어떤 사람이 찾아와서 선무반에 가담하라고 했다는 것이다. 그뿐만 아니라 자기에게 부탁하기를, 각 농촌으로 다니면서 전에 참의부 대원이었던 사람들에게 선무반 귀화를 권유해 달라고 했다고 한다. 영달이 그 사람의 말을 거절하자, 이것이 빌미가 되어 환인현 영사관에 붙잡혀 가서 지금까지 3-4개월 동안 구금당했던 것이다. 심지어 일본 영사관 측에서는 영달에게 전에 있었던 환인현 일본 영사관의 송운봉(宋雲峯:나를 붙잡았던 놈) 암살 음모사건의 범인이라는 누명을 씌우려고 획책하고 있었다. 물론 영달은 그 일에 대해 완전히 부인했다. 이러한 내막을 듣고 보니, 얼마 전 환인현에서 김이대(金履大) 나에게 선무반에 가담하면 내 자식을 내보내주겠다고 했던 말이 떠올랐다. 이 모두가 그들의 음모임을 짐작할 수 있었다.

다행히 얼마 뒤에 환인현 만용배와 영영구(英英溝), 그리고 북전자(北甸子) 등 3개구의 교포 농민 150여 명이 연대 서명한 진정서를 내게 보내왔다. 봉천 일본 영사관으로 보내는 진정서였다. 그 요지는, 지금 영사관에 구금되어 있는 김영달은 순직한 농민으로, 2년 동안 우리 농촌에서 농업에 종사하던 근면한 농부요, 아무 정치적 범죄 행동이 없는 사람이니, 속히 방면하여 농업에 종사하게 해 달라는 내용이었다. 나는 이 진정서를 곧바로 일본 영사관에 제출했다. 그러고 나서 두 달 뒤에 영달이 석방되었다. 나는 영달을 데리고 고향으로 돌아왔다. 4268년(1935, 을해년, 55세) 12월 하순이었다.

20. 다시 세 번째 압록강을 건너다

4269년(1936, 병자년, 56세) 봄에 증조할아버지 묘지와 증조할머니의 묘지를 고쳐서 다시 손 볼 필요가 없게 완장(完葬)했다. 내친 김에 부모님 묘지 역시 완장까지는 아니어도 새롭게 단장했다. 선영 아래 안장한 9대조 할아버지와 할머니의 묘지에 비석을 세워 선조에 대한 예의도 간소히 갖추었다. 그런 일들을 처리해 나가던 3월쯤 뜻밖에 늑막염에 걸려 고향의 한득권(韓得權) 형제의원(兄弟醫院)에서 한 달간 치료를 받았다. 차도가 좀 있게 되자, 장부가 처음 세운 뜻을 끝까지 이루기 위해 다시 압록강을 건너기로 마음을 먹었다.

4269년(1936) 5월에 집을 나와 세 번째로 압록강을 건넜다. 천금채(千金寨)에 맡겨두었던 독립운동사 자료와 다른 비밀문서 및 장부들을 찾아가지고 남중국으로 향했다. 가는 도중에 여비가 떨어져 북경의 어느 친척집에서 수개월 머물러야 했다. 그 사이 하루는 천진에서 한 중국인이 나를 찾아와 서신 한 동을 진달했다. 발신인은 천진의 안경근(安敬根)이었다. 천진으로 오라는 비밀편지였다.

나는 나를 찾아온 그 중국인과 함께 길을 나서, 프랑스 조계의 한 병원에서 안경근을 만났다. 그는 남경에 있는 임시정부의 사명을 받아, 천진 비밀기관의 책임자로 와 있다고 말했다. 그러면서 나에게 남경으로 가지 말고 북경 지역에 있으면서, 남북만주에 흩어져 있는 옛 동지들과 연락을 취하여 만주에 있는 청년들을 남중국으로 많이 보내라는 것이었다.

나는 그 책임을 기꺼이 승낙하고 북경으로 돌아와, 서성(西城) 경조공우(京兆公寓)로 주소를 옮겼다. 남북만주 방면으로 비밀 연락을 취했더니, 김희남군(金熙南君)이 남만주에서 북경으로 나를 찾아왔다. 나는 그를 남경에 있는 백범 김구 선생에게 보내며, 내가 가지고 온 각종 비밀문서와《독립신문》관련 문서들, 그리고 조국동 선생의 문집(文集), 흑초(黑草) 원고(原稿)를 함께 보냈다. (그 자료들은 광복 후 김구 선생이 고국으로 돌아올 때 가지고 와서 나에게 도로 전해주었다.)

그렇게 북경과 천진 사이에서 2년 간 활동하다가 안경근 동지가 천진을 떠나게 되었다. 후임으로 박모(朴某)라는 청년에게 천진 기관 책임을 인계(引繼) 했는데, 일본 경찰이 어떻게 알았는지 그 정보를 탐지하고는 박 군을 잡으려고 온갖 계책을 썼다. 박 군은 아직 젊어서 경험이 부족한 게 흠이었다. 일본 경찰의 미인계에 빠져서 천진공동조계(天津共同租界)에 나갔다가 발각되어 체포되고 말았다. 그 결과, 각 지방의 비밀기관 설치에 대한 문서와 장부들을 모조리 압수당하고, 독립운동의 비밀활동에 대한 전모가 밝혀지게 되었다.

그 화는 북경에 있는 나에게도 미쳤다. 어느 날 밤 천진통신원(天津通信員)인 중국인이 급하게 내 숙소를 찾아왔다. 천진기관장(天津機關長) 박 아무개가 왜적에게 체포되어 각 처의 비밀기관이 탄로 났으니 급히 피신하라는 것이다. 나는 그 길로 북경을 떠나 서해전(西海甸) 방면에 잠복했다가, 이튿날 석가장역(石家莊驛) 부근에 사는 친구 박 아무개의 상점으로 갔다.

그는 오늘 아침 이곳 영사관 순사 김 아무개가 찾아와 갑자기 내 행방을 묻더라고 말해주었다. 나는 이곳까지 수배명령을 떨어졌음을 짐작하고,

산서성(山西省) 태원(太原)으로 가서 신정순면점(申正淳糆店)으로 갔다. 그런데 신 씨 역시 말하기를, 영사관 박춘근(朴春根)이 와서 희산을 아냐고 물으며, 혹시 오거든 알려달라고 했다는 것이다. 여기도 안전하지 못했다.

성 밖으로 나가 중국여관 석가장(石家莊)에서 하룻밤을 묵고, 다음 날 신향현(新鄉縣)으로 갔다. 이곳은 고향의 친구들이 많이 있는 지역일 뿐만 아니라, 일본 영사관 순사들 중에서도 아는 사람들이 더러 있었다. 나는 곧바로 김려진(金麗振) 냉면점(冷麪店)을 찾아갔다. 마침 영사관 순사 김록곤(金麓坤)이 와 있었다. 그는 나를 밖으로 불러내더니, 천진 영사관에서 나를 잡으라는 공문이 왔다며 이곳에 있지 말고 떠나라고 말했다.

나는 그에게 감사하다고 말하고, 성 밖에 있는 중국객점에서 하루 밤 머물렀다. 그 후에 다시 북경을 경유해 천진의 프랑스 조계로 가서 예전에 비밀기관으로 썼던 집을 찾아갔다. 그러나 그 집 주인은 벌써 잡혀가고 없었다. 더 이상 내가 은신할 곳이 없게 된 셈이다. 할 수 없이 걸어서 덕주(德州)까지 가 기차를 타고 남방(南方)으로 향했다.

기차 안에서 들으니 반뿌 방면은 중국군과 일본군이 서로 대치 중이라 기차가 통과할 수 없다는 것이었다. 그래서 서주(徐州: 고대 대서국의 강역(彊域)이다.)에서 내려 사흘을 묵게 되었다. 그곳의 동향을 살필 겸 안면이 있는 동포들을 만나보았다. 그런데 그들은 나의 신변에 관해 아무 소리도 하지 않았다. 이곳은 안전한가 보다, 생각하고 개봉현(開封縣)으로 갔다.

개봉에는 고향 친지들뿐만 아니라, 손자뻘 되는 문시황(文時璜) 군과 그와 내외종(內外從)되는 박 아무개 등 여러 명이 일본 영사관의 순사로 있고, 또 일본군 통역원으로도 일한다는 말을 들은 적이 있었다. 성 안으로 들어가 문시황 군을 만났다. 그런데 문 군이 말하기를, "어제 일본 영사관에서 오라고 하기에 갔더니, 천진 총영사관에서 공문이 왔는데, 할아버지께서 이곳에 오시면 체포하여 압송하라고 했습니다." 하는 것이었다. 그러더니 문군은 무슨 일인지 모르지만 자기 집에서는 머무를 수 없으니, 다른 곳으로 가자며, 나를 서쪽성에 자리한, 나이 많은 도인들이 살고 있는 오래된 사당으로 인도했다.

거기서 10여 일을 묵으며, 그 도인들과 머리를 맞대고 호남성(湖南省) 장사(長沙)로 갈 계획을 세웠다. 그러려면 우선 중국인 명의(名義)로 여행증을 만들든지, 사정이 여의치 않으면 피난민증(避亂民證)이라도 취득해야 할 형편이었다. 이러지도 저러지도 못하고 있던 어느 날, 사당 주인이 말했다. "낙양에 사는 친구에게 피난민증이 있다는데, 돈을 주면 살 수 있을 듯싶습니다." 그래서 나는 금 2원을 주고 그 증서를 구했다.

이름은 장정양(張正陽)이요, 나이는 62세였다. 이제 그 사람으로 행세하고 다니면 될 터였다. 나는 다시 그 도인들로 하여금 낙양이나 장사 쪽으로 나와 동행할 상인을 찾아봐 달라고 했다. 마침 장순복(張順福)이라는 상인이 정주(鄭州) 방면으로 간다는 연락이 왔다. 그 사람에게 길안내를 부탁하고, 떠날 날짜를 정해 다섯 명이 함께 떠나기로 했다.

4270년(1937, 정축년, 57세) 10월 27일은 공교롭게도 어머니께서 돌아가신지 24번째 되는 기일이었다. 이 날 오전 4시에(그 당시는 일본 법령에 따라 오전 3시부터 성을 왕래할 수 있었다.) 우리가 포함된 마차 4-5대가 남쪽 관문에서 출발했다. 그런데 갑자기 까마귀 떼 수천여 마리가 모여들어 우리가 가는 길 상공에서 어지러이 날며 따라오는 것이었다. 그 광경을 보더니 마부들이 "오늘 우리가 가는 길에 반드시 무슨 특별한 일이 일어날 징조입니다. 지난해에도 중앙군(中央軍)이 개봉성을 물러날 때 이렇게 까마귀 떼가 어지러이 울어댔습니다. 오늘 모양새도 어째 이상한 일이 일어날 것 같습니다."라고 했다. 이 까마귀 떼는 남관(南關)에서부터 우리를 호송하듯 약 15리쯤 따라오더니, 자연스럽게 흩어져서 더 이상 보이지 않았다.

우리 일행은 주산진(朱山鎭) 대석교(大石橋)에 도착했다. 그곳은 일본군과 중국 팔로군(八路軍)이 대진하고 있는 신황하(新黃河) 연안(沿岸)이었다. 그 무렵 팔로군이 정주성(鄭州城) 북방에서 황하를 막아 주산진 등지로 흩어져 흐르게 하여 신황하(新黃河)라 불리게 된 곳이다. 여기서는 더 이상 전진할 길이 없었다. 할 수 없이 우리 일행 두 사람은 이곳에서 10여 일을 머물며 앞으로 나아갈 길을 두루 찾아보았다.

겨우 일본군 전선을 피해 신황하를 건넜다. 도달한 곳은 팔로군(八路軍)의 진지(陣地)였다. 우리는 보초에게 체포되어 하룻밤 심문(審問)을 받고 석방되었다. 부지런히 길을 움직여 주마진(駐馬鎭)이라는 도시에 당도했다. 그런데 지금까지 나와 동행한 장순복이 나를 배신했다. 그는 나를 위협해 내 행장과 여비와 기타 물품을 강탈해 가지고는 다른 곳으로 도망가 버렸다.

주마진은 일명 주마당(駐馬塘)이라고도 불린다. 단기 1330년경(주나라 목왕 때)에는 이곳 강회간(江淮間)에 고조선의 식민국(植民國)인 대서국(大徐國, 현재의 서주)이 있었다. 면적은 고작 500여 리에 불과하지만, 섬주(陝州)의 서쪽 36국 제후(諸侯)를 관할(管轄)하던 곳이었다. 그런데 주나라 목왕이 초나라와 밀약해 대서국을 협공했다. 서나라 언왕(偃王)은 잠시 팽성(彭城) 깊은 산중 철문관(鐵門關) 안으로 도망쳤다가 다시 원병을 얻어 탈출에 성공했다. 말을 달리며 주나라와 초나라 두 군대와 혈전을 벌이던 일이 『조선상고사』에 상세히 기록되어 있다. 그렇게 유서 깊은 철문관이 명나라 때 훼손되어 평지가 되었다. 그리고는 얼토당토하게 주문(朱門)을 세

위 기념한 까닭에 주문진(朱門鎭)이라고 불린다는 이야기를 중국인으로부터 들은 적이 있었다.

나는 동행자에게 뜻밖에 행장과 여비를 빼앗긴 채 이틀을 망연자실하게 보냈다. 이제는 낯선 땅에서 홀로 길을 가게 생겼다. 어찌어찌 상양현(上陽縣)이라는 곳까지 갔는데, 거기서 또 팔로군 보초에게 걸려 하루 동안 심문을 받았다. 석방되어 나온 뒤 그곳에서 5-6일을 지내다가 다행히 호북성(湖北省) 효감현(孝感縣)에 산다는 중국 상인을 만날 수 있었다.

그와 함께 한구(漢口), 무창(武昌) 방면으로 가다가 노산현(魯山縣)을 지나서 하남(河南)과 호북(湖北) 경계지역인 하구지방(河口地方)에 이르렀는데, 여기서 또 다시 팔로군에 붙들려 심문을 받았다. 심지어 효감현(孝感縣)에 이르러서는 일본 경찰에게 붙들려 엄중한 심문을 당했다. 그런 고생 끝에 간신히 한구(漢口)에 도착했다. 어느덧 4271년(1938, 무인년, 58세) 음력 1월 15일로, 개봉에서 출발한지 70여 일만이었다. 그동안 걸었던 거리가 족히 2,500리는 될 것이다.

한구성 안으로 들어갈 때는 일본군 보초에게 조선인이라고 말했더니 무사히 들여보내 주었다. 거기서 조선인이 있는 곳을 찾아가 안주(安州)의 이 아무개가 경영하는 한성여관(漢城旅館)에 들어갔다. 그 때 내 수중에는 돈이 한 푼도 없었다. 주인은 그런 나를 의심스럽게 쳐다보는 눈치였다. 나는 주인에게 김의성(金義成)이라고 가명을 둘러댔다. 그리고는 자식이 일본군 통역으로 이곳에 와 있다기에 찾아왔는데, 자식을 찾으면 방값과 식비를 싹 다 갚겠노라고 말했다.

나는 그 여관에서 십여 일을 묵었다. 그러다가 여관 주인이 소개해 주어, 효감현 어느 상점에서 서기 일을 봐 주는 대가로 한 달에 30원을 받기로 하고 가게 되었다. 그렇게 한 달을 지낸 후에 다시 한구로 돌아왔다.

월급으로 받은 30원을 본전 삼아 무너진 가옥 몇 채를 얻었다. 급한 대로 수리해가며 부침개와 떡 장사를 시작했다. 그렇게 5-6개월을 지내다보니 어느덧 집수리가 모두 끝났다. 나는 집수리 비용으로 8천 원을 받고 그 집을 다른 사람에게 양도했다. 그러니까 그곳에서 예상 밖의 큰돈을 벌었던 것이다.

그곳을 떠난 뒤에는 중국 국민당 비밀당원 등소신(鄧少臣)의 서점으로 거처를 옮겼다. 등소신 군이 나더러 감옥에서 겪었던 일을 백화문으로 써보라기에 『감옥실기』라는 제목으로 60쪽짜리 소책자를 만들었다. 내 이름으로 책을 내는 데는 위험부담이 따르기에 등소신의 명의로 출간했다. 이 책은 중국 각계각층의 대환영을 받았다.

그 후 나는 등소신 군을 안내자 삼아 장사 방면으로 가려고 시도했다. 그러나 사정이 여의치 않아서 두 번이나 배를 타게 되었다. 결국 우여곡절 끝에 장사항(長沙港)까지 가기는 했어도 배에서 내리는 것이 허락되지 않아 한구로 되돌아올 수밖에 없었다.

무창, 한구, 한양 등지에서 2년을 지내는 동안, 시국을 면밀히 관찰했다. 아무래도 일본의 패망이 가까이 왔음을 짐작할 수 있었다. 안휘(安徽)를 떠나 남만주(南滿洲) 사평성(四平省) 예문촌(禮文村)에 조용히 머물면서 옛 동지들과 연락을 취하는데 온 힘을 기울였다.

21. 조국해방과 그 뒤 소식

4278년(1945, 을유년, 65세) 8월 15일 일본이 연합군에게 무조건 항복했다. 이로써 우리 조국이 마침내 독립을 맞이하게 되었다. 국민들은 열렬히 만세를 외쳤다. 나는 서둘러 청년 수십 명과 친척들을 거느리고 고향으로 돌아왔다. 9월 상순 무렵이었다.

오자마자 나의 오랜 숙원이던 독립운동사를 편찬하기 위해 동지 10여 명을 규합했다. 평북인민위원회 간부들의 양해 아래 독립운동사편찬회를 조직하고, 신의주 노송정(老松町)에 사무실을 열고는 부랴부랴 자료를 수집했다.

9월 하순쯤 서울에서 동지 다섯 명이 방문했다. 조상항(趙尙沆)과 전성호(全盛鎬) 부자(父子), 그리고 전시화(田時禾) 외 1인이었다. 그들은 나에게 서울로 가자고 말했다. 이유인즉, 내가 고향에 돌아왔다는 소식을 듣고 서울에 모인 동지들이 협의를 했다는 것이다. 지금 우리 사회에 지도자가 없으니 나를 서울로 올라오게 해야 한다는 내용이었다. 다섯 동지들은 나를 서울로 가게 할 사명을 가지고 왔노라 하면서, 자기들과 함께 서울로 갈 것을 권유했다.

나는 다음과 같은 이유로 서울에 가기가 힘들다고 거절했다. 첫째, 독립운동사편찬회를 조직하여 이미 편찬에 착수했으니 갈 수 없다. 둘째, 순국선열추도회와 사당에서 해방의 민족적 대사를 고하며 제사하는 날을 음력 10월 3일로 정하고 각처에 통지하였으니 그 전에는 올라갈 수 없다.

내 뜻을 듣더니 그들은 서울로 돌아갔다. 그러나 이내 다시 찾아와, 서울에 가서도 할 일을 계속할 수 있으니 이번에는 반드시 함께 가야 한다며 졸랐다. 그러더니 다음 날 이른 아침에 내 몫까지 기차표를 사가지고 와서 출발을 독촉하는 것이었다. 나는 할 수 없이 그들과 동행하기로 했다. 가족과 동지들에게는 긴급한 일이 있어 잠시 서울로 가는 것이니 10여일만 기다리라는 말을 잊지 않았다.

우리는 황해도 금천역까지 와서 야간을 이용해 3·8선을 넘었다. 그런 다음 개성을 거쳐 서울에 도착했다. 동지들의 환영을 받으며 서울 일대를 돌아보았다. 사람마다 얼굴 가득 기쁨이 넘치고, 거리마다 정치단체 간판들이 붙어있는 것을 볼 수 있었다.

재동(齋洞) 38번지 김석황(金錫璜)씨 집은 각처에서 모여온 동지 수십 명이 대한인민정치당(大韓人民政治黨)이라는 간판을 내걸고, 중경(重慶)에서 고국으로 돌아오는 임시정부요인 환영회를 조직한다며 분주했다. 나를 만나는 동지들마다 자기네 정당에 가입해 달라고 성화였다. 그러나 나는 얼마 동안 상황이 어떻게 돌아가는지 가만히 지켜보기로 했다.

그러던 어느 날, 오광선(吳光鮮), 전성호(全盛鎬), 김해강(金海崗), 조상항(趙尙亢) 외 몇몇 동지들이 나를 찾아왔다. 그들은 우리는 정당에 가입하지 말고 군사단체를 조직하자고 말했다. 나는 즉시 찬성했다. 우리는 한국혁명군(韓國革命軍)이라는 이름으로 동지를 모집했다.

불과 며칠 만에 수백 명이 모였다. 우리는 덕수궁 뒤 청소국(淸掃局) 자리에 임시로 사무소를 두었다가 다시 동대문 밖에 자리한 박영효의 별장으로 사무소를 옮기고 본격적인 준비에 들어갔다. 그러던 중 상해에 있는 광복군 총사령관 지청천(池靑天)으로부터 지시가 내려왔다. 한국혁명군을 '광복군 국내 제1지대'로 명칭을 고치고 나더러 참모장으로 활동하라는 지시였다. 우리는 그의 지시를 따랐다.

그해 11월 임시정부 요인 일행이 서울로 돌아왔다. 임시정부 군무부장 김원봉(金元鳳)이 나서자, 좌익계 청년들이 그의 지도 아래 모여들었다. 이로써 광복군 사이에 분열이 일어나 서로 격투하는 일까지 발생했다.

나는 광복군 국내 제1지대 참모장 자리에서 물러나기로 했다. 그러나 김구 선생이 부탁하여, 도리어 국내 제2지대 설립을 책임지게 되었다. 결국 나는 개성으로 자리를 옮겨, 해외에서 입국하는 청년 백여 명과 국내 청년 수백 명을 모아 만월대(滿月臺)에 임시 군영을 두고 훈련에 돌입했다. 훈련에 필요한 경비 일체는 개성 지역 사업가들이 담당하기로 했다. 이렇게 1개월 여 적극적으로 군대의 조직화를 추진하던 중에 미주둔군(美駐屯軍) 군정령(軍政令)으로 강제 해산 명령이 떨어졌다. 훈련책임자 김○○은 미군의 재판에서 5년 징역형을 받았다.

그 후 나는 4279년(1946, 병술년 66세)에 재경(在京)평안북도민회를 창설하고 위원장에 선출되었다. 그러다가 3년이 지난 1949년에 위원장 임무를 부위원장 백영엽(白永燁)에게 맡기고 사퇴했다. 1946년에는 상해에서 간행하던 《독립신문》을 속간하기도 했으나, 1948년 대한민국 남한 정부가 수립되면서 정부 공보국령(公報局令)으로 폐간(廢刊)되었다. 폐간 이유는 《독립신문》은 상해 임시정부 기관지라는 것, 노선 자체가 절대 독립을 지지하기 때문에 남한 단독정부 수립에 반대한다는 것이었다.

4280년(1947) 봄 우리 가족 전체가 고향을 떠나 서울로 이주했다.

4281년(1948) 3월에는 신탁통치에 반대한다는 죄목으로, 이종현(李宗鉉), 이성주(李性柱), 김호엽(金浩燁) 등 4명이 안(安)○○ 민정장관과 조(趙)○○ 경무부장의 행정령 제1호에 걸려 서대문 형무소에 1주일 간 감금되었다. 나는 같은 해 대한독립촉성국민회(大韓獨立促成國民會) 부위원장으로 두 달 동안 시무했고, 같은 해 4월에는 임시정부의회비상국민회의의(臨時政府議會非常國民會議) 국민의회 대의원에 선출되었으며, 같은 해에 임시정부 국무위원에 선출되어 정치부장의 임무를 수행했다. 또한 같은 해에 한국독립당(韓國獨立黨) 감찰위원장(監察委員長)에 선출된 데 이어, 성균관 재단법인이사회 평의원에도 선출되어 3년간 시무했다. 4282년(1949, 기축년, 69세)

에는 대종교(大倧敎) 총본사(總本司) 전리(典理)에 선출되었다. 같은 해 3월에는 나의 아내가 노환으로 세상을 떠났다.

4283년(1950) 6월 25일 사변이 발발해 서울이 함락되었다. 우리 가족은 대구, 부산을 경유하여 통영군 욕지도(欲知島)까지 피난을 갔다. 그 뒤로는 부산시 전포2동 114번지에 위치한 화엄사(華嚴寺)에 머물며, 스스로 석암이라는 초가삼간을 새로 짓고, 가까운 동네에 60세 이상 노인 삼백여 명을 모아 대동노인회(大東老人會)를 조직했다. 이 모임은 수년간 지속되었다.

전쟁이 끝난 4286년(1953)부터 한국독립운동사편찬위원회(韓國獨立運動史編纂委員會)를 조직하고 편찬에 전력한 결과, 드디어 독립운동사가 발간되었다. 그러나 다소 유감스런 점도 없지 않았다.

4293년(1960)에는 서울에 있는 여러 독립운동가 동지들의 초청으로 손자 형제를 데리고 서울로 올라왔다. 그리고 4295년(1962) 3월 1일 기념식에서 건국 공로자(독립운동유공자) 훈장을 받았다.

이 책에 기록된 내용은 실제로 내가 독립운동을 해온 발자취의 3분의 2 정도에 지나지 않는다. 특히 고국으로 돌아온 이후 오늘까지 활동한 내용은 우리 자식들이 대략 보고 들어 추측할 수 있기 때문에 상세히 적지 않았다.

처음 이 책을 쓰기 시작한 것은 4291년(1958) 1월 5일부터였다. 그러나 간간이 짬을 내어 기록했기에, 금년 6월 15일에야 글을 마치게 되었다는 점도 밝혀둔다.

22.「부록」애국가(愛國歌)

1절. 백두산하 삼천단부 한데 모여
한배님이 건국하신 우리나라 만세

2절. 높고 둥근 백두산은 우리 민족 기상이며
맑고 깊은 천지물은 우리 겨레 정신일세.

3절. 우랄산부터 대마도까지 수륙 수만리
　　우리의 선조들이 사르시던 보금자리라.

4절. 이 기상과 이 정신을 모두 합하여
괴로우나 즐거우나 나라 사랑하세.

후렴. 무궁화 화려한 금수강산
배달민족 배달나라 길이 사랑하세.

부록 II - 희산 김승학 선생 연보

1881년 7월 평북 의주에서 출생, 호는 희산(希山)

1890년 10월 10살 때, 서당(造山齋)에서 과거 시험 준비

1899년 증곡재(曾谷齋)에 들어가 스승 조병준(趙秉準)으로부터 수학

1900년 1차 만주행, 10월부터 3개월 간 독립운동의 공간 모색

1903년 고향 인근 광제재(廣濟齋)에서 후학 지도

1904년 전국적으로 실시한 한문학사(漢文學士) 시험에 합격

1904년 8월 한성사범학교 입학, 1년간 신학문 수학

1907년 7월 정미7조약 후 배일(排日) 강연으로 3개월간 옥고

1907년 8월 신민회 가입, 9월 극명학교(克明學校) 학감

1909년 의주 의명학교(明義學校) 교사, 민족교육운동에 헌신

1910년 10월 2차 만주행, 독립운동을 위한 정착 모색

1912년 동삼성 관립 강무당(講武堂)에 입학, 체계적인 군사교육 습득

1919년 3.1운동 직후, 만주 대한독립단 재무부장으로 취임

1919년 8월 1920년 1월까지, 대한독립단·평북 독판부 국내특파원 활동,
　　　　　　거점과 자금 확보

1920년 2월 서간도 통합독립단체의 명칭 상의와 무기구입을 위해 상해행

1921년 3월 다시 상해행, 4월 독립신문사 사장을 맡아 독립신문 복간, 교
　　　　　　과서편찬위원회 부설

1922년 9월 대종교 영계(靈戒) 및 참교(參敎)의 교질(敎秩)을 받음

1923년 『신단민사(神檀民史)』 편수 및 발행

1924년 4월 임정의정원 평안도의원, 5월 학무부차장 피선

1926년 10월 육군주만참의부 제4대 참의장으로 임명됨

1927년 3월 환인현을 중심으로 3부통합운동 주도

1927년 11월 군민의회, 한국독립당, 한국독립군 조직(民事委員과 한국독
　　　　　　립당 최고위원에 피선), 산회 후 귀대 중 피체(被逮)

1935년 4월 암정(岩町) 감옥에서 5년여의 옥고 후 출옥, 옥중에서『배달족
　　　　　　이상국건설방략』저술

1935년 8월 3차 만주행, 12월 장자(長子) 영달(榮達)과 함께 귀향

1936년 5월 은닉해 두었던 독립운동사자료와 비밀문부(秘密文簿)를 찾기
　　　　　　위해 4차 만주행, 북경과 천진에서 안경근(安敬根) 비밀리에
　　　　　　독립활동

1945년 9월 해방 후 귀국 독립운동사편찬 준비, 상경하여 이청천과 연락
　　　　　　하며 한국혁명군(광복군국내제1지대) 조직

1946년 재경평안북도도민회 창설, 대종교 경의원(經議院) 참의(參議)로 피
　　　　임(被任)

1946년 『독립신문』복간, 1948년 공보국령(公報局令)으로 폐간

1948년 신탁통치반대 죄목으로 일주일 간 구금, 임시정부 국무위원 피선
　　　　한국독립당 감찰위원 피선

1949년 대종교총본사 전리(典理)로 피선. 정교(正教)의 교질과 함께 대형
　　　　(大兄)의 교호(教號)를 받음.

1953년 한국독립운동사편찬위원회 조직, 편찬 작업에 심혈을 경주

1962년 정부에서 건국훈장 독립장 수여

1964년 『한국독립사』탈고

1964년 8월 향년 84세로 타계

1965년 유고집으로『한국독립사』출간